爸爸的错是犯了很多很重大的错误。自问一生对朋友对社会没有做什么对不起的事，就是在家里，对你和你妈妈做了不少有亏良心的事。——这些都是近十年来的事，尤其这一两年……

……回想起来（自从你走后），不但我良心上非常不安，而且整日整夜想着你……送到人间去让别人享受，可是在别人眼中，毫无价值，甚至一文不值……

……你十五六岁，父性与母性未尽绝灭。一天精神仍未恢复。人生就是一个不完的、永远过去的、美不多的时间，又要靠心理分析那天来挂诈的波动。大半辈子……爱你的感情当然仍占第一，但理智也压制不了自己……

……强一、强二！好孩子！我要怎样好施施你继续把书念下去做悔恨与热爱呢！

一九五四年一月十九日家书手稿

好孩子，你忙，你提筆遲了，好彈琴那

末容易。好吧，我们不再要求你多写信。

我也忙，可是我十分鐘一到钟就给你

写上一些纸。只要你不嫌累烦，我可以

常上眼你波天，警你能我的糊白。只

要你的静默不是为了病，我决不多揪心。

昨天下午電台又播送你琴消
勃拉姆斯五支歌[...]此為天[...]好
下[...]那本乐理要不要也给你？

爸 又字 二月四日

一九五四年二月四日家书手稿

全部外文均照法文寫法，與英文略有出入。

法國 丹納著 藝術哲學 第四編

希臘的雕塑

諸位先生，①

前幾年我給你們講了意大利和尼德蘭的藝術史，在表現人體方面，這是近代兩個偉創的重要學派。為結束這個課程，我只要再給你們介紹最偉大最有特色的一派，就是古代希臘的一派。——這一次我不講繪畫，除了水瓶，除了龐貝依與赫丘雷尼阿姆②的一些寶石鐫飾與小型的壁畫以外，古代繪畫差不多都已毀滅，無法加以精確的敘述。並且希臘人表現人體，還有一種更全民性的藝術，更適合風俗習慣與民族精神的藝術，或許也更普遍更完美的藝術，就是彫塑。所以我今年用希臘彫塑作為講課的題目。③

不幸在這方面跟別的方面一樣，古代正當下一個摧殘。我們所保存的古代彫像，和毀滅的部分相比簡直微不足道。廟堂上色相莊嚴的巨型神像，原是偉大的時代用來表現它的思想的。我們卻只有兩個頭像，可以作為推想巨型彫像的根據；非秋阿斯的真跡，我們一件

③ 丹納的《論藝術哲學》原是在巴黎美術學校講課（一八六五—六九）的稿子，改出版後仍保留講課語氣。

② 意大利南部的龐貝依與赫丘雷尼阿姆（龐貝依紀元七十九年被維蘇威火山沉沒，一八七一年發現，一七二九年起發現）。

②【原註】一七□□年是于東頭，現在那不勒斯博物館，推向雷的頭像，以作為推想巨型彫像的根據別【羅馬】。

①【原註】在羅馬花諦岡。

傅雷手抄丹納《藝術哲學·第四編〈論希臘雕塑〉》

赤子孤独了，会创造一个世界，

创造许多心灵的朋友！

傅雷家书

新编

傅雷 ——著

北京时代华文书局

图书在版编目（CIP）数据

傅雷家书新编 / 傅雷著 . — 北京 : 北京时代华文书局 , 2020.12
ISBN 978-7-5699-3980-4

Ⅰ . ①傅⋯ Ⅱ . ①傅⋯ Ⅲ . ①傅雷（1908-1966）— 书信集 Ⅳ . ① K825.6

中国版本图书馆 CIP 数据核字 (2020) 第 252944 号

拼音书名 | FULEI JIASHU XINBIAN

出 版 人 | 陈　涛
编　　者 | 徐忠良
图书策划 | 陈丽杰
责任编辑 | 袁思远
执行编辑 | 高春玲
责任校对 | 陈冬梅
封面设计 | 程　慧
版式设计 | 迟　稳
责任印制 | 訾　敬

出版发行 | 北京时代华文书局 http://www.bjsdsj.com.cn
　　　　　北京市东城区安定门外大街 138 号皇城国际大厦 A 座 8 层
　　　　　邮编：100011　电话：010-64263661　64261528
印　　刷 | 三河市兴博印务有限公司　电话：0316-5166530
　　　　　（如发现印装质量问题，请与印刷厂联系调换）
开　　本 | 880 mm×1230 mm 1/32　　印　张 | 9　字　数 | 211 千字
版　　次 | 2023 年 1 月第 1 版　　　　印　次 | 2023 年 1 月第 1 次印刷
成品尺寸 | 145 mm×210 mm
定　　价 | 45.00 元

版权所有，侵权必究

目　录

代　序

傅聪的成长 [1]

本刊编者要我谈谈傅聪的成长，认为他的学习经过可能对一般青年有所启发。当然，我的教育方法是有缺点的；今日的傅聪，从整个发展来看也跟完美二字差得很远。但优点也好，缺点也好，都可以供人借镜。现在先谈谈我对教育的几个基本观念：

第一，把人格看作主要，把知识与技术的传授看作次要。童年时代与少年时代的教育重点，应当在伦理与道德方面，不能允许任何一桩生活琐事违反理性和最广义的做人之道；一切都以明辨是非、坚持真理、拥护正义、爱憎分明、守公德、守纪律、诚实不欺、质朴无华、勤劳耐苦为原则。

第二，把艺术教育只当作全面教育的一部分。让孩子学艺术，并不一定要他成为艺术家。尽管傅聪很早学钢琴，我却始终准备他更弦易辙，按照发展情况而随时改行的。

第三，即以音乐教育而论，也决不能仅仅培养音乐一门，正如学画的不能单注意绘画，学雕塑学戏剧的，不能只注意雕塑与戏剧一样，需要以全面的文学艺术修养为基础。

---

[1]　本文原载于《新观察》一九五七年第八期。

以上几项原则可用具体事例来说明。

傅聪三岁至四岁之间，站在小凳上，头刚好伸到和我的书桌一样高的时候，就爱听古典音乐。只要收音机或唱机上放送西洋乐曲，不论是声乐是器乐，也不论是哪一乐派的作品，他都安安静静地听着，时间久了也不会吵闹或是打瞌睡。我看了心里想："不管他将来学哪一科，能有一个艺术园地耕种，他一辈子都受用不尽。"我是存了这种心，才在他七岁半，进小学四年级的秋天，让他开始学钢琴的。

过了一年多，由于孩子学习进度快速，不能不减轻他的负担，我便把他从小学撤回。这并非说我那时已决定他专学音乐，只是认为小学的课程和钢琴学习可能在家里结合得更好。傅聪到十四岁为止，花在文史和别的学科上的时间，比花在琴上的为多。英文、数学的代数、几何等等，另外请了教师。本国语文的教学主要由我自己掌握：从孔、孟、先秦诸子、《国策》、《左传》、《晏子春秋》、《史记》、《汉书》、《世说新语》等等上选材料，以富有伦理观念与哲理气息，兼有趣味性的故事、寓言、史实为主，以古典诗歌与纯文艺的散文为辅。用意是要把语文知识、道德观念和文艺熏陶结合在一起。我还记得着重向他指出，"民可使由之，不可使知之"的专制政论的荒谬，也强调"左右皆曰不可，勿听；诸大夫皆曰不可，勿听；国人皆曰不可，然后察之"一类的民主思想，"富贵不能淫，贫贱不能移，威武不能屈"那种有关操守的教训，以及"吾日三省吾身""人而无信，不知其可也""三人行，必有我师"等等的生活作风。教学方法是从来不直接讲解，而是叫孩子事前准备，自己先讲；不了解的文义，只用旁敲侧击的言语指引他，让他自己找出正确的答案来；误解的地方也不直接改正，而是向他发许多问题，使他自动发觉他的矛盾。目的是培养孩子的思考能力与基本逻辑。不过这方法也是有条件的，在悟性较差、智力发达较迟的孩子身上就行不通。

九岁半，傅聪跟了前上海交响乐队的创办人兼指挥、意大利钢琴家梅百器先生，他是十九世纪大钢琴家李斯特的再传弟子。傅聪在国内所受的唯一严格的钢琴训练，就是在梅百器先生门下的三年。

一九四六年八月，梅百器故世。傅聪换了几个教师，没有遇到合适的；教师们也觉得他是个问题儿童。同时也很不用功，而喜爱音乐的热情并未稍减。从他开始学琴起，每次因为他练琴不努力而我锁上琴，叫他不必再学的时候，他都对着琴哭得很伤心。一九四八年，他正课不交卷，私下却乱弹高深的作品，以致杨嘉仁先生也觉得无法教下去了；我便要他改受正规教育，让他以同等学力考入高中（大同附中）。我一向有个成见，认为一个不上不下的空头艺术家最要不得，还不如安分守己学一门实科，对社会多少还能有贡献。不久我们全家去昆明，孩子进了昆明的粤秀中学。一九五〇年秋，他又自作主张，以同等学力考入云南大学外文系一年级。这期间，他的钢琴学习完全停顿，只偶尔为当地的合唱队担任伴奏。

可是他学音乐的念头并没放弃，昆明的青年朋友们也觉得他长此蹉跎太可惜，劝他回家。一九五一年初夏他便离开云大，只身回上海（我们是一九四九年先回的），跟苏联籍的女钢琴家勃隆斯丹夫人学了一年。那时（傅聪十七岁）我才肯定傅聪可以专攻音乐；因为他能刻苦用功，在琴上每天工作七八小时，就是酷暑天气，衣裤尽湿，也不稍休，而他对音乐的理解也显出独到之处。除了琴，那个时期他还另跟老师念英国文学，自己阅读了不少政治理论的书籍。一九五二年夏，勃隆斯丹夫人去加拿大。从此到一九五四年八月，傅聪又没有钢琴老师了。

　　一九五三年夏天，政府给了他一个难得的机会：经过选拔，派他到罗马尼亚去参加"第四届国际青年与学生和平友好联欢节"的钢琴比赛；接着又随我们的艺术代表团去民主德国与波兰做访问演出。他表演的肖邦，受到波兰肖邦专家们的重视；波兰政府向我们政府正式提出，邀请傅聪参加一九五五年二月至三月举行的"第五届肖邦国际钢琴比赛"。一九五四年八月，傅聪由政府正式派往波兰，由波兰的老教授杰维茨基亲自指导，准备比赛节目。比赛终了，政府为了进一步培养他，让他继续留在波兰学习。

　　在艺术成长的重要关头，遇到全国解放，政府重视文艺，大力培养人才的伟大时代，不能不说是傅聪莫大的幸运；波兰政府与音乐界热情的帮助，更是促成傅聪走上艺术大道的重要因素。但像他过去那样不规则的、时断时续的学习经过，在国外音乐青年中是少有的。肖邦比赛大会的总节目上，印有来自世界各国的七十四名选手的音乐资历，其中就以傅聪的资历最为贫弱，竟是独一无二的贫弱。这也不足为奇，西洋音乐传入中国为时不过半世纪，师资的缺乏是我们的音乐学生普遍的苦闷。

在这种客观条件之下，傅聪经过不少挫折而还能有些少成绩，在初次去波兰时得到国外音乐界的赞许，据我分析，是由于下列几点：（一）他对音乐的热爱和对艺术的严肃态度，不但始终如一，还随着年龄而俱长，从而加强了他的学习意志，不断地对自己提出严格的要求。无论到哪儿，他一看到琴就坐下来，一听到音乐就把什么都忘了。（二）一九五一、一九五二两年正是他的艺术心灵开始成熟的时期，而正好他又下了很大的苦功：睡在床上往往还在推敲乐曲的章节句读，斟酌表达的方式，或是背乐谱，有时竟会废寝忘食。手指弹痛了，指尖上包着橡皮膏再弹。一九五四年冬，波兰女钢琴家斯曼齐安卡到上海，告诉我傅聪常常十个手指都包了橡皮膏登台。（三）自幼培养的独立思考与注重逻辑的习惯，终于起了作用，使他后来虽无良师指导，也能够很有自信地单独摸索，而居然不曾误入歧途——这一点直到他在罗马尼亚比赛有了成绩，我才得到证实，放了心。（四）他在十二三岁以前所接触和欣赏的音乐，已不限于钢琴乐曲，而是包括多种不同的体裁、不同的风格，所以他的音乐视野比较宽广。（五）他不用大人怎样鼓励，从小就喜欢诗歌、小说、戏剧、绘画，对一切美的事物美的风景都有强烈的感受，使他对音乐能从整个艺术的意境，而不限于音乐的意境去体会，补偿了我们音乐传统的不足。不用说，他感情的成熟比一般青年早得多；我素来主张艺术家的理智必须与感情平衡，对傅聪尤其注意这一点，所以在他十四岁以前只给他念田园诗、叙事诗与不太伤感的抒情诗；但他私下偷看了我的藏书，不到十五岁已经醉心于罗曼蒂克文艺，把南唐后主的词偷偷地背给他弟弟听了。(六)我来往的朋友包括各种职业，医生、律师、工程师、科学家、画家、作家、记者都有，谈的题目非常广泛；偏偏孩子从七八岁起专爱躲在客厅门后窃听大人谈话，挥之不去，去而复来，无形中表现出他多方面的好奇心，而平日的所见所闻也加强了和扩大了他的好奇心。家庭中的艺术气氛，关切社会上大小问题的习惯，孩子在长年累月的浸淫之下，在成长过程中不能说没有影响。……

远在一九五二年，傅聪演奏俄国斯克里亚宾的作品，深受他的老师勃隆斯丹夫人的称赞，她觉得要了解这样一位纯粹斯拉夫灵魂的作家，不是老师所能教授，而要靠学者自己心领神会的。一九五三年他在罗马尼亚演奏斯克里亚宾作品，苏联的青年钢琴选手们都为之感动得下泪。未参加肖邦比赛以前，他弹的肖邦已被波兰教授们认为"富有肖邦的灵魂"，甚至说他是"一个中国籍的波兰人"。比赛期间，评判员中巴西的女钢琴家、七十高龄的塔里番洛夫人对傅聪说："你有很大的才具，真正的音乐才具。除了非常敏感以外，你还有热烈的、慷慨激昂的气质，悲壮的情感，异乎寻常的精致，微妙的色觉，还有最难得的一点，就是少有的细腻与高雅的意境，特别像在你的《玛祖卡》中表现的。我历任第二、三、四届的评判员，从未听见这样天才式的《玛祖卡》。这是有历史意义的：一个中国人创造了真正的《玛祖卡》的表达风格。"英国的评判员路易士·坎特讷对他自己的学生们说:"傅聪的《玛祖卡》真是奇妙;在我简直是一个梦,不能相信真有其事。我无法想象那么多的层次,那么典雅,又有那么多的节奏,典型的波兰玛祖卡节奏。"意大利评判员、钢琴家阿高斯蒂教授对傅聪说:"只有古老的文明才能给你那么多难得的天赋,肖邦的意境很像中国艺术的意境。"

这位意大利教授的评语,无意中解答了大家心中的一个谜。因为傅聪在肖邦比赛前后,在国外引起了一个普遍的问题:一个中国青年怎么能理解西洋音乐如此深切,尤其是在音乐家中风格极难掌握的肖邦?我和意大利教授一样,认为傅聪这方面的成就大半得力于他对中国古典文化的认识与体会。只有真正了解自己民族的优秀传统精神,具备自己的民族灵魂,才能彻底了解别个民族的优秀传统,渗透他们的灵魂。一九五六年三月间南斯拉夫的报刊 *Politika* [《政治》] 以《钢琴诗人》为题,评论傅聪在南国京城演奏莫扎特与肖邦的两支钢琴协奏曲时,也说:"很久以来,我们没有听到变化这样多的触键,使钢琴能显出最微妙的层次的音质。在傅聪的思想与实践中间,在他对于音乐的深刻的理解中间,有一股灵感,达到了纯粹的诗的境界。傅聪的演奏艺术,是从中国艺术传统的高度明确性脱胎出来的。他在琴上表达的诗意,不就是中国古诗的特殊面目之一吗?他镂刻细节的手腕,不是使我们想起中国册页上的画吗?"的确,中国艺术最大的特色,从诗歌到绘画到戏剧,都讲究乐而不淫、哀而不怨、雍容有度，讲究典雅、自然，反对装腔作势和过火的恶趣，反对无目的地炫耀技巧。而这些也是世界一切高级艺术共同的准则。

但是正如我在傅聪十七岁以前不敢肯定他能专攻音乐一样，现在我也不敢说他将来究竟有多大发展。一个艺术家的路程能走得多远，除了苦修苦炼以外，还得看他的天赋；这潜在力的多、少、大、小，谁也无法预言，只有在他不断努力、不断发掘的过程中慢慢地看出来。傅聪的艺术生涯才不过开端，他知道自己在无穷无尽的艺术天地中只跨了第一步，很小的第一步；不但目前他对他的演奏难得有满意的时候，将来也永远不会对自己完全满意。这是他亲口说的。

我在本文开始已经说过，我的教育不是没有缺点的，尤其所用的方式过于严厉，过于偏激；因为我强调工作纪律与生活纪律，傅聪的童年时代与少年时代，远不如一般青少年的轻松快乐、无忧无虑。虽然如此，傅聪目前的生活方式仍不免散漫。他的这点缺陷，当然还有不少别的，都证明我的教育并没有完全成功。可是有一个基本原则，我始终觉得并不错误，就是：做人第一，其次才是做艺术家，再其次才是做音乐家，最后才是做钢琴家。（我说的"做人"是广义的：私德、公德，都包括在内；主要是对集体负责，对国家、对人民负责。）或许这个原则对旁的学科的青年也能适用。

傅雷

一九五六年十一月十九日

第一编

儿子变了朋友

一九五四年一月十八日晚

聪：车一开动，大家都变了泪人儿，呆呆地直立在月台上，等到冗长的列车全部出了站方始回身。出站时沈伯伯[1]再三劝慰我。但回家的三轮车上，个个人都止不住流泪。敏一直抽抽噎噎。昨天一夜我们都没睡好，时时刻刻惊醒。今天睡午觉，刚刚蒙眬阖眼，又是心惊肉跳地醒了。昨夜月台上的滋味，多少年来没尝到了，胸口抽痛，胃里难过，只有从前失恋的时候有过这经验。今儿一天好像大病之后，一点儿劲都没有。妈妈随时随地都想哭——眼睛已经肿得不像样了，干得发痛了，还是忍不住要哭。只说了句"一天到晚堆着笑脸"，她又呜咽不成声了。真的，孩子，你这一次真是"一天到晚堆着笑脸"，教人怎么舍得！老想到五三年正月的事[2]，我良心上的责备简

---

[1] 即沈知白，中国音乐学家，傅雷挚友，傅聪青少年时期的乐理老师。
[2] 一九五三年正月，傅雷曾因贝多芬小提琴奏鸣曲哪一首最重要的问题和傅聪发生激烈争论，傅聪离家出走，一个月后双方才和解。

直消释不了。孩子，我虐待了你，我永远对不起你，我永远补赎不了这种罪过！这些念头整整一天没离开过我的头脑，只是不敢向妈妈说。人生做错了一件事，良心就永久不得安宁！真的，巴尔扎克说得好：有些罪过只能补赎，不能洗刷！

一九五四年一月十九日晚

昨夜一上床，又把你的童年温了一遍。可怜的孩子，怎么你的童年会跟我的那么相似呢？我也知道你从小受的挫折对于你今日的成就并非没有帮助；但我做爸爸的总是犯了很多很重大的错误。自问一生对朋友、对社会没有做什么对不起的事，就是在家里，对你和你妈妈做了不少有亏良心的事。——这些都是近一年中常常想到的，不过这几天特别在脑海中盘旋不去，像噩梦一般。可怜过了四十五岁，父性才真正觉醒！

今天一天精神仍未恢复。人生的关是过不完的，等到过得差不多的时候，又要离开世界了。分析这两天来精神的波动，大半是因为：我从来没爱你像现在这样爱得深切，而正在这爱得最深切的关头，偏偏来了离别！这一关对我、对你妈妈都是从未有过的考验。别忘了妈妈之于你不仅仅是一般的母爱，而尤其因为她为了你花的心血最多，为你受的委屈——当然是我的过失——最多而且最深、最痛苦。园丁以血泪灌溉出来的花果，迟早得送到人间去让别人享受，可是在离别的关头怎么免得了割舍不得的情绪呢？

跟着你痛苦的童年一起过去的，是我不懂做爸爸的艺术的壮年。幸亏你得天独厚，任凭如何打击都摧毁不了你，因而减少了我一部分罪过。可是结果是一回事，当年的事实又是一回事：尽管我埋葬了自己的过去，却始终埋葬不了自己的错误。孩子，孩子，孩子，我要怎样地拥抱你才能表示我的悔恨与热爱呢？

一九五四年一月三十日晚

亲爱的孩子：你走后第二天，就想写信，怕你嫌烦，也就罢了。可是没一天不想着你，每天清早六七点就醒，翻来覆去睡不着，也说不出为什么。好像克利斯朵夫[1]的母亲独自守在家里，想起孩子童年一幕幕的形象一样；我和你妈妈老是想着你二三岁到六七岁间的小故事——这一类的话我们不知有多少可以和你说，可是不敢说，你这个年纪是一切向前望的、不愿意回顾的；我们啰里啰唆地抖出你尿布时代的往事，会引起你的憎厌。孩子，这些我都很懂得，妈妈也懂得。只是你的一切终身会印在我们脑海中，随时随地会浮起来，像一幅幅的小品图画，使我们又快乐又惆怅。

真的，你这次在家一个半月，是我们一生最愉快的时期；这幸福不知应当向谁感谢，即使我没宗教信仰，至此也不由得

---

[1] 法国作家罗曼·罗兰获诺贝尔文学奖的长篇小说《约翰·克利斯朵夫》中的主人翁。傅雷曾翻译此小说。

要谢谢上帝了！我高兴的是我又多了一个朋友；儿子变了朋友，世界上有什么事可以和这种幸福相比的！尽管将来你我之间离多别少，但我精神上至少是温暖的、不孤独的。我相信我一定会做到不太落伍、不太冬烘[1]，不至于惹你厌烦。也希望你不要以为我在高峰的顶尖上所想的、所见到的，比你们的不真实。年纪大的人终是往更远的前途看，许多事你们一时觉得我看得不对，日子久了，现实却给你证明我并没大错。

孩子，我从你身上得到的教训，恐怕不比你从我得到的少。尤其是近三年来，你不知使我对人生多增了几许深刻的体验，我从与你相处的过程中学到了忍耐，学到了说话的技巧，学到了把感情升华！

你走后第二天，妈妈哭了，眼睛肿了两天：这叫作悲喜交集的眼泪。我们可以不用怕羞地这样告诉你，也可以不担心你憎厌而这样告诉你。人毕竟是有感情的动物，偶然流露也不是可耻的事，何况母亲的眼泪永远是圣洁的、慈爱的！

············

这几日恩德[2]特别来得多，大概她领会到我们的心情，想来安慰安慰我们。青年人的影子，的确能使我们想到你，见了她似乎可聊以解渴。本想等你信到时再添上几句，既然等不到，只得先发。祝你新年快乐。

---

[1] 冬烘：（思想）迂腐，（知识）浅陋。
[2] 即牛恩德，傅聪青年时期的琴友，傅聪出国后，常去探望傅雷夫妇，后为傅雷夫妇认作干女儿。

你知道我们很想知道你的饮食起居，住的屋子、寒暖、床铺等等零星事，当然也很想知道乐理学习如何安排，还有俄文。来信潦草不妨，只求详细些！

一九五四年二月二日大除夕

亲爱的孩子：等了多久，终于等着了你的信。你忙，我们自然想象得到，也自然原谅你写信写得迟。只担心一件事，怕你吃东西不正常、不努力，营养不够。希望你为了我们，"努力加餐饭"！我指的特别是肉类，不一定要多吃米饭。

刚才打电话去问中国旅行社，说琴已经装出，在路上了。你可请张宁和代向北京中国旅行社嘱咐一番，琴到时搬运要特别小心。北京坏了琴，没人修；这是一件大事，不用怕麻烦人家。张宁和人如此热心，一定愿意为你照顾这些的。运到团里时，外面包的篾，千万不要自己拆，很容易刺坏手，而你的手，不用说该特别保护！粗绳子也容易伤手，你一定要托工友们代办。以上两点，务望照办为要！

勃隆斯丹夫人[1]有信来，附给你。看过了，仍望寄回。昨晚七时一刻至八时五十分，电台广播你在市三[2]弹的四曲Chopin[肖邦]，外加encore[加奏]的一支*Polonaise*[《波洛奈兹》]，

---

[1] 原上海音乐学院钢琴系苏联籍教师，曾教过傅聪一年，后移居加拿大。

[2] 上海市第三女子中学。傅聪赴京准备出国前，上海音乐协会曾在此地为他举办告别音乐会。

效果甚好，就是低音部分模糊得很；琴声太扬，像我第一天晚上到小礼堂空屋子里去听的情形。以演奏而论，我觉得大体很好，一气呵成，精神饱满，细腻的地方非常细腻，tone colour［音色］变化的确很多。我们听了都很高兴、很感动。好孩子，我真该夸奖你几句才好。回想五一年四月刚从昆明回沪的时期，你真是从低洼中到了半山腰。希望你从此注意整个的修养，将来一定能攀登峰顶。从你的录音中清清楚楚感觉到你一切都成熟多了，尤其是我盼望了多少年的你的意志，终于抬头了。我真高兴，这一点我看得比什么都重。你能掌握整个的乐曲，就是对艺术加增深度，也就是你的艺术灵魂更坚强、更广阔，也就是你整个的人格和心胸扩大了。孩子，我要重复 Bronstein［勃隆斯丹］信中的一句话，就是我为了你而感到骄傲！

今天是除夕了，想到你在远方用功、努力，我心里有说不尽的欢喜。别了，孩子，我在心中拥抱你！

一九五四年二月十日

孩子：

....

屋内要些图片，只能拣几张印刷品。北京风沙大，没有玻璃框子，好一些的东西不能挂；黄宾翁[1]的作品，小幅的也有，

---

[1] 指黄宾虹。

8

尽可给你;只是不装框不行。好在你此次留京时期并不长,马虎一下再说。Chopin〔肖邦〕肖像是我二十三岁时在巴黎买的,又是浪漫派大画家Delacroix〔德拉克鲁瓦〕名作的照相;Mozart〔莫扎特〕那幅是Paci〔百器〕[1]的遗物,也是好镂版,都不忍让它们到北京光秃秃地吃灰土,故均不给你。

读俄文别太快,太快了记不牢,将来又要从头来过,犯不上。一开头必须从容不迫,位与格均须要记忆,像应付考试般临时强记是没用的。现在读俄文只好求一个概念,勿野心太大。主要仍须加功夫在乐理方面。外文总是到国外去念进步更快。目前贪多务得,实际也不会如何得益,切记切记!望主动向老师说明,至少过二三月方可加快速度。Scriabine〔斯克里亚宾〕的全集待装订后寄你,Cortot〔柯尔托〕的 *Piano Technic*〔《钢琴技巧》〕亦然。我当尽力催他们快快装好。

上海这两天忽然奇暖,东南风加沙土,很像昆明的春天。阿敏和恩德一起跟我念"诗",敏说你常常背"朝回日日典春衣,每日江头尽醉归"二句,现在他也背得了。我正在预备一样小小的礼物,将来给你带出国的,预料你一定很欢喜。再过一星期是你妈妈的生日,再过一个月是你的生日,想到此不由得悲喜交集。

Hindemith〔亨德米特〕的乐理明日即寄出,窗帘、桌布、琴盖布,都将由妈妈准备齐全,日内即寄。韦贤彰见面时代我

---

[1] 即梅百器(Mario Paci),意大利钢琴家、指挥家,傅聪九岁半起,在他门下学琴三年。

道贺。我们一定设法不要你上邮局拿就是了。

张宁和处代我致意，匆匆即问近好！

…………

为了争取睡眠时间，希望尽量逼逼自己，把刷牙及大便时间减少。早上起来有没有参加早操？若然，甚望将我们的基本姿势带进去。

这几日开始看伏尔泰的作品，他的故事性不强，全靠文章内若有若无的讽喻。我看了真是栗栗危惧，觉得没能力表达出来。那种风格最好要必姨[1]、钱伯母[2]那一套。我的文字太死板，太"实"，不够俏皮，不够轻灵。

…………

不穿的西装仍放在衣箱里，免吃灰。

一九五四年三月十九日

亲爱的孩子：上回刚想写信给你，不料病倒了。病好了不及两天，又发烧，前后八九天，至今还没恢复。今天初到阳台上一望，柳枝上一星星的已经有了绿意，想起"燕草如碧丝，秦桑低绿枝"两句，不知北地春光是否已有消息？

我病的时候，恩德差不多每天来陪我。初期是热度高，昏沉得厉害；后来是眼睛昏花（到现在还没好），看校样每二三

---

[1] 杨必，著名翻译家，杨绛之妹，译有《名利场》。
[2] 指钱锺书夫人杨绛。

行就像一片云雾在眼前飘过，书也不能看，只能躺躺坐坐，整日待着；幸亏恩德来给我说说笑笑，还拿我打趣，逗我上当，解了不少寂寞。今晨她又在医院里开刀了，刚才牛伯母有电话来，说手术时间直花了一小时半。但愿这一次开得成功才好。

你近来忙得如何？乐理开始没有？希望你把练琴时间抽一部分出来研究理论。琴的问题一时急不来，而且技巧根本要改。乐理却是可以趁早赶一赶，无论如何要有个初步概念。否则到国外去，加上文字的困难，念乐理比较更慢了。此点务要注意。

上次去天津是不是弹的Forster［福斯特］顶好的琴？来信未提。

巴尔扎克另一部小说《夏倍上校》，十天后可出版，届时当送你一本。《嘉尔曼》再版了，我带印有好纸的，你要送朋友吗？可来信把名字告知，我题了寄你。

你来信少没关系，只是挂念你的身体。有空涂几行来。

迁出证、图章等有否向中旅社领回？迁出证有否交与团方？钱付了公债，够用否？妈妈新寄的一条窗帘已收到否？

才起来写字，不多谈了，祝好！

川戏中的《秋江》，艄公是做得好，可惜戏本身没有把陈妙常急于追赶的心理同时并重。其余则以《五台会兄》中的杨五郎为最妙，有声有色，有感情，唱做俱好。因为川戏中的"生"这次角色都差，唱正派的尤其不行，既无嗓子，又乏训练；倒是反派角色的"生"好些。大抵川戏与中国一切的戏都相同，长处是做功特别细腻，短处是音乐太幼稚，且编剧也不够好；

全靠艺人自己凭天才去咂摸出来，没有经作家仔细安排。而且 tempo［节奏］松弛，不必要的闲戏总嫌太多。

一九五四年八月七日夜

亲爱的孩子：二十日的信，邮戳是二十三日的，到上海是三十一日，真是快得很。大概代寄的人耽误了两天。现在想必在海滨了。我查地图，翻字典，大概 Gdansk［格但斯克］就是从前的但泽［Danzig］，但你又加了一个 Sopot［索波德］不知何意？是否在大城近边的一个小地名？

第一件我要郑重嘱咐你的事，就是你千万不要下海游泳。除非有正式的职业的游泳教师教，自己不能跟着青年朋友去。这一点是我们最放心不下的。海边不比内河，潮水涨落，非可逆料，而且来势的迅速出人意料。我会游泳的也有戒心，何况你！为了免得我们提心吊胆，此事切切牢记！

见到 Eva［埃娃］[1]，她也收到我的信，真是高兴。其实你去告诉她，写俄文来，我们可以找人翻译的。希望你把她的地名及姓氏详细正楷写给我。

你到了海滨以后，定有许多新鲜消息，大概这封信已经在路上了。我预计三四日内必有你的信到。在华沙与蒋天佐[2]等谈些什么？大使馆对你每月用度事又如何说法？前二信说的理

---

[1] 傅聪于一九五三年随中国艺术团访问波兰时认识的波兰文化部官员。
[2] 文学翻译家、评论家。

12

财之道，务望注意！

海滨是否先来一个测验式的手续？派给你的教授Hoffman［霍夫曼］见了没有？是怎样的人？多少年纪了？不妨描写一番。大家对你有何意见？好的坏的，我都希望听到，就像你出去了一天，晚上在书房里和我一灯相对那样地畅谈。

近来我工作紧张之至，所以又腰酸背疼起来。我整个生活几乎与机器相似。星期日给恩德与敏二人上课，下午不免有客。除了理发，简直不上街。你的信早已想写，也直压到今天。给恩德上"文化史"，我也要花时间预备，所以更忙了。

你写信直式横式本无所谓，倘夹的西文多，似乎横式较便。我觉得写行书，是上下相连的，故直式较快。

你在外面快活，当然我们也快活；但愿分一些快活给我们，多多报告消息。你的材料，叫我写来一定每星期都可写上好几千字。写信要训练把字写得小，信纸用薄的航空纸：字小纸薄，才可以多写而不多花邮费。

恩德家最近为了房子出租事搞得很不好，我不免替她们出出主意，动动笔。有什么办法？人总得互相帮忙。

你到华沙第二日就走，可见他们并非要你去参加国庆，而是借此让我国政府使得你早走，是不是？你八日离京，二十日到华沙，莫斯科还住了两天，可知要是中途不停留，北京到华沙只要十天十一天工夫，你说对不对？我们把波兰地图都翻过了。

你有许多事都不确定，觉得慢一些告诉我们为妙。其实多写几次信,把情形随时报告,不是一样吗？我们不是更喜欢吗？

国内大水为灾，直到八月一日起到今日（七日）为止才一连放晴。我们家里也为此忙得不得了，多少书，连你的乐谱都霉得不像话，揩过了两三天又出白毛，真是没法。

时间不早，暂且带住。希望诸事小心，处处保重！

一九五五年一月九日深夜

聪：自上月三十一日起，上海北京间每天有飞机，照理我们给你的航空信，也可以快一两天了，下次来信望提一声，把收到信的日期告诉我们。

元旦以来，天气冷多了，下过雪，两天冰冻不融。书房里炉子生来生去，不过五十八至六十度。早上起来，只有五十二、五十三度（华氏）。波兰是否也比从前冷了些？

…………

说起星期天，不知你是否整天完全休息的？你工作时间已那么长，你的个性又是从头至尾感情都高昂的，倘星期日再不彻底休息，我们更要不放心了。

开音乐会的日子，你仍维持八小时工作；你的毅力、精神、意志，固然是惊人，值得佩服，但我们毕竟为你操心。孩子，听我们的话，不要在已经觉得疲倦的时候再force［强迫］自己。多留一分元气，在长里看还是占便宜的。尤其在比赛以前半个月，工作时间要减少一些，最要紧的是保养身心的新鲜，元气

14

充沛，那么你的演奏也一定会更丰满，更fresh［新鲜］！

十二月三十一日及元旦两天，我和妈妈说了好几遍，不知你在哪里跟谁过新年，想必有朋友的家庭请你去吧？

至此为止，你一共存了多少钱？平日既然还要贴零用钱，（照来信说，大使馆过去给你的贴补都已还了——这件事做得极好——将来想更不会再拿他们的。）也得处处算算；音乐会的收入不是终年不断的。五月以后十月以前，欧洲到处是假期。那几个"清月"，全靠冬春两季"忙月"的进款周转。别以为钱多，用起来是很快的，比来的时候快得多。直要到钱完的时候，你才会吓一跳，说：怎么花得这么快！这不但你现在要注意，将来一生都要牢记！

••••••••••••

波兰使馆方面有没有谁对你特别照顾，同时也喜读文学书的？若有，可来信告知姓名及地址，我等五部印齐了寄一套送他，也是还了人情。但若是不爱文艺的，那也不必多此一举。

黄宾虹的画片，每套两幅，书一包，收到时千万提一句。海关上有没有要你付进口税（手套）？也望告知！因为将来寄东西时要考虑到这一点。

大礼服衣料，国内已寄到否？比赛以后，你还有演出吗？

不再写了，等你来信吧。一切珍重！

昨夜妈妈又梦见你，我们都时常想你，梦见你；不知你在外可有同样的情形？

一九五五年四月二十一日夜

孩子：能够起床了，就想到给你写信。

邮局把你比赛后的长信遗失，真是害人不浅。我们心神不安半个多月，都是邮局害的。三月三十日是我的生日，本来预算可以接到你的信了。到四月初，心越来越焦急，越来越迷糊，无论如何也想不通你始终不来信的原因。到四月十日前后，已经根本抛弃希望，似乎永远也接不到你的家信了。

四月十日上午九时半至十一时，听北京电台广播你弹的 *Berceuse* [《摇篮曲》] 和一支 *Mazurka* [《玛祖卡》]，一边听，一边说不出有多少感触。耳朵里听的是你弹的音乐，可是心里已经没有把握孩子对我们的感情怎样——否则怎么会没有信呢？——真的，孩子，你万万想不到我跟你妈妈这一个月来的精神上的波动，除非你将来也有了孩子，而且也是一个像你这样的孩子！马先生[1]三月三十日就从北京寄信来，说起你的情形，可见你那时身体是好的，那么迟迟不写家信更叫我们惶惑"不知所措"了。何况你对文化部提了要求，对我连一个字也没有：难道又不信任爸爸了吗？这个疑问给了我最大的痛苦，又使我想到舒曼痛惜他父亲早死的事，又想到莫扎特写给他父亲的那些亲切的信：其中有一封信，是莫扎特离开了 Salzburg [萨尔茨堡] 大主教，受到父亲责难，莫扎特回信说：

---

[1] 马思聪，我国小提琴家、作曲家、音乐教育家，一九五五年应邀赴波兰担任"第五届肖邦国际钢琴比赛"评委。

16

"是的，这是一封父亲的信，可不是我的父亲的信！"

聪，你想，我这些联想对我是怎样的一种滋味！四月三日的信，我写的时候不知怀着怎样痛苦、绝望的心情，我是永远忘不了的。妈妈说的："大概我们一切都太顺利了、太幸福了，天也嫉妒我们，所以要给我们受这些挫折！"要不这样说，怎么能解释邮局会丢失这么一封要紧的信呢？

你那封信在我们是有历史意义的，在我替你编录的"学习经过"和"国外音乐报道"（这是我把你的信分成的类别，用两本簿子抄下来的），是极重要的材料。我早已决定，我和你见了面，每次长谈过后，我一定要把你谈话的要点记下来。为了青年朋友们的学习，为了中国这么一个处在音乐萌芽时代的国家，我做这些笔记是有很大的意义的。所以这次你长信的失落，逼得我留下一大段空白，怎么办呢？

可是事情不是没有挽回的。我们为了丢失的那封信，二十多天的精神痛苦，不能不算是付了很大的代价；现在可不可以要求你也付些代价呢？只要你每天花一小时的工夫，连续三四天，补写一封长信给我们，事情就给补救了。而且你离开比赛时间久一些，也许你一切的观感倒反客观一些。我们极需要知道你对自己的演出的评价，对别人的评价——尤其是对于前四五名的。我一向希望你多发表些艺术感想，甚至对你弹的Chopin〔肖邦〕某几个曲子的感想。我每次信里都谈些艺术问题，或是报告你国内乐坛消息，无非想引起你的回响，同时也使你经常了解国内的情形。

你每次要东西，我们无不立刻商量，上哪儿买，找哪种货；然后妈妈立刻出动，有时她出去看了回来，再和我一同去买。但是你收到以后从来不提，连是否收到我们都没有把握。我早告诉你，收到东西，光是寄一张航空明信片也行。

托马先生带给你的礼物，其中重要的几件是怎样分配的，你也从未报告。

还有一件挺重要的事，就是你得的奖金共有多少？如何存放？过去你音乐会收入项下，除去每月贴在零用方面的以外，还剩多少？我查问你这些，无非因为你不大会理财；其实即使你会理财，也应当告诉我们听听。

比赛委员会在三月底就寄来program［节目单］一册、纪念册（英、法文的各一册），中文的比赛招贴两大张，这些想必是杰老师嘱咐的。你看人家对我这样周到！这当然也是出于你的缘故！

你说要回来，马先生信中说文化部同意（三月三十日信）你回来一次表演几场；但你这次（四月九日）的信和马先生的信，都叫人看不出究竟是你要求的呢，还是文化部主动的。我认为以你的学习而论，回来是大大的浪费。但若你需要休息，同时你绝对有把握耽搁三四个月不会影响你的学习，那么你可以相信，我和你妈妈没有不欢迎的！在感情的自私上，我们最好每年能见你一面呢！

至于学习问题，我并非根本不赞成你去苏联，只是觉得你在波兰还可以多耽两三年，从波兰转苏联，极方便；再要从苏联转波兰，就不容易了！这是你应当考虑的。但若你认为在波兰学习环境不好，或者杰老师对你不相宜，那么我没有话说，你自己决定就是了。但决定以前，必须极郑重、极冷静，从多方面、从远处大处想周到。

你去年十一月中还说："希望比赛快快过去，好专攻古典和近代作品。杰老师教出来的古典真叫人佩服。"难道这几个月内你这方面的意见完全改变了吗？

倘说技巧问题，我敢担保，以你的根基而论，从去年八月到今年二月的成就，无论你跟世界上哪一位大师哪一个学派学习，都不可能超出这次比赛的成绩！你的才具，你的苦功，这一次都已发挥到最高度，老师教你也施展出他所有的本领和耐性！你可曾研究过 program［节目单］上人家的学历吗？我是都仔细看过了的；我敢说所有参加比赛的人，除了非洲来的以外，没有一个人的学历像你这样可怜的——换句话说，跟到名师只有六七个月的竞选人，你是独一无二的例外！所以我在三月二十一日信上就说拿你的根基来说，你的第三名实际远超过第三名。说得再明白些，你想：Harasiewicz［哈拉谢维兹］、Askenasi［阿什肯纳齐］、Ringeissen［林格森］，这几位，假如过去学琴的情形和你一样，只有十至十二岁半的时候，跟到一个 Paci［百器］，十七至十八岁跟到一个 Bronstein［勃隆斯丹］，再到比赛前七个月跟到一个杰维茨基，你敢说：他们能获得第三名和 Mazurka［玛祖卡］奖吗？

我说这样的话，绝对不是鼓励你自高自大，而是提醒你过去六七个月，你已经尽了最大的努力，杰老师也尽了最大的努力。假如你以为换一个school［学派］，你六七个月的成就可以更好，那你就太不自量，以为自己有超人的天才了。一个人太容易满足固然不行，太不知足而引起许多不现实的幻想也不是健全的！这一点，我想也只有我一个人会替你指出来。假如我把你意思误会了（因为你的长信失落了，也许其中有许多理由，关于这方面的），那么你不妨把我的话当作"有则改之，无则加勉"。爸爸一千句、一万句，无非是为你好，为你个人好，也就是为我们的音乐界好，也就是为我们的祖国、人民，以及全世界的人类好！

我知道克利斯朵夫（晚年的）和乔治之间的距离，在一个动荡的时代是免不了的，但我还不甘落后，还想事事、处处追上你们、了解你们，从你们那儿汲取新生命、新血液、新空气，同时也想竭力把我们的经验和冷静的理智，献给你们，做你们一根忠实的手杖！万一有一天，你们觉得我这根手杖是个累赘的时候，我会感觉到，我会销声匿迹，决不来绊你们的脚！

你有一点也许还不大知道。我一生遇到重大的问题，很少不是找几个内行的、有经验的朋友商量的；反之，朋友有重大的事也很少不来找我商量的。我希望和你始终能保持这样互相帮助的关系。

杰维茨基教授四月五日来信说："聪很少和我谈到将来的学习计划。我只知道他与苏联青年来往甚密，他似乎很向往于他们的学派。但若聪愿意，我仍是很高兴再指导他相当时期。

他今后不但要在技巧方面加工，还得在情绪（emotion）和感情（sentimento）的平衡方面多下克制功夫（这都是我近两三年来和你常说的）；我预备教他一些less romantic［比较不浪漫］的东西，即巴赫、莫扎特、斯卡拉蒂、初期的贝多芬等等。"

他也提到你初赛的tempo［速度］拉得太慢，后来由马先生帮着劝你，复赛效果居然改得多等等。你过去说杰老师很cold［冷漠］，据他给我的信，字里行间都流露出热情，对你的热情。我猜想他有些像我的性格，不愿意多在口头奖励青年。你觉得怎么样？

…………

一九五六年五月十五日上午

亲爱的孩子：五月八日我们到了杭州，住大华饭店。那在一九四九年前算是杭州最好的旅馆之一，靠在湖滨，不用出门，就能玩赏西湖景色。现在是公家的招待所，高级干部和外宾都住这儿。但居住的条件不很好，侍应人员晚间也不知低声谈话。倒是吃的饭又便宜又精美。十日清早六点从杭出发，公路车到下午五点半抵屯溪，过宿。十一日晨六点半离屯溪，十时许抵黄山脚下的汤口站。步行一小时到温泉。这是山上的中心据点，好比牯岭之于庐山；不过温泉地势低，只有九百英寸高度。二十年前我们在黄山住一个月，就是在这个地方。此次却是来得不巧。温泉一带正在大建设，宾馆没有造好；原有的招待所，下面也在重砌温泉浴池。到处是沙土、洋灰；四五百工人的工作声，吵得人头昏脑涨。我们在杭州一点儿不知道这种情形。胡乱住了一夜，第二天（十二日）就乘轿登山，下午二时抵文殊院，这是位于天都峰下的玉屏峰顶，高四千余英尺。住在"玉屏楼"（新建的招待所）上，右望莲花峰，左望天都峰（黄山两大最高峰），形势雄奇壮伟。可惜上午走在路上还有太阳，下午到了目的地，就是弥天云雾，什么都看不到了。十三日清晨，有晴朗模样，六时许起来赶拍了几张照，八时许动身下莲花沟，十时登莲花峰。妈妈由向导搀扶之下，居然也到了峰顶。路虽不及天都之险，但有些地方也够惊心动魄的了。若遇晴空万里，可远望九华山，或许还能见到庐山。那天上了峰顶，又是浓雾，等了半小时仍是白茫茫一片，一无所见。不得已下峰，过百步云梯、鳌鱼背，十二时抵光明顶，忽然太阳从云际露面，居然看到了天都、莲花二峰对峙的胜景。两峰同时并列在眼前的景致，只有在光明顶上可看到；二十年前我们过光明顶却是一片云雾。别的事情，我都不大信运气，唯有游山玩水，真要碰机会：上次看得见的，这次偏看不见；上次看不到的，这回却见到了。可是从没有每次都能欣赏同样的美景的。下午一时抵狮子林，不一会儿又是遍山遍谷的白雾，所以狮子林附近的西海门与始信峰，都没有能去游玩。妈妈走了两天，脚肿得很，脸也虚肿得厉害。虽是我们都有轿子，但山坡陡峭处都得自己步行。所以两天之中上下坡路都走了不少。妈妈平日在上海比我能走路，一出门却远不如我了。一则她心脏不大好，到了相当高的山上，就容易疲累；脸与脚的虚肿都是心脏的表现。二则心情不同：我在上海，便急于干完事情回家，走路不耐烦，所以容易累；出门游山，我兴致特别高，也就不大觉得路太长太陡了。

十三日夜宿狮子林，遇《人民画报》记者丁一先生。他是留德的，少年时就喜欢摄影。中年参加了革命，做地下工作。这次来是拍黄山彩色风景照片的。他与庞伯伯[1]夫妇、郁风[2]等都熟。我们谈了许多艺术方面的问题。他很博，见解也不俗；国内水平落后的许多措施，他也批评得很多。对于绘画、电影等等一味重思想、轻艺术的倾向，他不胜愤愤，说中央已经注意这些，周总理也要大家竭力结合政治与艺术；但是人才寥落，一时还难以办到。十四日晨七时离狮子林去松谷庵，九时许下雨，九时三刻到目的地。从那时到此时我写信的时候，雨一直没停过，闷坐在松谷庵的小客座中，无聊透了。附近的风景，一处也不能去玩。看样子，这阵雨还不会就停，真是焦急。因为六个轿工、一个挑夫、一个向导，跟着我们，不出去玩也要每人每日贴一元伙食，多留一天就多一天空开支。山上正值采茶季节，大家都忙。且山顶上临时找不到轿夫，不能到了一处把轿工、挑夫打发走。我本打算在狮子林住几天，把未完成的一篇文字写完，可是等到要下山，就没法叫山下温泉地区的轿夫（山上只有那里有轿子）到山顶来接我们。所以一到黄山，弄清了这种情形，就改变计划，决定只游山，游完就走。不料天公不作美，一天一夜大雨不止，八个工

---

[1] 庞薰琹，我国著名画家。
[2] 我国著名画家、美术评论家、散文家。

人跟着我们，照样要花钱，真是赔了夫人又折兵，急坏了人。一天每顶轿要八元四角，两顶轿就是十六元八角；挑夫与向导每人每日二元五角，一天总开支就得二十一元八角。自己吃的饭与住的房，开支还在外。山上住的条件还不差，就是厕所设备不好，都在露天，而且不干净；下了雨更是苦事。吃在黄山，素来清苦。菜蔬是山上种不出的，有的也是又瘦又小，品种又少，餐餐都有炒蛋与蛋汤，真是倒胃口。

温泉地区新建的房子，都是红红绿绿的宫殿式，与自然环境不调和。柱子的朱红漆也红得"乡气"，画栋雕梁全是骗人眼目的东西。大柱子又粗又高，底下的石基却薄得很。吾国的建筑师毫无美术修养，公家又缺少内行，审定图样也不知道美丑的标准。花了大钱，一点儿也不美观。内部房间分配也设计得不好。跟庐山的房屋比起来，真是相差天壤了。他们只求大、漂亮，结果是大而无当，恶俗不堪。黄山管理处对游客一向很照顾，但对轿子问题就没有解决得好，以致来的人除非身强力壮，能自己从头至尾步行的以外，都不得不花很大的一笔钱——尤其在遇到大雨的时候。总而言之，到处都是问题，到处都缺乏人才。虽有一百二十分的心想把事情做好，限于见识能力，仍是做不好。例如杭州大华饭店的餐厅，台布就不干净，给外宾看了岂不有失体面？那边到处灰土很多，摆的东西都不登大雅，工作人员为数极少，又没受过训练，如何办得好！我们在那边时，正值五一观礼的外宾从北京到上海，一批一批往杭州游览，房间都住满了。

这封信虽写好，一时也无法寄出。要等天晴回狮子林，过一夜后方能下至温泉，温泉还要住一夜，才能到汤口去搭车至屯溪，屯溪又要住一夜，方能搭车去杭州。交通比抗战以前反而不方便。从前从杭州到黄山只要一天，现在要两天。车票也特别难买。他们只顾在山中建设，不知把对外交通改善。

写于黄山松谷庵，时大雨不止。

一九五六年十月三日晨

亲爱的孩子：你回来了，又走了；[1]许多新的工作、新的忙碌、新的变化等着你，你是不会感到寂寞的；我们却是静下来，慢慢地回复我们单调的生活，和才过去的欢会与忙乱对比之下，不免一片空虚——昨儿整整一天若有所失。孩子，你一天天地在进步、在发展，这两年来你对人生和艺术的理解又跨了一大步，我愈来愈爱你了，除了因为你是我们身上的血肉所化出来的而爱你以外，还因为你有如此焕发的才华而爱你。正因为我爱一切的才华，爱一切的艺术品，所以我也把你当作一般的才华（离开骨肉关系），当作一件珍贵的艺术品而爱你。你得千万爱护自己，爱护我们所珍视的艺术品！遇到任何一件出入重大的事，你得想到我们——连你自己在内——对艺术的爱！

---

[1] 傅聪于一九五六年八月下旬回到上海与父母团聚，并应邀在上海举行了一场钢琴独奏会和两场莫扎特钢琴协奏曲音乐会，于九月底去京转赴波兰继续留学。

不是说你应当时时刻刻想到自己了不起，而是说你应当从客观的角度重视自己：你的将来对中国音乐的前途有那么重大的关系，你每走一步，无形中都对整个民族艺术的发展有影响，所以你更应当战战兢兢，郑重其事！随时随地要准备牺牲目前的感情，为了更大的感情——对艺术对祖国的感情。你用在理解乐曲方面的理智，希望能普遍地应用到一切方面，特别是用在个人的感情方面。我的园丁工作已经做了一大半，还有一大半要你自己来做的了。爸爸已经进入人生的秋季，许多地方都要逐渐落在你们年轻人的后面，能够帮你的忙将要越来越减少；一切要靠你自己努力，靠你自己警惕、自己鞭策。你说到技巧要理论与实践结合，但愿你能把这句话用在人生的实践上去；那么你这朵花一定能开得更美、更丰满、更有力、更长久！

谈了一个多月的话，好像只跟你谈了一个开场白。我跟你是永远谈不完的，正如一个人对自己的独白是终身不会完的。你跟我两人的思想和感情，不正是我自己的思想和感情吗？清清楚楚地，我跟你的讨论与争辩，常常就是我跟自己的讨论与争辩。父子之间能有这种境界，也是人生莫大的幸福。除了外界的原因没有能使你把假期过得像个假期以外，连我也给你一些小小的不愉快，破坏了你回家前的对家庭的期望。我心中始终对你抱着歉意。但愿你这次给我的教育（就是说从和你相处而反映出我的缺点）能对我今后发生作用，把我自己继续改造。尽管人生那么无情，我们本人还是应当把自己尽量改好，少给人一些痛苦，多给人一些快乐。说来说去，我仍抱着"宁天下人负我，毋我负天下人"的心愿。我相信你也是这样的。

这几日你跟马先生一定谈得非常兴奋。能有一个师友之间的人和你推心置腹，也是难得的幸运。孩子，你不是得承认命运毕竟是宠爱我们的吗？

蒋姨昨晨在机场上询问，知道今天没有班机飞京，也没有便人可托。昨天下午邮局人员告诉妈妈，说航空小包有时反比火车运输慢，普通快包，最慢四天准到，你的手表仍旧用一般的快包寄出，想你在六日左右可以收到。届时望来信。

乐谱及乐理的书分四包，今日下午到总局去寄。附上详单一纸，望细核。倘有遗漏，速速来信！还有一件事忘了问你，你在华沙电台录音的节目，要写下来给我，我要登记。

敏见到没有？出国的飞机手续办妥了吗？见部长的约会定下没有？大致有几场招待演出？香烟少抽为妙，处处保重！

代候马先生、马伯母。

一九六二年一月十四日

聪，亲爱的孩子：又快一个月没给你写信了。你们信少，我们的信也不知不觉跟着减少。你在外忙得昏天黑地，未必有闲情逸致读长信；有些话和你说了你亦过目即忘；再说你的情形我们一无所知，许多话也无从谈起。

十日收到来电，想必你们俩久不执笔，不免内疚，又怕我们着急之故吧？不管怎样，一个电报引得妈妈眉开眼笑，在吃饭前说："开心来……"我问："为什么？"她说："为了孩子。"

今天星期日，本想休息，谁知一提笔就写了七封信，这一封是第八封了。从十一月初自苏州回来后，一口气工作到今，赛过跑马拉松，昨天晚上九点半放下笔也感到脑子疲惫得很了。想想自己也可笑，开头只做四小时多工作，加到六小时，译一千字已经很高兴了；最近几星期每天做到八九小时，译到两千字，便又拿两千字作为新定量，好似老是跟自己劳动竞赛，抢"红旗"似的。幸而脑力还能支持，关节炎也不常发。只是每天上午泪水滔滔，呵欠连连，大概是目力用得过度之故。一年来健康好转（妈妈皮色也好看了）都亏你食物、药物的接济。这半年敏身体也强了些。可是六一年至少三四个音乐会的收入都报销在我们身上了吧？

⋯⋯⋯⋯⋯⋯

此次出外四月，收入是否预先定好计划？不管你们俩听从与否，我总得一再提醒你们。既然生活在金钱世界中，就不能不好好地控制金钱，才不致为金钱所奴役。

当然，世界上到处没有两全之事，一切全赖自己掌握，目的无非是少受些物质烦恼，多一些时间献给学问和艺术。理想的世界始终是理想；无论天南地北，看不上眼的事总是多于看得上眼的。但求不妨碍你的钻研，别的一切也就可以淡然置之。烦闷徒然浪费时间，扰乱心绪，犯不上！你恐怕对这些也想过很多，旷达了不少吧？

⋯⋯⋯⋯⋯⋯

一九六二年二月二十一日

亲爱的孩子：

....

你此次出外四月，收入不多。而我们常常节外生枝，加重你负担，心里也说不出地难受。你对经济情形又不肯提，使我无法按照你的力量来调节我们的需要，怎么办呢？比如说，食油、糖、烟丝、面粉等等的接济都仰仗香港，而你去年寄香港之款又已用完；但一想到你刚回伦敦就要应付我们这方面一大笔开支（因为药品也快完了），心里又委决不下。

今年春节假期中来客特别多，有些已四五年不见面了。雷伯伯[1]也从芜湖回申（他于五八年调往安徽皖南大学），听了你最近的唱片，说你的肖邦确有特点，诗意极浓，近于李白的味道。此话与你数年来的感受不谋而合，可见真有艺术家心灵的人总是一拍即合。雷伯伯远在内地，很少接触音乐的机会，他的提琴亦放弃多年，可是一听到好东西马上会感受。想你听了也高兴。他是你的开蒙钢琴老师，亦是第一个赏识你的人（五二年你在兰心演出半场，他事后特意来信，称道你沉浸在音乐内的忘我境界，国内未有前例），至今也仍然是你的知己。

....

前信提到美国经理人的种种剥削，不知你为何不在他建议订下年合同时提出条件，倘仍有那么多莫名其妙的账单开出来，

---

[1] 即雷垣，傅雷在上海大同附中读书时的同学，也是傅聪的钢琴启蒙老师。

你就不考虑签新合同？你要是患得患失，就只能听人宰割；要是怕难为情，剥削者更是正中下怀。这一回的教训应当牢牢记住，以后与任何新经理人打交道，事先都该问明，除佣金外，还有哪些开支归艺术家负担。最好在合同上订明，更有保障。还有灌唱片的事，恐怕也不免大受盘剥吧？

....

一九六二年九月二十三日

亲爱的孩子：

....

你的笑话叫我们捧腹不止，可是当时你的确是窘极了的。南美人的性格真是不可思议，如此自由散漫的无政府状态，居然还能立国，社会不至于大乱，可谓奇迹。经历了这些怪事，今后无论何处遇到什么荒唐事儿都将见怪不怪，不以为奇了。也可见要人类合理地发展，社会一切上轨道，不知还得等几百年，甚至上千年呢。

还有，在那么美丽的自然环境中，人民也那么天真可爱，就是不能适应二十世纪的生活。究竟是这些人不宜于过现代生活呢，还是现代生活不适于他们？换句话说：人应当任情适性地过日子呢，还是要削足适履，迁就客观现实？有一点可以肯定：就是人在世界上活了几千年，还仍然没法按照自己的本性去设计一个社会。世界大同看来永远是个美丽的空想：既然不能在精神生活、物质生活方面五大洲的人用同一步伐、同一速度向前，那么先进与落后的冲突永远没法避免。试想两千三百年以前的希腊人如果生在今日，岂不一样搅得一团糟，哪儿还能创造出雅典那样的城市和雅典文明？反过来，假定今日的巴西人和其他的南美民族，生在文艺复兴前后，至少是生在闭关自守、没有被近代的工业革命侵入之前，安知他们不会创造出一种和他们的民族性同样天真可爱，与他们优美的自然界调和的文化？

巴尔扎克说过："现在的政府，缺点是过分要人去适应社会，而不想叫社会去适应人。"这句话值得一切抱救世渡人的理想的人深思！

弥拉把下期的日程单寄来了，快慰之至。十月初至十月十六日你去的那些地方，大半在地图和辞典上找不到，是否都在瑞典呢？奇怪，芬兰倒从来没邀请过你。还有，明年二月至三月的北美巡回演出，二月十四日是 Winnipeg［温尼伯］；那么是不是包括加拿大别的城市呢？大概你与勃隆斯丹太太重逢是定局的了。纽约卡耐基音乐厅有没有 recital［独奏会］？以后知道了更详细的北美日程，希望弥拉补充一个单子来——这些材料对我们多么可贵，恐怕你未必想象得到。尤其是我三天两头拿出你的日程来查看——唯有这样，我好像精神上始终和你在一起。

前信已和你建议找个时期休息一下，无论在身心健康或艺术方面都有必要。你与我缺点相同：能张不能弛，能劳不能逸。

可是你的艺术生活不比我的闲散，整月整年，天南地北地奔波，一方面体力精力消耗多，另一方面所见所闻也需要静下来消化吸收——而这两者又都与你的艺术密切相关。何况你条件比我好，音乐会虽多，也有空隙可利用；随便哪个乡村待上三天五天也有莫大好处。听说你岳父岳母正在筹备于年底年初到巴伐利亚区阿尔卑斯山中休养，照样可以练琴。我觉得对你再好没有：去北美之前正该养精蓄锐。山中去住两三星期一涤尘秽，便是寻常人也会得益。狄阿娜来信常常表示关心你，看来也是出于真情。岳父母想约你一同去山中的好意千万勿辜负了。望勿多所顾虑，早日打定主意，让我们和弥拉一起高兴高兴。真的，我体会得很清楚：不管你怎么说，弥拉始终十二分关怀你的健康和艺术。而我为了休息问题也不知向你提过多少回了，如果是口头说的话，早已舌敝唇焦了。你该知道我这个爸爸不仅是爱孩子，而且热爱艺术；爱你也就是为爱艺术，爱艺术也是为爱你！你千万别学我的样，你我年龄不同，在你的年纪，我也不像你现在足不出户。便是今日，只要物质条件可能，每逢春秋佳日，还是极喜欢徜徉于山巅水涯呢！

···········

过几日打算寄你《中国文学发展史》《宋词选》《世说新语》。第一种是友人刘大杰[1]旧作，经过几次修改的。先出第一册，以后续出当续寄。此书对古文字、古典籍有概括叙述，也可补

---

[1] 我国古典文学研究专家。

你常识之不足。特别是关于殷代的甲骨，《书经》《易经》的性质等等。《宋词选》的序文写得不错，作者胡云翼也是一位老先生了。大体与我的见解相近，尤其对苏、辛二家的看法，我也素来反对传统观点。不过论词的确有两个不同的角度，一是文学的，一是音乐的；两者各有见地。时至今日，宋元时唱词唱曲的技术皆已无考，则再从音乐角度去评论当日的词，也就变成无的放矢了。

另一方面，现代为歌曲填词的人却是对音乐太门外，全不知道讲究阴阳平仄，以致往往拗口；至于哪些音节可拖长，哪些字音太短促，不宜用作句子的结尾，更是无人注意了。本来现在人写散文就不知道讲究音节与节奏，而作歌词的人对写作技巧更是生疏。电台上播送中译的西洋歌剧的aria［咏叹调］，往往无法卒听。

《世说新语》久已想寄你一部，因找不到好版子，又想弄一部比较小型轻巧的，便于出门携带。今向友人索得一部是商务铅印、中国纸线装的，等妈妈换好封面、分册重订后即寄。我常常认为这部书可与希腊的《对话录》媲美，怪不得日本人历来作为枕中秘籍，作为床头常读的书。你小时念的国文，一小部分我即从此中取材。

林先生[1]送你一帧小型的仕女，稍缓寄你。去年存你处的几幅，大概还没人请教吧？有人要了，望即将收到的画款随时

---

[1]　林风眠，大画家，傅雷挚友。

汇来。林先生并未催询，勿误会。

你们养的小猫咪（我没记错吗？）怎么样了？经常出门，交给谁喂养呢？告诉弥拉：你们屋子的照片再不拍几张寄来，她不久要嫌屋子太旧，不够拍照资格了。室外也要一张，让我们看看全貌。车子怎样？旧车往往常要修理，或者在半路上抛锚捣乱，你总该遇到过几回吧？

拉杂写来，不觉太长了。往北欧去能随时寄些风景片来最好。

一切珍重！

一九六四年十月三十一日

亲爱的孩子：几次三番动笔写你的信都没有写成，而几个月的保持沉默也使我魂不守舍、坐立不安。[1]我们从八月到今的心境简直无法形容。你的处境，你的为难（我猜想你采取行动之前，并没和国际公法或私法的专家商量过。其实那是必要的。），你的迫不得已的苦衷，我们都深深地体会到，怎么能责怪你呢？可是再彻底的谅解也减除不了我们沉重的心情。民族自尊心受了伤害，非短时期内所能平复；因为这不是一个"小我"的、个人的荣辱得失问题。便是万事随和、处处乐观的你的妈妈，也耿耿于怀，伤感不能自已。不经过这次考验，我也不知道自

---

[1] 五月间傅聪为了在世界各地演出的生计，无奈入了英国籍，傅雷知道后，整天闷闷不乐，民族自尊心受了伤害，难以平复沉重的心情。

己在这方面的感觉有这样强。五九年你最初两信中说的话，以及你对记者发表的话，自然而然地、不断地回到我们脑子里来，你想，这是多大的刺激！我们知道一切官方的文件只是一种形式，任何法律手续约束不了一个人的心——在这一点上我们始终相信你；我们也知道，文件可以单方面地取消，只是这样的一天遥远得望不见罢了。何况理性是理性，感情是感情，理性悟透的事情，不一定能叫感情接受。不知你是否理解我们几个月沉默的原因，能否想象我们这一回痛苦的深度？不论工作的时候或是休息的时候，精神上老罩着一道阴影，心坎里老压着一块石头，左一个譬解，右一个譬解，总是丢不下、放不开。我们比什么时候都更想念你，可是我和妈妈都不敢谈到你：大家都怕碰到双方的伤口，从而加剧自己的伤口。我还暗暗地提心吊胆，生怕国外的报纸、评论，以及今后的唱片说明提到你这件事。……孩子出生的电报来了，我们的心情更复杂了。这样一件喜事发生在这么一个时期，我们的感觉竟说不出是什么滋味，百感交集，乱糟糟的一团，叫我们说什么好呢，怎么表示呢？所有这一切，你岳父都不能理解。他有他的民族性，他有他民族的悲剧式的命运（这个命运，他们两千年来已经习为故常，不以为悲剧了），看法当然和我们不一样。然而我决不承认我们的看法是民族自大，是顽固，他的一套是开明，是正确。他把国籍看作一个侨民对东道国应有的感激的表示，这是我绝对不同意的！至于说弥拉万一来到中国，也必须入中国籍，所以你的行动可以说是有来有往等等，那完全是他毫不了解中国国情所做的猜测。我们的国家从来没有一条法律，要外国人入了中国国籍才能久居！接到你岳父那样的信以后，我并不作复，为的是不愿和他争辩；可是我和他的意见分歧点应当让你知道。

孩子不足两个月，长得如此老成，足见弥拉成绩不错。大概她全部精力花在孩子身上了吧？家里是否有女工帮忙，减少一部分弥拉的劳累？做父母是人生第二大关，你们俩的性格脾气，连人生观等等恐怕都会受到影响。但愿责任加重以后，你们支配经济会更合理，更想到将来（谁敢担保你们会有几个儿女呢？），更能克制一些随心所欲的冲动，减少一些不必要的开支。孩子初生（一星期）的模样的确像襁褓中的你。后来几次的相片，尤其七星期的一张，眼睛与鼻梁距离较大，明明有了外家的影子——弥拉也更像她父亲了。不过婴儿的变化将来还多着呢。

　·············

最后再嘱咐你一句：你一切行动都有深远的反响波及我们；以后遇到重大的事，务必三思而行，最好先同有经验的前辈（尤其懂得法律的专家，他们头脑冷静，非艺术家可比！）多多商量！一切保重！

一九六五年五月十六日夜

亲爱的孩子：

　·············

香港的长途电话给我们的兴奋，简直没法形容。五月四日整整一天我和你妈妈魂不守舍，吃饭做事都有些飘飘然，好像在做梦；我也根本定不下心来工作。尤其四日清晨妈妈告诉我，说她梦见你还是小娃娃的模样，喂了你奶，你睡着了，她把你放在床上。她这话说过以后半小时，就来了电话！怪不得好些人要迷信梦！萧伯母[1]的信又使我们兴奋了大半日，她把你过港二十三小时的情形详详细细写下来了，连你点的上海菜都一样一样报了出来，多有意思。信、照片，我们翻来覆去看了又看，电话中听到你的声音，今天看到你打电话前夜的人，这才合起来成为一个完整的你！（我不是说你声音有些变了吗？过后想明白了，你和我一生通电话的次数最少，经过电话机变质以后的你的声音，我一向不熟悉；五六年你在北京打来长途电话，当时也觉得你声音异样。）看你五月三日晚刚下飞机的神态，知道你尽管风尘仆仆，身心照样健康，我们快慰之至。你能练出不怕紧张的神经、吃得起劳苦的身体，能应付二十世纪演奏家的生活，归根到底也是得天独厚。我和你妈妈年纪大了，越来越神经脆弱，一点儿小事就会使我们紧张得没有办法。一方面是性格生就，另一方面是多少年安静的生活越发叫我们没法适应天旋地转的现代tempo［节奏］。

---

[1]　傅雷挚友成家和，香港著名导演和影星萧芳芳的母亲。

一九六五年六月十四日

亲爱的孩子：这一回一天两场的演出，我很替你担心，好姆妈[1]说你事后喊手筋痛，不知是否马上就过去？到伦敦后在巴斯登台是否跟平时一样？那么重的节目，舒曼的 *Toccata* [《托卡塔》] 和 *Kreisleriana* [《克莱斯勒偶记》] 都相当别扭，最容易使手指疲劳；每次听见国内弹琴的人坏了手，都暗暗为你发愁。当然主要是方法问题，但过度疲劳也有关系，望千万注意！你从新西兰最后阶段起，前后紧张了一星期，回家后可曾完全松下来，恢复正常？可惜你的神经质也太像我们了！看书兴奋了睡不好，听音乐兴奋了睡不好，想着一星半点的事也睡不好……简直跟你爸爸妈妈一模一样！但愿你每年暑期都能彻底 relax [放松]，下月去德国就希望能好好休息。年轻力壮的时候不要太逞强，过了四十五岁样样要走下坡路。最要紧及早留些余地，精力、体力、感情，要想法做到细水长流！孩子，千万记住这话：你干的这一行最伤人，做父母的时时刻刻挂念你的健康——不仅眼前的健康，而且是十年二十年后的健康！你在立身处世方面能够洁身自爱，我们完全放心；在节约精力、护养神经方面也要能自爱才好！

…………

此外，你这一回最大的收获恐怕还是在感情方面，和我们三次通话，美中不足的是五月四日、六月五日早上两次电话中

---

[1] 即前信"萧伯母"，傅雷挚友成家和。

你没有叫我，大概你太紧张，当然不是争规矩，而是少听见一声"爸爸"好像大有损失。妈妈听你每次叫她，才高兴呢！好姆妈和好好爹爹[1]那份慈母般的爱护与深情，多少消解了你思乡怀国的饥渴。昨天同时收到他们俩的长信，妈妈一面念信一面止不住流泪。这样的热情、激动，真是人生最宝贵的东西。我们有这样的朋友（李先生六月四日从下午六时起到晚上九时，心里就想着你的演出。上月二十三日就得到朋友报告，知道你大概的节目），你有这样的亲长（十多年来天舅舅[2]一直关心你，好姆妈五月底以前的几封信，他都看了，看得眼睛也湿了，你知道天舅舅从不大流露感情的），把你当作自己的孩子一般，也够幸福了。他们把你四十多小时的生活行动描写得详详细细，自从你五三年离家以后，你的实际生活我们从来没有知道得这么多的。他们的信，二十四小时内，我们已看了四遍，每看一遍都好像和你团聚一回。可是孩子，你回英后可曾去信向他们道谢？当然他们会原谅你忙乱，也不计较礼数，只是你不能不表示你的心意。信短一些不要紧，却绝对不能杳无消息。人家给了你那么多，怎么能不回报一星半点呢？何况你只消抽出半小时的时间写几行字，人家就够快慰了！刘抗和陈人浩伯伯处唱片一定要送，张数不拘，也是心意为重。此事本月底以前一定要办，否则一出门，一拖就是几个月。

·············

---

[1] 傅雷挚友成家榴，傅聪和傅敏都这么称呼她。

[2] 即傅聪母亲的最小哥哥朱人秀。

第二编

日常生活之道，以及克己的功夫

一九五四年三月二十四日上午十一时

亲爱的孩子：这一回你隔了差不多二十天才有信来，因为我一直闹病，很担心你也病了。我从三月十二日起好好歹歹一连发烧发了三四次，而且每次热度都很高。上回热度退后有过一封信给你。不料二十二日下午又来了高热度，林伯伯[1]听了肺，说是气管炎。幸而隔了一天半就退净，只是身体屡经打击，一时恢复不过来。

在公共团体中，赶任务而妨碍正常学习是免不了的，这一点我早料到。一切只有你自己用坚定的意志和立场，向领导婉转而有力地去争取。否则出国的准备又能做到多少呢？——特别是乐理方面，我一直放心不下。从今以后，处处都要靠你个人的毅力、信念与意志——实践的意志。我不再和你说教条式的话，去年那三封长信把我所想的话都说尽了；你也已经长大

---

[1]　傅雷夫妇挚友林俊卿医生。

成人，用不着我一再叮嘱。但若你缺少勇气的时候，尽管来信告诉我，我可以替你打气。倘若你心绪不好，也老老实实和我谈谈，我可以安慰安慰你，代你解决一些或大或小的烦恼。关于某某的事，你早已跟我表明态度，相信你一定会实际做到。你年事尚少，出国在即，眼光、嗜好、趣味都还要经过许多变化；即使一切条件都极美满，也不能担保你最近三四年中，双方的观点不会改变，从而也没法保证双方的感情不变。最好能让时间来考验。我二十岁出国，出国前后和你妈妈已经订婚，但出国四年中间，对她的看法三番四次地改变，动摇得厉害。这个实在的例子很可以做你的参考，使你做事可以比我谨慎，少些痛苦——尤其为了你的学习、你的艺术前途！

另外一点我可以告诉你：就是我一生任何时期，闹恋爱最热烈的时候，也没有忘却对学问的忠诚。学问第一，艺术第一，真理第一，爱情第二，这是我至此为止没有变过的原则。你的情形与我不同：少年得志，更要想到"盛名之下，其实难副"，更要战战兢兢，不负国人对你的期望。你对政府的感激，只有用行动来表现才算是真正的感激！我想你心目中的上帝一定也是 Bach〔巴赫〕、Beethoven〔贝多芬〕、Chopin〔肖邦〕等等第一，爱人第二。既然如此，你目前所能支配的精力与时间，只能贡献给你第一个偶像，还轮不到第二个神明。你说是不是？可惜你没有早学好写作的技术，否则过剩的感情就可用写作（乐曲）来发泄，一个艺术家必须能把自己的感情"升华"，才能于人有益。我绝不是看了来信，夸张你的苦闷，因而着急；但我知道你多少是有苦闷的，我随便和你谈谈，也许能帮助你廓清一些心情。

…………

前信问你要不要再版的《嘉尔曼》送朋友，望来信告知。外面阳光甚好，完全是春天的气息了，可惜我还不能出门去散散步，迎接新到的春光。一切珍重，定下心神学习吧。我祝福你，亲爱的孩子，希望你比我少些烦恼，多些幸福，多有成就给人家幸福！

一九五四年四月七日

聪儿：记得我从十三岁到十五岁，念过三年法文；老师教的方法既有问题，我也念得很不用功，成绩很糟（十分之九已忘了）。从十六岁到二十岁在大同改念英文，也没念好，只是比法文成绩好一些。二十岁出国时，对法文的知识只会比你现在的俄文程度差。到了法国，半年之间，请私人教师与房东太太双管齐下补习法文，教师管读本与文法，房东太太管会话与发音，整天地改正，不用上课方式，而是随时在谈话中纠正。半年以后，我在法国的知识分子家庭中过生活，已经一切无问题。十个月以后开始能听几门不太难的功课。可见国外学语文，以随时随地应用的关系，比国内的进度不啻一与五六倍之比。这一点你在莫斯科遇到李德伦时也听他谈过。我特意跟你提，为的是要你别把俄文学习弄成"突击式"。一个半月之间念完文法，这是强记，绝不能消化，而且过了一晌大半会忘了的。我认为目前主要是抓住俄文的要点，学得慢一些，但所学的必须牢记，这样才能基础扎实。贪多务得是没用的，反而影响钢琴业务，甚至使你身心困顿，一空下来即昏昏欲睡。这问题希望你自己细细想一想，想通了，就得下决心更改方法，与俄文老师细细商量。一切学问没有速成的，尤其是语言。倘若你目前停止上新课，把已学的从头温一遍，我敢断言，你会发觉有许多已经完全忘了。

你出国去所遭遇的最大困难，大概和我二十六年前的情形差不多，就是对所在国的语言程度太浅。过去我再三再四强调你在京赶学理论，便是为了这个缘故。倘若你对理论有了一个基本概念，那么日后在国外念的时候，不至于语言的困难加上乐理的困难，使你对乐理格外觉得难学。换句话说：理论上先略有门径之后，在国外念起来可以比较方便些。可是你自始至终没有和我提过在京学习理论的情形，连是否已开始亦未提过。我只知道你初到时因罗君[1]患病而搁置，以后如何，虽经我屡次在信中问你，你也没复过一个字。——现在我再和你说一遍：我的意思是最好把俄文学习的时间分出一部分，移作学习乐理之用。

提早出国，我很赞成。你以前觉得俄文程度太差，应多多准备后再走。其实像你这样学俄文，即使用最大的努力，再学

---

[1] 即我国著名作曲家罗忠镕。

一年也未必能说准备充分——除非你在北京不与中国人来往，而整天生活在俄国人堆里。——但领导方面究竟如何决定，最好请周广仁或别的比较能参与机密的朋友时时探听，让我们早些知道，早些准备。

恩德那里无论如何忙也得写封信去。自己责备自己而没有行动表现，我是最不赞成的。这是做人的基本作风，不仅对某人某事而已，我以前常和你说的，只有事实才能证明你的心意，只有行动才能表明你的心迹。待朋友不能如此马虎。生性并非"薄情"的人，在行动上做得跟"薄情"一样，是最冤枉的、犯不着的。正如一个并不调皮的人耍调皮而结果反吃亏，一个道理。

德沃夏克谱二册收到没有？尽管忙，写信时也得提一提"来信及谱二册均已收到"，不能光提"来信都收到"。

一切做人的道理，你心里无不明白，吃亏的是没有事实表现；希望你从今以后，一辈子记住这一点。大小事都要对人家有交代！

其次，你对时间的安排、学业的安排、轻重的看法、缓急的分别，还不能有清楚明确的认识与实践。这是我为你最操心的。因为你的生活将来要和我一样的忙，也许更忙。不能充分掌握时间与区别事情的缓急先后，你的一切都会打折扣。所以有关这些方面的问题，不但希望你多听听我的意见，更要自己多想想，想过以后立刻想办法实行，应改的、应调整的都应当立刻改、立刻调整，不以任何理由耽搁。

这十多天气候老是阴晴不定，雨特别多，真是"清明时节雨纷纷，路上行人欲断魂"的景象。我身体迄未复原，失去重心的现象和五二年夏天相仿。

匆匆即问　近好！

一九五四年四月二十一日

孩子：接十七日信，很高兴你又过了一关。人生的苦难，theme［主题］不过是这几个，其余只是variations［变奏曲］而已。爱情的苦汁早尝，壮年中年时代可以比较冷静。古语说得好，塞翁失马，未始非福。你比一般青年经历人事都更早，所以成熟也早。这一回痛苦的经验，大概又使你灵智的长成进了一步。你对艺术的领会又可深入一步。我祝贺你有跟自己斗争的勇气。一个又一个的筋斗栽过去，只要爬起来，一定会逐渐攀上高峰，超脱在小我之上。辛酸的眼泪是培养你心灵的酒浆。不经历尖锐的痛苦的人，不会有深厚博大的同情心。所以，孩子，我很高兴你这种蜕变的过程，但愿你将来比我对人生有更深切的了解，对人类有更热烈的爱，对艺术有更诚挚的信心！孩子，我相信你一定不会辜负我的期望。

我对于你的学习（出国以前的），始终主张减少练琴时间，俄文也勿太紧张；倒是乐理要加紧准备。我预言你出国以后两年之内，一定会深感这方面的欠缺。故出去以前要尽量争取基本常识。

三四月在北京是最美的季节（除了秋天之外）；丁香想已开罢，接着是牡丹盛放。有空不妨上中山公园玩玩。中国的古代文物当然是迷人的，我也常常缅怀古都，不胜留恋呢。

最近正加工为林伯伯修改讨论歌唱的文字；精神仍未完全复原，自己的工作尚未正式开始。

恩德的眼睛略有进步，据林伯伯说要完全纠正斜视需一年之久。她生来多挫折，比不得你一帆风顺。你写给她的信，我看到了，写得很好。

阿敏今日起小考。他春假中上苏州去玩了三天，跟学校团体去的，把黄家姨夫的日本照相机给人偷了，少不得要我赔偿。后小偷抓获，相机也追回。

园子东南角上叠了些小假山，种了些松、柏、紫荆、紫藤、枫树等等。你回来恐怕要不认得了。

匆匆，祝好！

妈妈常在牵挂你！

一九五四年六月二十四日下午

亲爱的孩子：终于你的信到了！联络局没早告诉你出国的时间，固然可惜，但你迟早要离开我们，大家感情上也迟早要受一番考验；送君十里终须一别，人生不是都要靠隐忍来撑过去吗？你初到的那天，我心里很想要你二十以后再走，但始终守法和未雨绸缪的脾气把我的念头压下去了。在此等待期间，你应当把所有留京的琴谱整理一个彻底，用英文写两份目录，一份寄家里来存查。这种工作也可以帮助你消磨时间，省却烦恼。孩子，你此去前程远大，这几天更应当仔仔细细把过去种种做一个总结，未来种种做一个安排；在心理上、精神上多做准备，多多锻炼意志，预备忍受四五年中的寂寞和感情的波动。这才是你目前应做的事。孩子，别烦恼。我前信把心里的话和你说了，精神上如释重负。一个人发泄是要求心理健康，不是使自己越来越苦闷。多听听贝多芬的第五[1]，多念念克利斯朵夫里几段艰苦的事迹（第一册末了，第四册第九卷末了），可以增加你的勇气，使你更镇静。好孩子，安安静静地准备出国吧。一切零星小事都要想周到，别怕天热、贪懒，一切事情都要做得妥帖。行前必须把带去的衣服什物记在"小手册"上，把留京及寄沪的东西写一清账。想念我们的时候，看看照相簿。为什么写信如此简单呢？要是我，一定把到京时罗君来接及到团以后的情形描写一番，即使借此练练文字也是好的。

近来你很多地方像你妈妈，使我很高兴。但是办事认真一点，却望你像我。最要紧，不能怕烦！

一九五四年七月四日晨

孩子：这几日为了你的事心绪不定，夜里也睡不好。最担

---

[1] 指贝多芬的《第五"命运"交响曲》。

心的是临时坐飞机去，行李由火车运；运的时间，如去年寄回国的行李例子，又是很长，将来你在外定感许多不便。

…………

来信老是含糊得很，是不是我给Eva［埃娃］的信稿及"33转"捷苏唱片目录都收到了？我又担心你因为联络局没消息，所以你把留在国内要寄回家的东西也不开始整理；还有那些乐谱，不是早告诉你要写一张细账寄沪吗？

孩子，希望你对实际事务多注意些，应办的即办，切勿懒洋洋地拖宕。夜里摆龙门阵的时间，可以打发不少事情呢。宁可先准备好了再玩。

也许这是你出国以前接到的最后一信了，也许连这封信也来不及收到，思之怆然。要嘱咐你的话是说不完的，只怕你听得起腻了。可是关于感情问题，我还是要郑重告诫：无论如何要克制，以前途为重，以健康为重。在外好好利用时间，不但要利用时间来工作，还要利用时间来休息、写信。别忘了杜甫那句诗："家书抵万金"！

孩子，别了，我们没一天不想念你，没一天不祝福你，在精神上拥抱你！

一九五四年八月十一日午前

好孩子：

…………

你的生活我想象得出，好比一九二九年我在瑞士。但你更幸运，有良师益友为伴，有你的音乐做你崇拜的对象。我二十一岁在瑞士正患着青春期的、罗曼蒂克的忧郁病：悲观、厌世、彷徨、烦闷、无聊，我在《贝多芬传》译序中说的就是指那个时期。孩子，你比我成熟多了，所有青春期的苦闷，都提前几年，早在国内度过；所以你现在更能够定下心神，发愤为学；不至于像我当年蹉跎岁月，到如今后悔莫及。

你的弹琴成绩，叫我们非常高兴。对自己父母，不用怕"自吹自捧"的嫌疑，只要同时分析一下弱点，把别人没说出而自己感觉到的短处也一起告诉我们。把人家的赞美报告我们，是你对我们最大的安慰；但同时必须深深地检讨自己的缺陷。这样，你写的信就不会显得过火；而且这种自我批判的功夫也好比一面镜子，对你有很大帮助。把自己的思想写下来（不管在信中或是用别的方式），比着光在脑中空想是大不同的。写下来需要正确精密的思想，所以写在纸上的自我检讨，格外深刻，对自己也印象深刻。你觉得我这段话对不对？

我对你这次来信还有一个很深的感想，便是你的感受性极强、极快。这是你的特长，也是你的缺点。你去年一到波兰，弹 Chopin［肖邦］的 style［风格］立刻变了，回国后却保持不住，这一回一到波兰又变了。这证明你的感受力极快。但是天下事有利必有弊，有长必有短，往往感受快的，不能沉浸得深，不能保持得久。去年时间短促，固然不足为定论。但你至少得承认，你的不容易"牢固执着"是事实。我现在特别提醒你，希望你时时警惕,对于你新感受的东西不要让它浮在感觉的表面;而要仔细分析,究竟新感受的东西,和你原来的观念、情绪、表达方式有何不同。这是需要冷静而强有力的智力才能分析清楚的。希望你常常用这个步骤来"巩固"你很快得来的新东西(不管是技术还是表达)。长此做去,不但你的演奏风格可以趋于稳定、成熟(当然所谓稳定不是刻板化、公式化);而且你一般的智力也可大大提高,受到锻炼。孩子,记住这些!深深地记住!还要实地做去!这些话我相信只有我能告诉你。

还要补充几句:弹琴不能徒恃 sensation [感觉]、sensibility [情感]。那些心理作用太容易变。从这两方面得来的,必要经过理性的整理、归纳,才能深深地化入自己的心灵,成为你个性的一部分、人格的一部分。当然,你在波兰几年住下来,熏陶的结果,多少也(自然而然地)会把握住精华。但倘若你事前有了思想准备,特别在智力方面多下功夫,那么你将来的收获一定更大、更丰富,基础也更稳固。再说得明白些:艺术家天生敏感,换一个地方,换一批群众,换一种精神气氛,不知不觉会改变自己的气质与表达方式。但主要的是你心灵中最优秀、最突出的部分,从人家那儿学来的精华,都要紧紧抓住,深深地种在自己性格里,无论何时何地这一部分始终不变。这样你才能把独有的特点培养得厚实。

关于这个问题,我想你听了必有所感,不妨跟我多谈谈。

其次,我不得不再提醒你一句:尽量控制自己的感情,把它移到艺术中去。你周围美好的天使太多了,我怕你又要把持不住。你别忘了，你自誓要做几年清教徒的，在男女之爱方面要过几年僧侣生活、禁欲生活的！这一点千万要提醒自己！时时刻刻提防自己！一切都要醒悟得早，收篷收得早；不要让自己的热情升高之后再去压制，那时痛苦更多，而且收效也少。亲爱的孩子，无论如何你要在这方面听从我的忠告！爸爸妈妈最不放心的不过是这些。

....

罗忠镕和李凌[1]都有回信来，你的行李因大水为灾，货车停开，故耽误了。你不必再去信向他们提。我认为你也应该写信给李凌，报告一些情形，当然口气要缓和。人家说你好的时候，你不妨先写上"承蒙他们谬许""承他们夸奖"一类的套语。李是团体的负责人，你每隔一个月或一个半月都应该写信；信末还应该附一笔，"请代向周团长致敬"。这是你的责任，切不能马虎。信不妨写得简略，但要多报告一些事实。切不可两三个月不写信给李凌——你不能忘了团体对你的好意与帮助，要表示你不忘记，除了不时写信没有第二个办法。

你记住一句话:青年人最容易给人一个"忘恩负义"的印象。其实，他是眼睛望着前面，饥渴一般地忙着吸收新东西，并不一定是"忘恩负义"；但懂得这心理的人很少；你千万不要让人误会。

这几天上海大热，三楼九十六度（华氏），我挥汗改译文，

---

[1] 时任中央乐团团长。

仍要到深夜。楼下书房墙壁仍没有干透，一个月内无搬下去的希望。今早一收到你来信，我丢下工作花了一个小时写这封信。

....

孩子，你真是个艺术家，从来想不起实际问题的。怎么连食宿的费用、平日的零用等等，一字不提呢？人是多方面的，做父母的特别关心这些，下次别忘了详细报道。乐谱问题怎样解决？在波兰花一大笔钱买了，会不会影响别的用途？

我要工作了，不再多写。远远地希望你保重，因为你这样快乐，用不着再祝你快乐了！

一九五四年八月十六日晚

孩子：我忙得很，只能和你谈几桩重要的事。

你素来有两个习惯：一是到别人家里，进了屋子，脱了大衣，却留着丝围巾；二是常常把手插在上衣口袋里，或是裤袋里。这两件都不合西洋的礼貌。围巾必须和大衣一同脱在衣帽间，不穿大衣时，也要除去围巾，手插在上衣袋里比插在裤袋里更无礼貌，切忌切忌！何况还要使衣服走样。你所来往的圈子特别是有教育的圈子，一举一动务须特别留意。对客气的人，或是师长，或是老年人，说话时手要垂直，人要立直。你这种规矩成了习惯，一辈子都有好处。

在饭桌上，两手不拿刀叉时，也要平放在桌面上，不能放在桌下、搁在自己腿上或膝盖上。你只要留心别的有教养的青年就可知道。刀叉尤其不要掉在盘下，叮叮当当的！

出台行礼或谢幕，面部表情要温和，切勿像过去那样太严肃。这与群众情绪大有关系，应及时注意。只要不急，心里放平静些，表情自然会和缓。

你的老师有多少年纪了？是哪个音乐学院的教授？过去经历如何？面貌怎样的？不妨告诉我们听听。别忘了爸爸有时也像你们一样，喜欢听故事呢。

总而言之，你要学习的不仅仅在音乐，还要在举动、态度、礼貌各方面吸收别人的长处。这些，我在留学的时代是极注意的；否则，我对你们也不会从小就管这管那，在各种manners［礼节］方面跟你们烦了。但望你不要嫌我烦琐，而要想到一切都是要使你更完满、更受人欢喜！

一九五四年九月四日

聪，亲爱的孩子：多高兴，收到你波兰第四信和许多照片，邮程只有九日，比以前更快了一天。看照片，你并不胖，是否太用功，睡眠不足？还是室内拍的照，光暗对比之下显得瘦？又是谁替你拍的？在什么地方拍的，怎么室内有两架琴？又有些背后有竞赛会的广告，是怎么回事呢？通常总该在照片反面写印日期、地方，以便他日查考。

你的"鬆"字始终写别字，记住：上面是"髟"，下面是"松"，"松"便是"鬆"字的读音，记了这点就不会写错了。

要写行书，可以如此写：![行书"赵"字]。高字的草书是![草书"高"字]。

还有一件要紧的小事情：信封上的字别太大，把整个封面都占满了；两次来信，一封是路名被邮票掩去一部分，一封是我的姓名被贴去一只角。因为信封上实在没有地方可贴邮票了。你看看我给你的信封上的字，就可知道怎样才合适。

你的批评精神越来越强，没有被人捧得"忘其所以"，我真快活！你说的脑与心的话，尤其使我安慰。你有这样的了解，才显出你真正的进步。一到波兰，遇到一个如此严格、冷静、着重小节和分析曲体的老师，真是太幸运了。经过他的锻炼，你除了热情澎湃以外，更有个钢铁般的骨骼，使人觉得又热烈又庄严，又有感情又有理智，给人家的力量更深更强！我祝贺你，孩子，我相信你早晚会走到这条路上：过了几年，你的修养一定能够使你的brain［理智］与heart［感情］保持平衡。你的性灵越发掘越深厚、越丰富，你的技巧越磨越细，两样凑在一处，必有更广大的听众与批评家会欣赏你。孩子，我真替你快活。

你此次上台紧张，据我分析，还不在于场面太严肃——去年在罗京[1]比赛不是一样严肃得可怕吗？主要是没先试琴，一上去听见tone［声音］大，已自吓了一跳；touch［触键］不平均，又吓了一跳；pedal［踏板］不好，再吓了一跳。这三个刺激是你二十日上台紧张的最大原因。你说是不是？所以今后你切须

---

[1] 罗马尼亚首都布加勒斯特。

57

牢记，除非是上台比赛，谁也不能先去摸琴，否则无论在私人家或在同学演奏会中，都得先试试touch［触键］与pedal［踏板］。我相信下一回你绝不会再nervous［紧张］的。

大家对你的欣赏，妈妈一边念信一边直淌眼泪。你瞧，孩子，你的成功给我们多大的欢乐！而你的自我批评更使我们喜悦得无可形容。

要是你看我的信，总觉得有教训意味，仿佛父亲老做牧师似的；或者我的一套言论，你从小听得太熟，耳朵起了茧；那么希望你从感情出发，体会我的苦心；同时更要想到：只要是真理，是真切的教训，不管出之于父母或朋友之口，出之于熟人生人，都得接受。别因为是听腻了的，无动于衷，当作耳边风！你别忘了：你从小到现在的家庭背景，不但在中国独一无二，便是在世界上也很少很少。哪个人教育一个年轻的艺术学生，除了艺术以外，再加上这么多的道德的？我完全信任你，我多少年来播的种子，必有一日在你身上开花结果——我指的是一个德艺俱备、人格卓越的艺术家！

你的随和脾气多少得改掉一些。对外国人比较容易，有时不妨直说：我有事，或者我要写家信。艺术家特别需要冥思默想。老在人堆里（你自己已经心烦了），会缺少反省的机会；思想、感觉、感情，也不能好好地整理、归纳。

Krakow［克拉科夫］是一个古城，古色古香的街道、教堂、桥，都是耐人寻味的。清早，黄昏，深夜，在这种地方徘徊必另有一番感触，足以做你诗情画意的材料。我从前住在法国内地一个古城里，叫作Peitier［佩尔蒂埃］，十三世纪的古城，那种古文化的气息至今不忘，而且常常梦见在那儿蹀躞。北欧哥特式（Gothique）建筑，Krakow一定不少，也是有特殊风格的。我恨不得飞到你身畔，和你一同赏玩呢！倘有什么风景片（到处都有卖的，很便宜的），不妨写上地名，作明信片寄来。

....

一九五四年十月二日

聪，亲爱的孩子：收到九月二十二晚发的第六信，很高兴。我们并没为你前信感到什么烦恼或是不安。我在第八信中还对你预告，这种精神消沉的情形，以后还是会有的。我是过来人，绝不至于大惊小怪。你也不必为此担心，更不必硬压在肚里不告诉我们。心中的苦闷不在家信中发泄，又哪里去发泄呢？孩子不向父母诉苦向谁诉呢？我们不来安慰你，又该谁来安慰你呢？人一辈子都在高潮与低潮中浮沉，唯有庸碌的人，生活才如死水一般；或者要有极高的修养，方能廓然无累，真正地解脱。只要高潮不过分使你紧张，低潮不过分使你颓废，就好了。太阳太强烈，会把五谷晒焦；雨水太猛，也会淹死庄稼。我们只求心理相当平衡，不至于受伤而已。你也不是栽了筋斗爬不起来的人。我预料国外这几年,对你整个的人也有很大的帮助。这次来信所说的痛苦，我都理会得；我很同情，我愿意尽量安慰你、鼓励你。克利斯朵夫不是经过多少回这种情形吗？他不是一切艺术家的缩影与结晶吗？慢慢地你会养成另外一种心情对付过去的事：就是能够想到而不再惊心动魄，能够从客观的立场分析前因后果，做将来的借鉴，以免重蹈覆辙。一个人唯有敢于正视现实、正视错误，用理智分析，彻底感悟，终不至于被回忆侵蚀。我相信你逐渐会学会这一套，越来越坚强的。我以前在信中和你提过感情的ruin［创伤］，就是要你把这些事当作心灵的灰烬看，看的时候当然不免感触万端，但不要刻骨铭心地伤害自己，而要像对着古战场一般地存着凭吊的心怀。倘若你认为这些话是对的，对你有些启发作用，那么将来在遇到因回忆而痛苦的时候（那一定免不了会再来的），拿出这封信来重读几遍。

....

上海已经秋凉了，你那儿的气候如何？地理书上说波兰是大陆气候，寒暑都有极端。你现在穿些什么衣服？

你练的*Concerto*［《协奏曲》］是否仍是以前练开头的一支？成绩如何？

不要太紧张，比赛的事不要计较太厉害。"我尽我心"，别的任凭天命。精神松散，效果反而好些。祝你快乐！

一九五四年十二月二十七日

亲爱的孩子：十八日收到节目单、招贴、照片及杰老师的信，昨天（二十六日）又收到你的长信（这是你第九封），好消息太多了，简直来不及，不知欢喜了哪一样好！妈妈老说："想起了小团，心里就快活！"好孩子，你太使人兴奋了。

一天练出一个concerto［协奏曲］的三个乐章带cadenza［华彩段］，你的technic［技巧］和了解，真可以说是惊人。你上台的日子还要练足八小时以上的琴，也叫人佩服你的毅力。孩子，你真有这个劲儿，大家说还是像我，我听了好不flattered［感到荣幸］！不过身体还得保重，别为了多争半小时一小时，而弄得筋疲力尽。从现在起，你尤其要保养得好，不能太累，休息要充分，常常保持fresh［饱满］的精神。好比参加世运的选手，离上场的日期愈近，身心愈要调养得健康，精神饱满比什么都重要。所谓the first prize is always "luck"［第一名总是"碰运气的"］这句话，一部分也是这个道理。目前你的比赛节目既然差不多了，technic、pedal［踏板］也解决了，那更不必过分拖累身子！再加一个半月的琢磨，自然还会"百尺竿头，更进一步"；你不用急，不但你有信心，老师也有信心，我们大家都有信心：主要仍在于心理修养、精神修养，存了"得失置之度外""胜败兵家之常"那样无挂无碍的心，包你没有问题的。第一，饮食寒暖要极小心，一点儿差池不得。比赛以前，连小伤风都不让它有，那就行了。

到波兰五个月，有这样的进步，恐怕你自己也有些出乎意料吧。李先生今年一月初说你：gains come with maturity［因日渐成熟而有所进步］，真对。勃隆斯丹过去那样赏识你，也大有先见之明。还是我做父亲的比谁都保留，其实我也是expect the worst, hope for the best［做最坏的打算，抱最高的期望］。我是你的舵工，责任最重大；从你小时候起，我都怕好话把你宠坏了。现在你到了这地步，样样自己都把握得住，我当然不再顾忌，要跟你说：我真高兴，真骄傲！中国人气质，中国人灵魂，在你身上和我一样强，我也大为高兴。

还要打听你一件事：上次匈牙利小提琴家（音乐院院长）演奏，从头至尾都是拿出谱来拉的；我从前在欧洲从未见过，便是学生登台也没有这样的事；不知你在波兰见过这等例子吗？不妨问问人家。我个人总觉得"差些劲"。周伯伯前晌谈到朗读诗歌，说有人看了原文念，那是念不好的；一定要背，感情才浑成。我觉得这话很有见地。诗歌朗诵尚且如此，何况弹琴、拉琴！我自己教恩德念诗，也有这经验。凡是空口背而念的，比看着原作念的，精神更一贯，情绪更丰富。

你做礼服的料子，其实应该打电话给我们，在上海买的。爸爸有钱买呢！上海料子好得多，我们也会挑。目前可来不及了。手套没问题，马上去买。可惜上海没有最好的东西了。惠罗、福利两公司本是卖最讲究的东西的，如今也没有了。你要什么，尽管写信来；国内物价比波兰仍是便宜，只是航空邮费太贵，有时会超出物品的价值。好在也没什么急用之物，平寄也不过二十多天。我们还想另外寄两瓶头发水给你。此外又另寄书一包，计有：（都有注解）《元明散曲选》二册、《古诗源选读》二册、《唐五代宋词》二册、《世说新语选》一册。

你现在手头没有散文的书（指古文），《世说新语》大可一读。日本人几百年来都把它当作枕中秘宝。我常常缅怀两晋六朝的文采风流，认为是中国文化的一个高峰。

《人间词话》，青年们读得懂的太少了；肚里要不是先有上百首诗、几十首词，读此书也就无用。再说，目前的看法，王国维的美学是"唯心"的；在此俞平伯[1]"大吃生活"之际，王国维也是受批判的对象。其实，唯心唯物不过是一物之两面，何必这样死拘！我个人认为中国有史以来，《人间词话》是最好的文学批评。开发性灵，此书等于一把金钥匙。一个人没有性灵，光谈理论，其不成为现代学究、当世腐儒、八股专家也鲜矣！为学最重要的是"通"，通才能不拘泥，不迂腐，不酸，不八股；"通"才能培养气节、胸襟、目光；"通"才能成为"大"，不大不博，便有坐井观天的危险。我始终认为弄学问也好，弄艺术也好，顶要紧是humain[2]，要把一个"人"尽量发展，没成为某某家某某家以前，先要学做人；否则那种某某家无论如何高明也不会对人类有多大贡献。这套话你从小听腻了，再听一遍恐怕更觉得烦了。

············

妈妈说你的信好像满纸都是sparkling［光芒四射］。当然你浑身都是青春的火花，青春的鲜艳，青春的生命、才华，自然写出来的有那么大的吸引力了。我和妈妈常说，这是你一生之中的黄金时代，希望你好好地享受、体验，给你一辈子做个最

---

[1] 我国现代诗人、散文作家、古典文学研究者、红学家。
[2] 法文字，即英文的human，人情。

精彩的回忆的底子！眼看自己一天天地长大、成熟、进步，了解的东西一天天地加多，精神领域一天天地加阔，胸襟一天天地宽大，感情一天天地丰满深刻：这不是人生最美满的幸福是什么！这不是最隽永、最迷人的诗歌是什么！孩子，你好福气！

你挣了这许多钱，应该小心处理。我知道你不会乱花，也没时间出外花钱；但理财不是你的擅长，究竟自己要警惕一些。想法积一点儿，将来买架好琴。你打听过没有，波兰一架好琴要多少钱？

我们最遗憾的是听不到你弹琴，没法在比赛时到波兰去。不知将来会有一天大使馆（或波兰文化部）把你的录音寄回来吗？妈妈已经说过好几次，等日后你回国，要到北京去接你，到北京去先听你弹琴。你看我们做着多少好梦啊！

....

最后，还要传令嘉奖你一件事：这次来信也报告了日常生活，我们特别有兴趣，而且也更加放心了。谢天谢地，波兰居然不太冷。不过你得防着正二月，在欧洲，正二月才是最冷的季节。

好了，下次再谈。这封信花了我一小时零十分。

祝你进步无疆，希望处处保重。

妈妈完全同意我的"家庭报告"，没时间再写了，她说。话也给我说完了。她只是左一声"开心呀"右一声"开心呀"！

....

一九五五年一月二十六日

　　亲爱的孩子：元旦一手扶杖，一手搭在妈妈肩上，试了半步，勉强可走，这两日也就半坐半卧。但和残废一样，事事要人服侍，单独还是一步行不得。大概再要养息一星期方能照常。

　　早预算新年中必可接到你的信，我们都当作等待什么礼物一般地等着。果然昨天早上收到你来信，而且是多少可喜的消息。孩子！要是我们在会场上，一定会禁不住涕泗横流的。世界上最高的、最纯洁的欢乐，莫过于欣赏艺术，更莫过于欣赏自己的孩子的手和心传达出来的艺术！其次，我们也因为你替祖国增光而快乐！更因为你能借音乐而使多少人欢笑而快乐！想到你将来一定有更大的成就，没有止境的进步，为更多的人、更广大的群众服务，鼓舞他们的心情，抚慰他们的创痛，我们真是心都要跳出来了！能够把不朽的大师的不朽的作品发扬光大，传布到地球上每一个角落去，这是多神圣、多光荣的使命！孩子，你太幸福了，天待你太厚了。我更高兴、更安慰的是：多少过分的谀词与夸奖，都没有使你丧失自知之明，众人的掌声、拥抱，名流的赞美，都没有减少你对艺术的谦卑！总算我的教育没有白费，你二十年的折磨没有白受！你能坚强（不为胜利冲昏了头脑是坚强的最好的证据），只要你能坚强，我就一辈子放了心！成就的大小、高低，是不在我们掌握之内的，一半靠人力，一半靠天赋，但只要坚强，就不怕失败、不怕挫折、不怕打击——不管是人事上的、生活上的、技术上的、学习上的——打击；从此以后你可以孤军奋斗了。何况事实上有多少良师益友在周围帮助你、扶掖你。还加上古今的名著，时时刻刻给你精神上的养料！孩子，从今以后，你永远不会孤独的，即使孤独也不怕的！

赤子之心这句话，我也一直记住的。赤子便是不知道孤独的。赤子孤独了，会创造一个世界，创造许多心灵的朋友！永远保持赤子之心，到老也不会落伍，永远能够与普天下的赤子之心相接、相契、相抱！你那位朋友说得不错，艺术表现的动人，一定是从心灵的纯洁来的！不是纯洁到像明镜一般，怎能体会到前人的心灵？怎能打动听众的心灵？

斯曼齐安卡说的肖邦协奏曲的话，使我想起前二信你说的 Richter［李赫特］弹柴可夫斯基的协奏曲的话。一切真实的成就，必有人真正地赏识。

音乐院院长说你的演奏像流水、像河，更令我想到克利斯朵夫的象征。天舅舅说你小时候常以克利斯朵夫自命，而你的个性居然和罗曼·罗兰的理想有些相像了。河，莱茵，江声浩荡……钟声复起，天已黎明……中国正到了"复旦"的黎明时期，但愿你做中国的——新中国的——钟声，响遍世界，响遍每个人的心！滔滔不竭的流水，流到每个人的心坎里去，把大家都带着，跟你一块到无边无岸的音响的海洋中去吧！名闻世界的扬子江与黄河，比莱茵的气势还要大呢！……黄河之水天上来，奔流到海不复回！……无边落木萧萧下，不尽长江滚滚来！……有这种诗人灵魂的传统的民族，应该有气吞牛斗的表现才对。

你说常在矛盾与快乐之中，但我相信艺术家没有矛盾不会进步、不会演变、不会深入。有矛盾正是生机蓬勃的明证。眼前你感到的还不过是技巧与理想的矛盾，将来你还有反复不已更大的矛盾呢：形式与内容的枘凿，自己内心的许许多多不可预料的矛盾，都在前途等着你。别担心，解决一个矛盾，便是前进一步！矛盾是解决不完的，所以艺术没有止境，没有 perfect［完美］的一天，人生也没有 perfect 的一天！唯其如此，才需要我们日以继夜，终生地追求、苦练；要不然大家做了羲皇上人，垂手而天下治，做人也太腻了！

⋯⋯⋯⋯⋯

一九五五年三月二十日上午

聪，亲爱的孩子：期待了一个月的结果终于揭晓了，多少夜没有好睡，十九日晚更是神思恍惚，昨（二十日）夜为了喜讯过于兴奋，我们仍没睡着。先是昨晚五点多钟，马太太从北京来长途电话；接着八时许无线电报告（仅至第五名为止），今晨报上又披露了十名的名单，难为你，亲爱的孩子！你没有辜负大家的期望，没有辜负祖国的寄托，没有辜负老师的苦心指导，同时也没辜负波兰师友及广大群众这几个月来对你的鼓励！

也许你觉得应该名次再前一些才好，告诉我，你是不是有

"美中不足"之感？可是别忘了，孩子，以你离国前的根基而论，你七个月中已经做了最大的努力，这次比赛也已经do your best[尽力而为]。不但如此，这七个月的成绩已经近乎奇迹。想不到你有这些才华，想不到你的春天来得这么快，花开得这么美，开到世界的乐坛上放出你的异香。东方升起了一颗星，这么光明，这么纯净，这么深邃；替新中国创造了一个辉煌的世界纪录！我做父亲的一向低估了你，你把我的错误用你的才具与苦功给点破了，我真高兴，我真骄傲，能够有这么一个儿子把我错误的估计全部推翻！妈妈是对的，母性的伟大不在于理智，而在于那种直觉的感情；多少年来，她嘴上不说，心里是一向认为我低估你的能力的；如今她统统向我说明了。我承认自己的错误，但是用多么愉快的心情承认错误：这也算是一个奇迹吧？

回想到五三年十二月你从北京回来，我同意你去波学习，但不鼓励你参加比赛，还写信给周巍峙[1]要求不让你参加。虽说我一向低估你，但以你那个时期的学力，我的看法也并不全错。你自己也觉得即使参加，未必有什么把握。想你初到海滨时，也不见得有多大信心吧？可见这七个月的学习，上台的经验，对你的帮助简直无法形容，非但出于我们意料，便是你以目前和七个月以前的成绩相比，你自己也要觉得出乎意料，是不是？

---

[1] 时任文化部艺术局局长。

今天清早柯子歧打电话来，代表他父亲母亲向我们道贺。子歧说：与其你光得第二，宁可你得第三，加上一个玛祖卡奖。这句话把我们心里的意思完全说中了。你自己有没有这个感想呢？

再想到一九四九年第四届比赛的时期，你流浪在昆明，那时你的生活，你的苦闷，你的渺茫的前途，跟今日之下相比，不像是做梦吧？谁想得到，五一年回上海时只弹 "*Pathetique*" *Sonata* [《"悲怆"奏鸣曲》] 还没弹好的人，五年以后会在国际乐坛的竞赛中名列第三？多少迂回的路，多少痛苦，多少失意，多少挫折，换来你今日的成功！可见为了获得更大的成功，只有加倍努力，同时也得期待别的迂回、别的挫折。我时时刻刻要提醒你，想着过去的艰难，让你以后遇到困难的时候更有勇气去克服，不至于失掉信心！人生本是没穷尽、没终点的马拉松赛跑，你的路程还长得很呢：这不过是一个光辉的开场。

回过来说：我过去对你的低估，在某些方面对你也许有不良的影响，但有一点至少是对你有极大的帮助的。唯其我对你要求严格，终不至于骄纵你——你该记得罗马尼亚三奖初宣布时你的愤懑心理，可见年轻人往往容易估高自己的力量。我多少年来把你紧紧拉着，至少养成了你对艺术的严肃的观念，即使偶尔忘形，也极易拉回来。我提这些话，不是要为我过去的做法辩护，而是要趁你成功的时候特别让你提高警惕，绝对不让自满和骄傲的情绪抬头。我知道这也用不着多嘱咐，今日之下，你已经过了这一道骄傲自满的关，但我始终是中国儒家的门徒，遇到极盛的事，必定要有"如临深渊，如履薄冰"的格外郑重、危惧、戒备的感觉。

现在再谈谈实际问题——

据我们猜测，你这一回还是吃亏在technic［技巧］，而不在于music［音乐］；根据你技巧的根底，根据马先生到波兰后的家信，大概你在这方面还不能达到极有把握的程度。当然难怪你，过去你受的什么训练呢？七个月能有这成绩已是奇迹，如何再能苛求？你几次来信，和在节目单上的批语，常常提到"佳，但不完整"。从这句话里，我们能看出你没有列入第一二名的最大关键。大概马先生到波以后的几天，你在技巧方面又进了一步，要不然，眼前这个名次恐怕还不易保持。在你以后的法、苏、波几位竞争者，他们的技巧也许还胜过你呢！假若比赛是一九五四年夏季举行，可能你是会名落孙山的；假若你过去二三年中就受着杰维茨基教授指导，大概这一回稳是第一；即使再跟他多学半年吧，第二也该不成问题了。告诉我，孩子，你自己有没有这种感想？

说到"不完整"，我对自己的翻译也有这样的自我批评。无论译哪一本书，总觉得不能从头至尾都好；可见任何艺术最难的是"完整"！你提到perfection［完美］，其实perfection根本不存在的，整个人生、世界、宇宙，都谈不上perfection。要就是存在于哲学家的理想和政治家的理想之中。我们一辈子的追求，有史以来多少世代的人的追求，无非是perfection，但永远是追求不到的，因为人的理想、幻想，永无止境，所以

perfection 像水中月、镜中花，始终可望而不可即。但能在某一个阶段求得总体的"完整"或是比较的"完整"，已经很不差了。

．．．．．．．．．．．

一九五五年四月三日

今日接马先生（三十日）来信，说你要转往苏联学习，又说已与文化部谈妥，让你先回国演奏几场；最后又提到预备叫你参加明年二月德国的 Schumann〔舒曼〕比赛。

我认为回国一行，连同演奏，至少要花两个月；而你还要等波兰的零星音乐会结束以后方能动身。这样，前前后后要费掉三个多月。这在你学习上是极大的浪费。尤其你技巧方面还要加工，倘若再想参加明年的 Schumann 比赛，他的技巧比肖邦的更麻烦，你更需要急起直追。与其让政府花了一笔来回旅费而耽误你几个月学习，不如叫你在波兰灌好唱片寄回国内，大家都可以听到，而且是永久性的；同时也不妨碍你的学业。我们做父母的，在感情上极希望见见你，听到你这样成功的演奏，但为了你的学业，我们宁可牺牲这个福气。我已将此意写信告诉马先生，请他与文化部从长考虑。我想你对这个问题也不会不同意吧？

其次，转往苏联学习一节，你从来没和我们谈过。你去波以后我给你二十九封信，信中表现我的态度难道还使你不敢相信，什么事都可以和我细谈、细商吗？你对我一字不提，而托马先生直接向中央提出，老实说，我是很有自卑感的，因为这反映你对我还是不放心。大概我对你从小的不得当、不合理的教育，后果还没有完全消灭。你比赛以后一直没信来，大概心里又有什么疙瘩吧！马先生回来，你也没托带什么信，因此我精神上的确非常难过，觉得自己功不补过。现在，谁都认为（连马先生在内）你今日的成功是我在你小时候打的基础，但事实上，谁都不再对你当前的问题再来征求我一分半分意见；是的，我承认老朽了，不能再帮助你了。

可是我还有几分自大的毛病，自以为看事情还能比你们青年看得远一些、清楚一些。同时我还有过分强的责任感，这个责任感使我忘记了自己的老朽，忘记了自己帮不了你忙而硬要帮你忙。

所以倘使下面的话使你听了不愉快，使你觉得我不了解你，不了解你学习的需要，那么请你想到上面两个理由而原谅我，请你原谅我是人，原谅我抛不开天下父母对子女的心。

一个人要做一件事，事前必须考虑周详。尤其是想改弦易辙，丢开老路，换走新路的时候，一定要把自己的理智做一个天平，把老路与新路放在两个盘里很精密地称过。现在让我来替你做一件工作，帮你把一项项的理由，放在秤盘里：

[甲盘]

（一）杰老师过去对你的帮助是否不够？假如他指导得更好，你的技术是否还可以进步？

（二）六个月在波兰的学习，使你得到这次比赛的成绩，你是否还不满意？

（三）波兰得第一名的，也是杰老师的学生，他得第一的原因何在？

（四）技术训练的方法，波兰派是否有毛病，或是不完全？

（五）技术是否要靠时间慢慢地提高？

（六）除了肖邦以外，对别的作曲家的了解，波兰的教师是否不大使你佩服？

（七）去年八月周小燕在波兰知道杰老师为了要教你，特意训练他的英语，这点你知道吗？

[乙盘]

（一）苏联的教授法是否一定比杰老师的高明？技术上对你可以有更大的帮助？

（二）假定过去六个月在苏联学，你是否觉得这次的成绩可以更好？名次更前？

（三）苏联得第二名的，为什么只得一个第二？

（四）技术训练的方法，在苏联是否一定胜过任何国家？

（五）苏联是否有比较快的方法提高？

（六）对别的作家的了解，是否苏联比别国也高明得多？

（七）苏联教授是否比杰老师还要热烈？

［一般性的］

（八）以你个人而论，是否换一个技术训练的方法，一定还能有更大的进步？所以对第（二）项要特别注意，你是否觉得以你六个月的努力，倘有更好的方法教你，你是否技术上可以和别人并驾齐驱，或是更接近？

（九）以学习Schumann［舒曼］而论，是否苏联也有特殊优越的条件？

（十）过去你盛称杰老师教古典与近代作品教得特别好，你现在是否改变了意见？

（十一）波兰居住七个月来的总结，是不是你的学习环境不大理想？苏联是否在这方面更好？

（十二）波兰各方面对你的关心、指点，是否在苏联同样可以得到？

（十三）波兰方面一般带着西欧气味，你是否觉得对你的学习不大好？

　　这些问题希望你平心静气，非常客观地逐条衡量，用"民主表决"的方法，自己来一个总结。到那时再做决定。总之，听不听由你，说不说由我。你过去承认我"在高山上看事情"，也许我是近视眼，看出来的形势都不准确。但至少你得用你不近视的眼睛，来检查我看到的是否不准确。果然不准确的话，你当然不用，也不该听我的。

　　假如你还不以为我顽固落伍，而愿意把我的意见加以考虑的话，那对我真是莫大的"荣幸"了！等到有一天，我发觉你处处比我看得清楚，我第一个会佩服你，非但不来和你"缠夹二"[1]乱提意见，而且还要遇事来请教你呢！目前，第一不要

---

[1]　方言。指头脑不清，言行多生枝节。

给我们一个闷葫芦！磨难人最厉害的莫如unknown［不知］和uncertain［不确定］！对别人同情之前，对父母先同情一下吧！

一九五五年五月八日、九日

孩子：昨晚有匈牙利的flutist［长笛演奏家］和pianist［钢琴家］的演奏会，作协送来一张票子，我腰酸不能久坐，让给阿敏去了。他回来说pianist弹得不错，就是身体摇摆得太厉害。因而我又想起了Richter［李赫特］在银幕扮演李斯特的情形。我以前跟你提过，不知李赫特平时在台上是否也摆动很厉害？这问题，正如多多少少其他的问题一样，你没有答复我。记得马先生二月十七日从波兰写信给王棣华，提到你在琴上"表情十足"。不明白他这句话是指你的手下表达出来的"表情十足"呢，还是指你身体的动作？因为你很钦佩Richter，所以我才怀疑你从前身体多摇动的习惯，不知不觉地又恢复过来，而且加强了。这个问题，我记得在第二十六（或二十七）信内和你提过，但你也至今不答复。

说到"不答复"，我又有了很多感慨。我自问：长篇累牍地给你写信，不是空唠叨，不是莫名其妙的gossip［说长道短］，而是有好几种作用的。第一，我的确把你当作一个讨论艺术、讨论音乐的对手；第二，极想激出你一些青年人的感想，让我做父亲的得些新鲜养料，同时也可以间接传布给别的青年；第三，借通信训练你的——不但是文笔，而尤其是你的思想；第四，我想时时刻刻，随处给你做个警钟，做面"忠实的镜子"，不论在做人方面，在生活细节方面，在艺术修养方面，在演奏姿态方面。我做父亲的只想做你的影子，既要随时随地帮助你、保护你，又要不让你对这个影子觉得厌烦。但我这许多心愿，尽管我在过去的三十多封信中说了又说，你都似乎没有深刻的体会，因为你并没有适当的反应，就是说：尽量给我写信，"被动地"对我说的话或是表示赞成，或是表示异议，也很少"主动地"发表你的主张或感想——特别是从十二月以后。

你不是一个作家，从单纯的职业观点来看，固无须训练你的文笔。但除了多写之外，以你现在的环境，怎么能训练你的思想、你的理智、你的intellect［才智］呢？而一个人思想、理智、intellect的训练，总不能说不重要吧？多少读者来信，希望我多跟他们通信；可惜他们的程度与我相差太远，使我爱莫能助。你既然具备了足够的条件，可以和我谈各式各种的问题，也碰到我极热烈地渴望和你谈这些问题，而你偏偏很少利用！孩子，一个人往往对有在手头的东西（或是机会，或是环境，或是任何可贵的东西）不知珍惜，直到要失去了的时候再去后悔！这是人之常情，但我们不能因为是人之常情而宽恕我们自己的这种愚蠢，不想法去改正。

你不是抱着一腔热情，想为祖国、为人民服务吗？而为祖国、为人民服务是多方面的，并不限于在国外为祖国争光，也不限于用音乐去安慰人家——虽然这是你最主要的任务，我们的艺术家还需要把自己的感想、心得，时时刻刻传达给别人，让别人去作为参考的或者是批判的资料。你的将来，不光是一个演奏家，同时必须兼做教育家；所以你的思想、你的理智，更需要训练，需要长时期的训练。我这个可怜的父亲，就在处处替你做这方面的准备，而且与其说是为你做准备，还不如说为中国音乐界做准备更贴切。孩子，一个人空有爱同胞的热情是没用的，必须用事实来使别人受到我的实质的帮助，这才是真正的道德实践。别以为我们要求你多写信是为了父母感情上的自私——其中自然也有一些，但绝不是主要的。你很知道你一生受人家的帮助是应当用行动来报答的，而从多方面去锻炼自己就是为报答人家做基本准备。

· · · · · · · · · · ·

和你的话是谈不完的，信已经太长，妈妈怕你看得头昏脑涨，劝我结束。她觉得你不能回来一次，很遗憾。我们真是多么想念你啊！你放心，爸爸是相信你一切都很客观、冷静，对人的批评并非意气用事；但是一个有些成就的人，即使事实上不骄傲，也很容易被人认为骄傲的（一个有些名和地位的人，就是这样的难做人！），所以在外千万谨慎，说话处处保留些。尤其双方都用一种非祖国的语言，意义轻重更易引起误会。

一九五五年五月十一日

亲爱的孩子：三十五号信发出后，本来预备接着再写，和你讨论两个艺术的技术问题，因为这两天忙着替你理乐理，写信给罗忠镕，又为你冬天的皮鞋出去试尺寸（非要以我的脚去试不可），所以耽下来尚未动笔。今晨又接五月二日来信，倒使我急了。孩子，别担心，你四月二十九、三十两信写得非常彻底，你的情形都报告明白了。我们决无误会。过去接不到你的信固然是痛苦，但一旦有了你的长信，明白了底细，我们哪里还会对你有什么不快，只有同情你，可怜你补写长信，又开了通宵的"夜车"，使我们心里老大的不忍。你出国七八个月，写回来的信并没什么过火之处，偶尔有些过于相信人或是怀疑人的话，我也看得出来，也会打些小折扣。一个热情的人，尤其是青年，过火是免不了的；只要心地善良、正直、胸襟宽，能及时改正自己的判断，不固执己见，那就很好了。你不必多责备自己，只要以后多写信，让我们多了解你的情况，随时给你提提意见，那就比空自内疚、后悔挽救不了的"以往"，有意思多了。你说写信退步，我们都觉得你是进步。你分析能力比以前强多了，态度也和平得很。爸爸看文字多么严格，从文字上挑剔思想又多么认真，不会随便夸奖你的。

你回来一次的问题，我看事实上有困难。即使大使馆愿意再向国内请示，公文或电报往返，也需很长的时日，因为文化部、外交部决定你的事也要做多方面的考虑。耽搁日子是不可避免的。而等到决定的时候，离联欢节已经很近，恐怕他们不大肯让你不在联欢节上参加表演，再说，便是让你回来，至早也要到六月底、七月初才能到家。而那时代表团已经快要出发，又要催你上道了。

以实际来说，你倘若为了要说明情形而回国，则大可不必，因为我已经完全明白，必要时我可以向文化部说明。倘若为了要和杰老师分手而离开一下波兰，那也并无作用。既然仍要回波学习，则调换老师是早晚的事，而早晚都得找一个说得过去的理由向杰老师做交代；换言之，你回国以后再去，仍要有个充分的借口方能离开杰老师。若这个借口，目前就想出来，则不回国也是一样。

以我们的感情来说，你一定懂得我们想见见你的心，不下于你想见见我们的心；尤其我恨不得和你长谈数日夜。可是我们不能只顾感情，我们不能不硬压着个人的愿望，而为你更远大的问题打算。

⋯⋯⋯⋯⋯⋯

你考虑这许多细节的时候，必须心平气和，精神上很镇静，切勿烦躁，也切勿焦急。有问题终得想法解决，不要怕用脑筋。我历次给你写信，总是非常冷静、非常客观的。唯有冷静与客观，终能想出最好的办法。

对外国朋友固然要客气，也要阔气，但必须有分寸。像西卜太太之流，到处都有，你得提防。巴尔扎克小说中人物，不是虚造的。人的心理是：难得收到的礼，是看重的，常常得到的不但不看重，反而认为是应享的权利，临了非但不感激，倒容易生怨望，所以我特别要嘱咐你"有分寸"！

以下要谈两件艺术的技术问题：

恩德又跟了李先生学，李先生指出她不但身体动作太多，

手的动作也太多，浪费精力之外，还影响到她的 technic［技巧］
和 speed［速度］，以及 tone［音质］的深度。记得裘伯伯也有
这个毛病，一双手老是扭来扭去。我顺便和你提一提，你不妨
检查一下自己。关于身体摇摆的问题，我已经和你谈过好多次，
你都没答复，下次来信务必告诉我。

　　其次是，有一晚我要恩德随便弹一支 Brahms［勃拉姆斯］
的 Intermezzo［《间奏曲》］，一开场 tempo［节奏］就太慢，她
一边哼唱一边坚持说不慢。后来我要她停止哼唱，只弹音乐，
她弹了二句，马上笑了笑，把 tempo 加快了。由此证明，哼唱
有个大缺点，容易使 tempo 不准确。哼唱是个极随意的行为，
快些，慢些，吟哦起来都很有味道；弹的人一边哼一边弹，往
往只听见自己哼的调子，觉得很自然很舒服，而没有留神听弹
出来的音乐。我特别报告你这件小事，因为你很喜欢哼的。我
的意思，看谱的时候不妨多哼，弹的时候尽量少哼，尤其在后
来，一个曲子相当熟的时候，只宜于"默唱"，暗中在脑筋里哼。

　　此外，我也跟恩德提了以下的意见：

　　自己弹的曲子，不宜尽弹，而常常要停下来想想，想曲子
的 picture［意境，境界］，追问自己究竟要求的是怎样一个境界，
这是使你明白 what you want［你所要的是什么］，而且先在脑子
里推敲曲子的结构、章法、起伏、高潮、低潮等等。尽弹而不
想，近乎 improvise［即兴表演］，弹到哪里算哪里，往往一个
曲子练了二三个星期，自己还说不出哪一种弹法（interpretation）
最满意，或者是有过一次最满意的 interpretation，而以后再也

找不回来（这是恩德常犯的毛病）。假如照我的办法做，一定可能帮助自己的感情更明确而且稳定！

其次，到先生那儿上过课以后，不宜回来马上在琴上照先生改的就弹，而先要从头至尾细细看谱，把改的地方从整个曲子上去体会，得到一个新的picture［境界］，再在琴上试弹，弹了二三遍，停下来再想再看谱，把老师改过以后的曲子的表达，求得一个明确的picture。然后再在脑子里把自己原来的picture与老师改过以后的picture做个比较，然后再在琴上把两种不同的境界试弹，细细听，细细辨，究竟哪个更好，还是部分接受老师的，还是全盘接受，还是全盘不接受。不这样做，很容易"只见其小，不见其大"，光照了老师的一字一句修改，可能通篇不连贯，失去脉络，弄得支离破碎，非驴非马，既不像自己，又不像老师，把一个曲子搞得一团糟。我曾经把上述两点问李先生觉得如何，她认为是很内行的意见，不知你觉得怎样？

你二十九信上说Michelangeli［米开兰琪利］至少在"身如rock［磐石］"一点上使我很向往。这是我对你的期望——最殷切的期望之一！唯其你有着狂热的感情、无穷的变化，我更希望你做到身如rock，像统率三军的主帅一样。这用不着老师讲，只消自己注意，特别在心理上、精神上，多多修养，做到能入能出的程度。你早已是"能入"了，现在需要努力的是"能出"！那我保证你对古典及近代作品的风格及精神，都能掌握得很好。

你来信批评别人弹的肖邦，常说他们cold［冷漠］。我因此又想起了以前的念头：欧洲自从十九世纪，浪漫主义在文学艺术各方面到了高潮以后，先来一个写实主义与自然主义的反动（光指文学与造型艺术言），接着在二十世纪前后更来了一个普遍的反浪漫思潮。这个思潮有两个表现：一是非常重感官（sensual），在音乐上的代表是R. Strauss［理查·施特劳斯］，在绘画上是玛蒂斯；一是非常的intellectual［有才智］，近代的许多作曲家都如此。绘画上的Picasso［毕加索］亦可归入此类。近代与现代的人一反十九世纪的思潮，另走极端，从过多的感情走到过多的mind［思想］的路上去了。演奏家自亦不能例外。肖邦是个半古典半浪漫的人，所以现代青年都弹不好。反之，我们中国人既没有上一世纪像欧洲那样的浪漫狂潮，民族性又是颇有Olympic［奥林匹克］（希腊艺术的最高理想）精神，同时又有不太过分的浪漫精神，如汉魏的诗人，如李白，如杜甫（李后主算是最romantic［浪漫］的一个，但比起西洋人，还是极含蓄而讲究taste［品味］的），所以我们先天地具备表达肖邦相当优越的条件。

我这个分析，你认为如何？

反过来讲，我们和欧洲真正的古典，有时倒反隔离得远一些。真正的古典是讲雍容华贵，讲graceful［雍容］、elegant［典雅］、moderate［温和］。但我们也极懂得discreet［含蓄］，也极讲中庸之道，一般青年人和传统不亲切，或许不能把握这些，照理你是不难体会得深刻的。有一点也许你没有十分注意，就是欧洲的古典还多少带些宫廷气味，路易十四式的那种宫廷气味。

对近代作品，我们很难和欧洲人一样地浸入机械文明，也许不容易欣赏那种钢铁般的纯粹机械的美，那种"寒光闪闪"的brightness［光芒］，那是纯理智、纯mind［思想］的东西。

·············

环境安静对你的精神最要紧。做事要科学化，要彻底！我恨不得在你身边，帮你解决并安排一切物质生活，让你安心学习，节省你的精力与时间，使你在外能够事半功倍，多学些东西，多把心思花在艺术的推敲与思索上去。一个艺术家若能很科学地处理日常生活，他对他人的贡献一定更大！

五月二日来信使我很难受。好孩子，不用焦心，我决不会怨你的，要说你不配做我的儿子，那我更不配做你父亲了。只要我能帮助你一些，我就得了最大的酬报。我真是要拿我所有的知识、经验、心血，尽量给你做养料，只要你把我每封信多看几遍，好好地思索几回，竭力吸收，"身体力行"地实践，我就快乐得难以形容了。

我又细细想了想杰老师的问题，觉得无论如何，还是你自己和他谈为妙。他年纪这么大，人生经验这么丰富，一定会谅解你的，倒是绕圈子、不坦白，反而令人不快。西洋人一般的都喜欢直爽。但你一定要切实表示对他的感激，并且声明以后还是要回去向他学习的。

这件事望随时来信商讨，能早一天解决，你的技巧就可早一天彻底改造。关于一面改技巧、一面练曲子的冲突，你想过没有？如何解决？恐怕也得向Sztomka［斯托姆卡］先生请教请教，先做准备为妥。

一九五五年六月十六日

你现在对杰老师的看法也很对。"做人"是另外一个问题，与教学无关，对谁也不能苛求。你能继续跟杰老师上课，我很赞成，千万不要驼子摔跤，两头不着。有个博学的老师指点，总比自己摸索好，尽管他有些见解与你不同。但你还年轻，musical literature［音乐文献］的接触真是太有限了，乐理与曲体的知识又是几乎等于零，更需要虚心一些，多听听年长的，尤其是一个scholarship［学术成就］很高的人的意见。

有一点，你得时时刻刻记住：你对音乐的理解，十分之九是凭你的审美直觉；虽则靠了你的天赋与民族传统，这直觉大半是准确的，但究竟那是西洋的东西，除了直觉以外，仍需要理论方面的、逻辑方面的、史的发展方面的知识来充实；即使是你的直觉，也还要那些学识来加以证实，自己才能放心。所以便是以口味而论觉得格格不入的说法，也得采取保留态度，细细想一想，多辨别几时，再做断语。这不但对音乐为然，治一切学问都要有这个态度。所谓冷静、客观、谦虚，就是指这种实际的态度。

来信说学习主要靠mind［思想］、ear［听力］及敏感，老师的帮助是有限的。这是因为你的理解力强，一般弹琴的，十分之六七以上都是要靠老师的。这一点，你在波兰同学中想必也看得很清楚。但一个有才的人也有另外一个危机，就是容易自以为是地钻牛角尖。所以才气越高，越要提防，用 solid［扎实］的学识来充实，用冷静与客观的批评精神，持续不断地检查自己。唯有真正能做到这一步，而且终身地做下去，才能成为一个真正的艺术家。

一扯到艺术，一扯到做学问，我的话就没有完，只怕我写得太多，你一下子来不及咂摸。

来信提到 Chopin［肖邦］的 *Berceuse*［《摇篮曲》］的表达，很有意思。以后能多写这一类的材料，最欢迎。

还要说两句有关学习的话，就是我老跟恩德说的："要有耐性，不要操之过急。越是心平气和，越有成绩。时时刻刻要承认自己是笨伯，不怕做笨功夫，那就不会期待太切，稍不进步就慌乱了。"对你，第一要紧是安排时间，多多腾出无谓的"消费时间"，我相信假如你在波兰能像在家一样，百事不打扰，每天都有七八小时在琴上，你的进步一定更快！

我译的莫扎特的论文，有些地方措辞不大妥当，望切勿"以辞害意"。尤其是说到"肉感"，实际应该这样了解："使感官觉得愉快的。"原文是等于英文的 sensual［感官上的］。

一九五五年十二月十一日夜

亲爱的孩子：
....

　　住屋及钢琴两事现已圆满解决，理应定下心来工作。倘使仍觉得心绪不宁，必定另有原因，索性花半天工夫仔细检查一下，病根何在？查清楚了才好对症下药，廓清思想。老是蒙着自己，不正视现实，不正视自己的病根，而拖泥带水，不晴不雨地糊下去，只有给你精神上更大的害处。该拿出勇气来，彻底清算一下。

　　廓清思想，心绪平定以后，接着就该周密考虑你的学习计划，把正规的学习和明春的灌片及南斯拉夫的演奏好好结合起来。事先多问问老师意见，不要匆促决定。决定后勿轻易更动。同时望随时来信告知这方面的情况。前信要你谈谈技巧与指法手法，于你今后的学习很有帮助：我们不是常常对自己的工作（思想方面亦然如此）需要来个"小结"吗？你给我们谈技巧，就等于你自己做小结。千万别懒洋洋地拖延！我等着，同时不要一次写完，一次写必有遗漏，一定要分几次写才写得完全；写得完全是表示你考虑得完全，回忆得清楚，思考也细致深入。你务必听我的话，照此办法做。这也是一般工作方法的极重要的一个原则。
....

　　你始终太容易信任人。我素来不轻信人言，等到我告诉你

考题直击

　　《义务教育语文课程标准（2022年版）》提倡"义务教育阶段要激发学生读书兴趣，要求学生多读书、读好书、读整本书、养成良好的读书习惯，积累整本书阅读的经验。"

　　以此精神为指导，学生的语文考试中出现的题目涉及课外阅读图书的部分一直占有一定比例。《傅雷家书》在《教育部基础教育课程教材发展中心 中小学生阅读指导目录（2020年版）》中被列为初中阅读书目。

　　针对《傅雷家书》内容的考题在历年各地的中考试卷中也多有出现。我们对近五年中所涉及考题进行了搜集与整理，总结为五大考查方向，在每个考查方向下设有不同的细分考点和考题类型。（若考题内容重复，则予以删除。）

　　韩愈有言："学以为耕，文以为获。"

　　希望每一位学生通过阅读全书，结合如下针对性的考题，对"傅雷家书"有更深彻的感悟，读有所感，练有所获。

考查方向	细分考点	命题类型
作家作品常识	傅雷人物介绍、书籍主要内容、重点句	主要以填空题为主，偶尔出现选择题
整体思想感情	概括书籍内容或思想情感、评价教育方式、阐述阅读感受	简答题
阅读理解与感受	对某段话、某个人物形象的理解和感受	阅读理解题
名著阅读方法	选择性阅读（最多考查）、评价性阅读、拓展性阅读、摘记法、批注法等	简答题

一、作家作品常识

1.（2020·浙江台州中考）在我们读过的名著里，父亲教育孩子的方式各不相同。在《_____》中，一位苦心孤诣的父亲通过上百封书信对儿子的生活和艺术追求进行悉心指导；在鲁迅的《朝花夕拾》中，"我"正欢呼雀跃地准备去看五猖会，父亲却突然要求"我"_____（填事件），让"我"失去了看戏的兴致。

2.（2020·山东滨州中考）下面是三位同学的读后感标题，请从下列名著中选择合适的书名，将标题补充完整。

《昆虫记》《朝花夕拾》《艾青诗选》《海底两万里》《西游记》《傅雷家书》

标题

①见字如面 纸短情长——读《＿＿＿＿》有感

②旧事重提 韵味醇厚——读《＿＿＿＿》有感

③想象奇幻 预见未来——读《＿＿＿＿》有感

3.（2020·黑龙江齐齐哈尔黑河大兴安岭中考题）"他的家教如此之严，望子成龙的心情如此之热烈。他要把他的儿子塑造成符合于他的理想的人物。这种家庭教育是相当危险的，没有几个人能成功，然而他成功了。"这段话中的"他"指的是＿＿＿＿，他与儿子的来往书信被他的家人辑录为《＿＿＿＿＿＿》，他在书信中分别从＿＿＿＿、＿＿＿＿、等方面对儿子进行了指导。

4.（2019·江苏初三期中）名著阅读。

(1)《傅雷家书》是傅雷及其夫人写给儿子＿＿＿＿＿＿的家信，主要讲的是＿＿＿＿＿＿＿＿＿＿＿。

(2) 傅雷是一位杰出的翻译家，翻译的作品最具代表性的有巴尔扎克的＿＿＿＿＿＿，罗曼·罗兰的＿＿＿＿＿。

(3)《傅雷家书》被称为"苦心孤诣教子篇"，傅雷教育儿子胜不骄、败不馁，要有国家和民族的荣誉荣辱感。做一个"＿＿＿＿、＿＿＿＿的艺术家"。

5.（2018·山东初三期中）文学常识及名著填空。

在信中，傅雷常以自己的经历为例教导儿子：待人要谦虚，做事要_____，礼仪要得体；遇困境不气馁，获大奖_____；要有国家和民族的_____，要有艺术、人格的尊严，做一个"德艺俱备、人格卓越的艺术家"。

6.（2017·贵州中考）《傅雷家书》中父亲与儿子_____（姓名）论及艺术家的修养时，提到"_____"是第一把艺术的钥匙，是做人的根本，必须从小培养。

二、整体思想感情

1.（2020·湖北恩施中考）读了《傅雷家书》，请你给同学写一段关于整本书的推荐词。

_____

_____

_____

2.（2019·江西初三期末）2019年4月23日是第24个世界读书日。为了响应读书号召，班级开展"少年正是读书时——名著导读：《傅雷家书》"综合性学习活动，请你积极参与并完成下列任务。

我们对父母的养育之恩，当感恩图报；同时也希望父母对我们的教育能讲究方式方法。请你把有关子女教育方面的名著《傅雷家书》向父母推荐，说明推荐理由。（不超过60字）

推荐的名著：《傅雷家书》

推荐理由：

_____

_____

3.（2019·湖北初三期末）按要求仿写。请从以下备选名著中任选一部，仿照示例制成书签和大家分享。

备选名著：《钢铁是怎样炼成的》《傅雷家书》

示例：鲁提辖拳打镇关西，伸张人间正义——《水浒传》

_____

_____

4.（2019·浙江初三期末）中国自古就有家训、家书的传统。父亲写给子女的书信，往往都带有家训的意味。《傅雷家书》也可视为一部"傅氏家训"。

请你从"家训"的角度，举具体的例子谈谈你对这本书的理解。

_____

_____

_____

5.（2019·吉林初三期末）作家毕飞宇在《傅雷家书》序中写道："对我对我们这一代作家来说傅雷是特殊的。我致敬傅雷。"但同时又说"我不愿成为傅雷的儿子。因为毕飞宇的父亲和傅雷在性格上有着某些相似之处。你是否赞同毕飞宇的说法？请结合家书内容谈谈看法。

_____

_____

6.（2019·湖南初三期中）文文的妈妈总是叫文文多阅读，可妈妈从来不看书。请结合下列材料，以《傅雷家书》为例，评价文文妈妈的教育方式。

教育当以人格为主。——傅雷

教：上所施，下所效也。——《说文解字》

_____

_____

7.（2019·四川初三期中）你能看出傅雷与儿子傅聪之间除了血肉相连的父子关系，还是什么关系？（至少答出两种）

_____

_____

8.（2019·甘肃初三期中）请你参考示例，用一句简短而富有创意的话点评《傅雷家书》的内容和特色。（不超过20字）

示例：《水浒传》：反抗封建暴政的英雄传奇。

《傅雷家书》：_____

9.（2019·江苏淮安田家炳中学初三期中）傅雷对儿子

的成长倾注满腔心血。请简要概述《傅雷家书》中傅雷对儿子"生活的关心"或"读书的教诲"的有关内容。（50字左右）

_____

_____

10.（2019·福建初三月考）杜甫诗云："家书抵万金。"你读了《傅雷家书》是否有同感？请结合《傅雷家书》的内容阐述理由。

_____

_____

11.（2019·山东中考模拟）补齐对联，要求必须加上"傅雷家书"。

上联：《朝花夕拾》忆亲人师长。

下联：_____

三、阅读理解与感受

1.（2020·宁夏中考）完成下面的读书卡片。

摘抄1：我高兴的是我又多了一个朋友；儿子变了朋友，世界上有什么事可以和这种幸福相比的！

摘抄2：心中的苦闷不在家信中发泄，又哪里去发泄呢？孩子不向父母诉苦向谁诉呢？我们不来安慰你，又该谁来安慰你呢？

摘抄3：只有事实才能证明你的心意，只有行动才能表明你的心迹。待朋友不能如此马虎。生性并非"薄情"的人，在行动上做得跟"薄情"一样，是最冤枉的，犯不着的。正如一个并不调皮的人要调皮而结果反吃亏，一个道理。

读书笔记：以上摘抄给我的感受是：

_____

_____

2.（2019·福建初三月考）阅读下面的语段，按要求作答。

尽管人生那么无情，我们本人还是应当把自己尽量改好，少给人一些痛苦，多给人一些快乐。说来说去，我仍抱着'宁天下人负我，毋我负天下人'的心愿。（《傅雷家书》）

傅雷的话体现了一种怎样的人生境界？

_____

3.（2019·山东初三期中）名著阅读。阅读下面选文，完成后面的题目。

仿照下面"名家评论"《傅雷家书》，请你也为这部名著写几句评论。（3分）

傅雷先生的家书，是一位中国君子教他的孩子如何做一个真正的中国君子。——金庸（中国作家、生活活动家）

哲学家可以从《傅雷家书》中研究傅雷的思想、哲理，教育家可以从中研究教育子女的方法，人才学家从中研究人才培养的规律，文学家从中研究散文笔法，艺术家从中汲取音乐、美术的营养，历史学家从中探索20世纪至60年代中国知识分子的心灵，广大读者则把《傅雷家书》作为一本优秀的青年思想修养读物。《傅雷家书》，赢得了众多的读者。

——叶永烈（中国作家）

_____

_____

4.（2019·江苏初三期中）名著阅读：

①"亲爱的孩子，你走后第二天，就想写信，怕你嫌烦，也就罢了。可是没一天不想着你，每天清早六七点钟就醒，翻来覆去睡不着，也说不出为什么。好像克利斯朵夫的母亲独自守在家里，想起孩子童年一幕幕的形象一样，我和你妈妈老是想着你二三岁到六七岁间的小故事。"

②这次来信所说的痛苦，我都理会的；我很同情，我愿意尽量安慰你，鼓舞你。克利斯朵夫不是经过多少回这种情形吗？他不是一切艺术家的缩影与结晶吗？慢慢地你会养成另一种心情对付过去的事：就是能够想到而不再惊心动魄，能够以客观的现实分析前因后果，做将来的借鉴，以免重蹈覆辙一个人唯有敢于正视现实，正视错误，理智分析，彻底感悟，才不至于被回忆侵蚀。

（1）第①段中傅雷在字里行间传递了什么样的情感？请简要分析。

_____

(2) 请结合第②段，说说作者在家书中多次举克利斯朵夫的例子的用意是什么？

_____

_____

5.（2019·安徽初三期中）傅雷在第一份家书中说道："人一辈子都在高潮与低潮中浮沉，唯有庸碌的人，生活才如死水一般；或者要有极高的修养，方能廓然无累，真正地解脱"这句话的意思是什么？说说你的理解。

_____

_____

6.（2018·浙江初三期末）

傅雷在给儿子傅聪的一封信中曾经说过："我高兴的是我又多了一个朋友，儿子变成了朋友，世界上有什么事可以和这种幸福相比呢？"请结合《傅雷家书》相关内容，谈谈你对这句话的认识。

_____

_____

7.（2020·江苏盐城中考）请从下列作品中选择一部，结合相关情节分析其中的父亲形象。

《朝花夕拾》——"我"的父亲

《傅雷家书》——傅雷

《儒林外史》——匡超人之父匡太公

_____

_____

_____

8.（2019·吉林初三期末）

在《傅雷家书》中除傅雷和傅聪之外，母亲朱梅馥也令人印象深刻。从她写给儿子的信和傅雷的描述中可见，朱梅馥是一个_____的母亲形象。

9.（2019·山东泰州海陵学校初二期中）依据下面提供的信息，回答后面的问题。

有件小事要和你谈谈。你写信封为什么老是这么不 neat（干净）？日常琐事要做得 neat（干净），等于弹琴要讲究干净是一样的。我始终认为做人的作风应当是一致的，否则就是不调和；而从事艺术的人应当最恨不调和。我这回附上一小方纸，还比你用的信封小一些，照样能写得很宽绰。你能不能注意一下呢？以此类推，一切小事养成这种 neat（干净）的习惯，对你的艺术无形……中也有好处。因为无论如何细小不足道的事，都反映出一个人的意识与性情。修改小习惯，就等于修改自己的意识与性情。所谓学习，不一定限于书本或是某种技术；否则随时随地都该学习这句话，又怎么讲呢？我想你每次接到我的信，连寄书谱的大包，总该有个印象，觉得我的字都写得整整齐齐、清楚明白吧！

（1）以上文段选自＿＿＿＿＿＿，作者是我国著名＿＿＿＿＿家。

（2）从选文中可以看出"我"是一个怎样的父亲？请概括作答。

_____

_____

10.（2018·全国初三单元测试）阅读下面名著导读文字，完成各题。

中国人历来崇尚、重视家教，无论是诸葛亮的《诫子书》，还是《傅雷家书》都体现了家教的魅力。通过学习，我们已经感受了诸葛亮对儿子的深切期望。而《傅雷家书》是我国文学艺术翻译家傅雷及夫人1954—1966年间写给孩子傅聪、傅敏等的家信摘编。现摘录几句经典语段供大家欣赏：

①"早预算新年中必可接到你的信，我们都当作等待什么礼物一般地等着。"

②"人生之中，不如意的时候往往占大多数，此时心中的苦闷该如何排解，是任由郁闷的心情侵蚀自己的生活，还是用更积极的态度来面对。"

③"以后要多注意：坚持真理的时候必须注意讲话的方式、态度、语气、声调，要做到越有理由，态度越随和。……理直也不要气壮，得理也要饶人。态度谦恭，虚怀若谷！"

④"我以前在信中和你提到过感情的ruin（创伤，覆灭），就是要你把这些事当作心灵的灰烬看，看的时候当然不免感触万端，但不要刻骨铭心地伤害自己，而要像对着古战场一

般的存着凭吊的心怀。"

（1）从上述材料中可以看出，傅雷通过书信从哪些方面对儿子进行了指导？

_____

（2）你觉得傅雷是一位怎样的父亲？

_____

四、名著阅读方法

1.（2019·浙江初三期中考）为什么说《傅雷家书》很适合选择性阅读？请结合阅读体验，简述两点理由。

_____

_____

2.（2019·江苏初二期中考）根据《傅雷家书》的特点，你可以采用哪些方法阅读？请陈述理由。

_____

_____

3. 根据内容不同，可以有选择地运用"冷读"或"热读"的方法阅读，请判断以下内容适宜采用哪种方法阅读？并请简述理由。（3分）

"多少天的不安，好几夜三四点醒来睡不着觉，到今日才告一段落，你的第八信和第七信相隔，一个月零三天，我常对你妈说：'只要是孩子工作忙而没写信或者是信在路上丢了，倒也罢了，我只怕他用功过度，身体不舒服、或是病倒了。'谢天谢地！你果然是为了太忙而少写信。"

宜采用_____的方法阅读，理由：_____

素材与写作练习

内容说明

　　作文若要有说服力，离不开优质的素材。失败的作文是口号的堆积，空洞、乏味甚至令人生厌。而成功的作文，除了真挚的感情之外，还有真实事例、名言的合理引用。

　　《傅雷家书》可以看作非常好的作文素材集，一则文字情感丰沛，充满人生理趣，有真实案例可供引用；二则傅雷自身文学涵养深厚，文笔优美且极具哲理，句子亦可作为"名人名言"使用。

　　细读、精读《傅雷家书》，活用、善用其中的案例和句子，可以有效地提升自己的作文写作能力。因此，我们精选其中的典型段落、句子，并按照它们的特点再结合历年作文题主题进行分类。同学们在掌握了如何对素材进行分类进而写作作文之后，面对阅读理解题也会更加得心应手。

对于素材，我们分为以下几种类别：

1 认识自我、了解自我、自我价值

2 奋斗、磨炼、成功

3 面对逆境、失败

4 信念、理想、愿望

5 人际关系、处世之道

6 坚持、自律、习惯

7 学习方法、做事技巧、思维方式

8 亲情、友情、爱情

9 家国之情、自然之爱

10. 艺术修养、素质提升

接下来，我们为每个类别选择几段写作素材。

写作素材

1 认识自我、了解自我、自我价值

人应当任情适性地过日子呢，还是要削足适履，迁就客观现实？有一点可以肯定：就是人在世界上活了几千年，还仍然没法按照自己的本性去设计一个社会。世界大同看来永远是个美丽的空想：既然不能在精神生活、物质生活方面五大洲的人用同一步伐、同一速度向前，那么先进与落后的冲突永远没法避免。

年轻力壮的时候不要太逞强，过了四十五岁样样要走下

坡路。最要紧及早留些余地，精力、体力、感情，要想法做到细水长流！孩子，千万记住这话：你干的这一行最伤人，做父母的时时刻刻挂念你的健康——不仅眼前的健康，而且是十年二十年后的健康！你在立身处世方面能够洁身自爱，我们完全放心；在节约精力、护养神经方面也要能自爱才好！

批评与自我批评最需要的是勇气，只要存着一丝一毫懦怯的心理，批评与自我批评便永远不能做得彻底。我并非说有了自我批评（即挖自己的根），一个人就可以没有烦恼。不是的，烦恼是永久免不了的，就等于矛盾是永远消灭不了的一样。但是不能因为眼前的矛盾消灭了将来照样有新矛盾，就此不把眼前的矛盾消灭。挖了根，至少可以消灭眼前的烦恼。将来新烦恼来的时候，再去消灭新烦恼。挖一次根，至少可以减轻烦恼的严重性，减少它危害身心的可能；不挖根，老是有些思想的、意识的、感情的渣滓积在心里，久而久之，成为一个沉重的大包袱，慢慢地使你心理不健全，头脑不冷静，胸襟不开朗，创造更多的新烦恼的因素。

2 奋斗、磨炼、成功

一个又一个的筋斗过去，只要爬起来，一定会逐渐攀上高峰，超脱在小我之上。辛酸的眼泪是培养你心灵的酒浆。不经历尖锐的痛苦的人，不会有深厚博大的同情心，所以孩子，我很高兴你这种蜕变的过程，但愿你将来比我对人生有更深切的了解，对人类有更热烈的爱，对艺术有更诚挚的信心！

你这一行的辛苦，当然辛苦到极点。就因为这个，我屡次要你生活正规化，学习正规化。不正规如何能持久？不持久如何能有成绩？如何能巩固已有的成绩？以后一定要安排好，控制得牢，万万不能"空"与"忙"调配得不匀，免得临时着急，日夜加工地赶任务。而且作品的了解与掌握，就需要长时期地慢慢消化、咀嚼、吸收。这些你都明白得很，问题在于实践！

只要凭"愚公移山"的意志，存着"我尽我心"的观念；一紧张就马上叫自己宽弛，对付你的精神要像对付你的手与指一样，时时刻刻注意放松，我保证你明年会成功。

这些话你听了一定赞成，也一定早想到的，但要紧的是实地做去，而且也要跟自己斗争；斗争的方式当然不是紧张，而是冲淡，而是多想想人生问题、宇宙问题，把个人看得渺小一些，那么自然会减少患得患失之心，结果身心反而舒泰，工作反而顺利！

3 面对逆境、失败

一个人发泄是要求心理健康，不是使自己越来越苦闷。多听听贝多芬的第五，多念念克利斯朵夫里几段艰苦的事迹，可以增加你的勇气，使你更镇静。

人一辈子都在高潮与低潮中浮沉，唯有庸碌的人，生活才如死水一般；或者要有极高的修养，方能廓然无累，真正地解脱。只要高潮不过分使你紧张，低潮不过分使你颓废，就好了。太阳太强烈，会把五谷晒焦；雨水太猛，也会淹死庄稼。我们只求心理相当平衡，不至于受伤而已。

你说常在矛盾与快乐之中，但我相信艺术家没有矛盾不会进步、不会演变、不会深入。有矛盾正是生机蓬勃的明证。眼前你感到的还不过是技巧与理想的矛盾，将来你还有反复不已更大的矛盾呢：形式与内容的枘凿，自己内心的许许多多不可预料的矛盾，都在前途等着你。别担心，解决一个矛盾，便是前进一步！矛盾是解决不完的，所以艺术没有止境，没有perfect［完美］的一天，人生也没有perfect的一天！唯其如此，才需要我们日以继夜，终生地追求、苦练；要不然大家做了羲皇上人，垂手而天下治，做人也太腻了！

多少迂回的路，多少痛苦，多少失意，多少挫折，换来你今日的成功！可见为了获得更大的成功，只有加倍努力，同时也得期待别的迂回、别的挫折。我时时刻刻要提醒你，想着过去的艰难，让你以后遇到困难的时候更有勇气去克服，不至于失掉信心！人生本是没穷尽、没终点的马拉松赛跑，你的路程还长得很呢：这不过是一个光辉的开场。

4 信念、理想、愿望

个人对一切感觉都敏锐、强烈，而常常又自笑愚妄。不知这是现代中国知识分子的共同苦闷，还是我特殊的气质使然。即使想到你，有些安慰，却也立刻会想到随时有离开你们的可能，你的将来，你的发展，我永远看不见的了，你十年二十年后的情形，对于我将永远是个谜。正如世界上的一切、人生的一切，到我脱离尘世之时都将成为一个谜——个人消灭了，茫茫宇宙照样进行，个人算得什么呢！

你提到 perfection［完美］，其实 perfection 根本不存在的，整个人生、世界、宇宙，都谈不上 perfection。要就是存在于哲学家的理想和政治家的理想之中。我们一辈子的追求，有史以来多少世代的人的追求，无非是 perfection，但永远是追求不到的，因为人的理想、幻想，永无止境，所以 perfection 像水中月、镜中花，始终可望而不可即。但能在某一个阶段求得总体的"完整"或是比较的"完整"，已经很不差了。

只有不断与森林、小溪、花木、鸟兽、虫鱼和美术馆中的杰作亲炙的人，才会永远保持童心、纯洁与美好的理想。培养一个人，空有志愿有什么用？主要从行动着手！无论多么优秀的种子，没有适当的环境、水土、养分，也难以开花结果说不定还会中途变质或夭折。

成就的大小、高低，是不在我们掌握之内的，一半靠人力，一半靠天赋，但只要坚强，就不怕失败、不怕挫折、不怕打击——不管是人事上的、生活上的、技术上的、学习上的——打击；从此以后你可以孤军奋斗了。何况事实上有多少良师益友在周围帮助你、扶掖你。还加上古今的名著，时时刻刻给你精神上的养料！孩子，从今以后，你永远不会孤独的，即使孤独也不怕的！

5 人际关系、处世之道

"做人"是另外一个问题，与教学无关，对谁也不能苛求。你能继续跟杰老师上课，我很赞成，千万不要驼子摔跤，两头不着。有个博学的老师指点，总比自己摸索好，尽管他有些见解与你不同。

一个人妨碍别人，不一定是因为本性坏，往往是因为头脑不清，不知利害轻重。所以你在这些方面没有认清一个人的时候，切忌随口吐露心腹。一则太不考虑和你说话的对象，二则太不考虑事情所牵涉的另外一个人。（还不止一个呢！）

热情是一朵美丽的火花，美则美矣，无奈不能持久。希望热情能永久持续，简直是愚妄；不考虑性情、品德、品格、思想等等，而单单执着于当年一段美妙的梦境，希望这梦境将来会成为现实，那么我警告你，你可能遇到悲剧的！

在空闲（即无音乐会）期间有朋友来往，不但是应有的调剂，使自己不致与现实隔膜，同时也表示别人喜欢你，是件大好事。主要是这些应酬也得有限度、有计划。最忌有求必应，每会必到；也最忌临时添出新客新事，西方习惯多半先用电话预约，很少人会做不速之客——即使有不速之客，必是极知己的人，不致妨碍你原定计划的。

6 坚持、自律、习惯

要有耐性，不要操之过急。越是心平气和，越有成绩。

时时刻刻要承认自己是笨伯，不怕做笨功夫，那就不会期待太切，稍不进步就慌乱了。

但望永远坚持下去！我相信你会坚持，不过考验你的日子还未来到。至此为止，你尚未遇到逆境。真要过了贫贱日子才真正显出"贫贱不能移"！居安思危，多多锻炼你的意志吧。

无论如何细小不足道的事，都反映出一个人的意识与性情。修改小习惯，就等于修改自己的意识与性情。所谓学习，不一定限于书本或是某种技术；否则"随时随地都该学习"这句话，又怎么讲呢？

理财有方法、有系统，并不与重视物质有必然的联系，而只是为了不吃物质的亏而采取的预防措施；正如日常生活有规律，并非求生活刻板枯燥，而是为了争取更多的时间，节省更多的精力来做些有用的事。读些有益的书，总之是为了更完美地享受人生。

7 学习方法、做事技巧、思维方式

对于你新感受的东西不要让它浮在感觉的表面；而要仔细分析，究竟新感受的东西，和你原来的观念、情绪、表达方式有何不同。这是需要冷静而强有力的智力才能分析清楚的。希望你常常用这个步骤来"巩固"你很快得来的新东西（不管是技术还是表达）。

慢慢地你会养成另外一种心情对付过去的事：就是能够想到而不再惊心动魄，能够从客观的立场分析前因后果，做将来的借鉴，以免重蹈覆辙。一个人唯有敢于正视现实、正视错误，用理智分析，彻底感悟，终不至于被回忆侵蚀。

一个人没有性灵，光谈理论，其不成为现代学究、当世腐儒、八股专家也鲜矣！为学最重要的是"通"，通才能不拘泥，不迂腐，不酸，不八股；"通"才能培养气节、胸襟、目光。"通"才能成为"大"，不大不博，便有坐井观天的危险。我始终认为弄学问也好，弄艺术也好，顶要紧是humain（做人），要把一个"人"尽量发展，没成为某某家某某家以前，先要学做人；否则那种某某家无论如何高明也不会对人类有多大贡献。

你一边写信整理思想，一边就会发现自己有很多新观念；无论对人生、对音乐、对钢琴技巧，一定随时有新的启发，可以帮助你今后的学习。

我劝你千万不要为了技巧而烦恼，主要是常常静下心来，细细思考，发掘自己的毛病，寻找毛病的根源，然后想法对症下药，或者向别的师友讨教。烦恼只有打扰你的学习，反而把你的技巧拉下来。

8 亲情、友情、爱情

孩子，你一天天地在进步、在发展，这两年来你对人生和艺术的理解又跨了一大步，我愈来愈爱你了，除了因为你是我们身上的血肉所化出来的而爱你以外，还因为你有如此焕发的才华而爱你。正因为我爱一切的才华，爱一切的艺术品，所以我也把你当作一般的才华（离开骨肉关系），当作一件珍贵的艺术品而爱你。

长篇累牍地给你写信，不是空唠叨，不是莫名其妙的gossip〔说长道短〕，而是有好几种作用的。第一，我的确把你当作一个讨论艺术、讨论音乐的对手；第二，极想激出你一些青年人的感想，让我做父亲的得些新鲜养料，同时也可以间接传布给别的青年；第三，借通信训练你的——不但是文笔，而尤其是你的思想；第四，我想时时刻刻，随处给你做个警钟，做面"忠实的镜子"，不论在做人方面，在生活细节方面，在艺术修养方面，在演奏姿态方面。我做父亲的只想做你的影子，既要随时随地帮助你、保护你，又要不让你对这个影子觉得厌烦。

尽管我们隔得这么远，彼此的心始终在一起，我从来不觉得和你有什么精神上的隔阂。父子两代之间能如此也不容易——我为此很快慰。

感情问题，务必要自己把握住，要坚定，要从大处远处着眼，要顾全局，不要单纯地逞一时之情，要极冷静，要顾到几个人的幸福，短视的软心往往会对人对己造成长时期的不必要的痛苦！

9 家国之情、自然之爱

你不是抱着一腔热情，想为祖国、为人民服务吗？而为祖国、为人民服务是多方面的，并不限于在国外为祖国争光，也不限于用音乐去安慰人家——虽然这是你最主要的任务。我们的艺术家还需要把自己的感想、心得，时时刻刻传达给别人，让别人去作为参考的或者是批判的资料。你的将来，不光是一个演奏家，同时必须兼做教育家；所以你的思想，你的理智，更其需要训练，需要长时期的训练。我这个可怜的父亲，就在处处替你作这方面的准备，而且与其说是为你作准备，还不如说为中国音乐界作准备更贴切。

你得千万爱护自己，爱护我们所珍视的艺术品！遇到任何一件出入重大的事，你得想到我们——连你自己在内——对艺术的爱！不是说你应当时时刻刻想到自己了不起，而是说你应当从客观的角度重视自己：你的将来对中国音乐的前途有那么重大的关系，你每走一步，无形中都对整个民族艺术的发展有影响，所以你更应当战战兢兢，郑重其事！随时随地要准备牺牲目前的感情，为了更大的感情——对艺术对祖国的感情。

你如今每次登台都与国家面子有关；个人的荣辱得失事小，国家的荣辱得失事大！你既热爱祖国，这一点尤其不能忘了。为了身体，为了精神，为了艺术，为了国家的荣誉，你都不能不大大减少你的演出。

你能用东方人的思想感情去表达西方音乐，而仍旧能为西方最严格的卫道者所接受，就表示你的确对西方音乐有了一些新的贡献。我为之很高兴。且不说这也是东风压倒西风的表现之一，并且正是中国艺术家对世界文化应尽的责任；唯有不同种族的艺术家，在不损害一种特殊艺术的完整性的条件之下，能灌输一部分新的血液进去，世界的文化才能愈来愈丰富，愈来愈完满，愈来愈光辉灿烂。

这次（指比赛期间）无论谁（波兰的和其他国家的）批评我的演奏时，总处处提到中国的古老文化。那是使我最快乐的，因为能使别国人通过我而更崇敬祖国的文化。我也相信我们中国人具备别国人所没有的优越条件，将来一定会开出极美的花朵来。

10 艺术修养、素质提升

艺术家天生敏感，换一个地方，换一批群众，换一种精神气氛，不知不觉会改变自己的气质与表达方式。但主要的是你心灵中最优秀、最特出的部分，从人家那儿学来的精华，都要紧紧抓住，深深地种在自己性格里，无论何时何地这一部分始终不变。这样你才能把独有的特点培养得厚实。

世界上最高的、最纯洁的欢乐，莫过于欣赏艺术，更莫过于欣赏自己的孩子的手和心传达出来的艺术！其次，我们也因为你替祖国增光而快乐！更因为你能借音乐而使多少人欢笑而快乐！

真诚是第一把艺术的钥匙。知之为知之，不知为不知。真诚的"不懂"，比不真诚的"懂"，还叫人好受些。最可厌的莫如自以为是，自作解人。有了真诚，才会有虚心，有了虚心，才肯丢开自己去了解别人，也才能放下虚伪的自尊心去了解自己。建筑在了解自己、了解别人上面的爱，才不是盲目的爱。

真了解西方的东方人，真了解东方人的西方人，不是没有，只是稀如星凤。对自己的文化遗产彻底消化的人，文化遗产决不会变成包袱，反而养成一种无所不包的胸襟，既明白本民族的长处短处，也明白别的民族的长处短处，进一步会截长补短，吸收新鲜的养料。任何孤独都不怕，只怕文化的孤独、精神思想的孤独。

写作训练

1.（2022·四川内江中考）作文题目：绝不服输

下面是给予感动中国 2021 年度人物江梦南的一段颁奖辞：

你觉得，你和我们一样，我们觉得，是的，但你又那么不同寻常。从无声里突围，你心中有嘹亮的号角。新时代里，你有更坚定的方向。先飞的鸟，一定想飞得更远。迟开的你，也鲜花般怒放。

半岁时，江梦南因误用药物失聪，开始学说话的时候，从字、词到日常用语，她对着镜子学口型、摸着父母喉咙学发音，通过读唇语学会了"听"和"说"。从小到大，凭借优秀的学习成绩，她成为家乡小镇上近年来唯一考上重点大学，最终到清华念博士的学生。

请根据以上材料，挖掘生活中的真实故事或者真实材料，以"绝不服输"为题，写一篇文章。

提示：请用上述写作素材中的内容

2.选择上述素材中的一段为主题，以傅聪的身份写一封回信。

提示：可以根据傅雷对傅聪的"要求"做出回应。

【答案】

一、作家作品常识

1.《傅雷家书》；背书（背《鉴略》）
2.①《傅雷家书》②《朝花夕拾》③《海底两万里》
3. 傅雷；《傅雷家书》；做人、生活、艺术。
4.（1）傅聪 对儿子生活和艺术的指导 （2）《欧也妮·葛朗台》《约翰·克利斯朵夫》
   （3）德艺俱备 人格卓越
5. 严谨 不骄傲 荣辱感
6.①傅聪 ②真诚

二、整体思想感情

1.【答案示例】《傅雷家书》是一本"充满着父爱的苦心孤诣、呕心沥血的教子篇"，傅雷通过书信的形式关心在外求学的儿子的生活和艺术事业，鼓励儿子做一位德艺俱备、人格卓越的艺术家。这本书凝聚了父亲对孩子爱与期望，也包含着对人生的思考、对艺术的追求以及对国家的高尚情感。每一个读完这本书的人，都将获得心灵的启迪，得到无限的慰藉与鼓舞。

【要点】先简略概括《傅雷家书》的内容，再介绍《傅雷家书》表达的思想感情，最后谈谈自己的阅读感受。

2.【答案示例】傅雷通过书信形式关心儿子的生活和事业，信中有温暖的叮咛、实用的建议、严厉的要求，展现了父子之间亦师亦友的相处模式。

【要点】题干要求向父母推荐，因此在作答时可侧重于父子相处方面以及傅雷活到老学到老的学习精神等。

3.【答案示例】傅雷关怀儿子成长，饱含舐犊情深。——《傅雷家书》
          保尔凝聚钢铁意志，唱响生命赞歌。——《钢铁是怎样炼成的》

4.【答案示例】傅雷在和傅聪谈及交朋友时，告诫儿子"待朋友不能马虎"；谈及学业时，他要求儿子"充分掌握时间与区别事情的缓急先后"；谈及说话技巧时，他告诫儿子"千万不要太主观，千万不要有说别人的态度"。

《傅雷家书》中充满了父亲对儿子的严格要求和期待，不失为一部苦心孤诣的"傅氏家训"。

5.【答案示例1】我不赞同毕飞宇的说法。傅雷虽然对儿子要求严格，但他对傅聪的爱之深、情之切在本书中可见一斑，他始终在儿子遭遇低谷时安慰他、鼓励他，在他遇到学业困境时指导他、帮助他，傅聪的成功离不开父亲的谆谆教诲。

【答案示例2】我赞同毕飞宇的说法。固然"严师出高徒"，但这样严苛的教育可能给孩子带来压力和伤害，甚至引发孩子的叛逆心理和家庭矛盾。

【要点】首先要表明态度，其次结合作品内容说出理由。

6.【答案示例】文文妈妈的教育方式是不正确的。教育孩子最好的方式是言传身教。

在《傅雷家书》中，傅雷首先做到了严格要求自我，才能对傅聪产生影响。比如：在工作上，傅雷兢兢业业对待翻译工作、专注、全情投入，这种认真严肃的形象成为傅聪前行的榜样，使傅聪不懈努力，在艺术事业上不断求索，最终成为译名"德艺俱备、人格卓越"的艺术家。

【要点】先进行评价，再根据《傅雷家书》内容进行解释。

7.【答案】无话不谈的朋友；共同进步的师生关系；拥有精神共鸣的知己关系。

8.【答案示例】一位父亲的深情叮咛，一苦苦心孤诣的教子篇。

9.【答案示例】生活的关心：叮嘱儿子在忙碌的音乐会间隙多去感受大自然的美好，注意休息，身心要调养健康，精神才能保持饱满。

读书的教诲：《人间词话》青年们读得太少了，此书就像一把金钥匙，但是肚里要不是先有上百首诗，几十首词，读此书也就无用。

10.【答案示例】有同感。读了《傅雷家书》这本书，我感受到了无限的父子深情。父亲与儿子无话不谈，谈生活、谈艺术、谈人生感悟、谈为人处世，他们就像朋友一样交流，简短的书信背后是说不尽的爱与牵挂，这样真挚的感情能"抵万金"。

11.【答案示例】《傅雷家书》谈生活艺术

三、阅读理解与感受

1.【答案示例】傅雷与儿子能够像朋友一样友好、平等、坦诚地交流，这种父子关系让我感动。当儿子遇到苦闷，父亲耐心聆听、安慰，提出建议，帮助他走出低谷；他还指导儿子待人处世的艺术，帮助他成为一个人格更完善的青年人。拥有这样的父亲是一件幸福的事。

2.表现了傅雷严于律己，宽以待人，充满利他精神和君子修养的人生境界。

3.【答案示例】这是一本饱含着家庭智慧和人生哲理的经典书籍，翻阅这些书信，我们能看到傅雷先生与儿子傅聪聊生活、聊艺术、聊人生、聊亲情……希望每一个读过《傅雷家书》的人，都能怀揣赤诚之心，活出一个闪光的自己。

4.①表达了傅雷对孩子无线的爱与思念。②傅雷多次提到克利斯朵夫是为了鼓舞傅聪，希望他像克利斯朵夫一样直面生活的苦闷，拥有坚强的精神。

5.【答案示例】这句话饱含哲理，它告诉我们：人生不是一帆风顺的，其中充满了起起落落，有欢笑，也有悲伤，有顺境，也有逆境。因此，我们要坦然面对生活的波折，胜不骄，败不馁，才能在精神上获得平静与超越。

6.【答案示例】这句话体现了"父子如朋友"的真挚感情。傅雷和傅聪之所以是朋友，在于以下三点：

①他们无话不谈，亲密无间。在《傅雷家书》中，傅雷与傅聪谈生活、谈艺术、谈工作、谈学习、谈为人处世，只有朋友之间才会这样乐于分享。

②他们在精神上互相理解、互相慰藉，当傅聪遭遇人生的低谷时，傅雷能够充分理解并耐心劝导，他说过："这次来信所说的痛苦，我都理会的；我很同情

我愿意尽量安慰你，鼓舞你。"

③他们志同道合，对艺术拥有许多共同的感受，可以交流思想。傅雷经常在看完演奏会后，在信中谈论自己的评价和感受，也引导傅聪发表看法，二人互相借鉴，共同进步。

7.【答案示例】《傅雷家书》中的傅雷是一位正直坦率、热爱祖国、认真严谨、慈爱又严格的父亲。在傅聪遇到低谷的时候，他鼓励傅聪直面人生的高潮与低潮；在傅聪事业忙碌的时候，他叮嘱傅聪调养身心，多去大自然走走；在傅聪游学国外期间，他始终要求傅聪心系祖国，为祖国的艺术事业而奋斗。

8.慈爱、温厚善良、细心、有较高艺术文学修养。

9.（1）《傅雷家书》　翻译　文艺评论
　（2）认真严谨；注重细节；有修养；循循善诱；以身作则；爱子情深。

10.（1）如何面对人生的不如意／如何排解心中的苦闷，如何与人相处／坚持真理的方式，如何面对情感的挫折。
　（2）父亲亦师亦友，知识渊博，情感丰富，细心周到，慈爱，理解孩子，与孩子坦诚交流。

四、名著阅读方法

1.①《傅雷家书》内容广博庞杂，其中一些谈艺术、谈乐理的书信，对没有专业知识的人来说读起来有些费力，因此应该选择一些自己感兴趣或适合的篇章。
②《傅雷家书》具有一些相似的内容，如生活和工作安排、待人处世的教导等，几乎在每一封家书中都有体现，因此不必全部阅读。

2.① 选择性阅读：这部作品是书信汇编，独立成篇，因此可以根据自己的兴趣选择性阅读；
② 摘记、批注的方法：这是一位知识渊博的父亲给孩子的人生指导，阅读这本书，不仅可以感受父子深情，还可以获得丰富的文化、艺术、历史等领域的知识，因此，在阅读时可以随时摘录精彩句子、批注自己的感受；
③ 评价性阅读：比如评价傅雷的教育方法，有人赞成傅雷的教育方式，他的严格教育使傅聪在音乐上有了极高的造诣；有人反对傅雷的教育方式，认为他过于严格、刻板。读者在阅读时，也可以带着自己的思考和评价；
④ 拓展性阅读：《傅雷家书》的作者是翻译家，在家书中他多次提到自己翻译的罗曼·罗兰作品（如《约翰·克利斯朵夫》）和巴尔扎克作品，可以拓展阅读这些书。

3.热读　在了解《傅雷家书》的背景后，调动自己的情感，力求和作者达到共鸣。
【解析】冷读：在没有任何预先准备的情况下去猜中一个人的心理与生活状态、建立信任关系的技巧，能在瞬间就赢得陌生者信任。
热读：在有准备的情况下读解对方。
冷读适合读实用类文本，热读适合读情感类文本。

什么话，必有相当根据，而你还是不大重视，轻描淡写。这样的不知警惕，对你将来是危险的！一个人妨碍别人，不一定是因为本性坏，往往是因为头脑不清，不知利害轻重。所以你在这些方面没有认清一个人的时候，切忌随口吐露心腹。一则太不考虑和你说话的对象，二则太不考虑事情所牵涉的另外一个人。（还不止一个呢！）来信提到这种事，老是含混得很。去夏你出国后，我为另一件事写信给你，要你检讨，你以心绪恶劣推掉了。其实这种作风，这种逃避现实的心理是懦夫的行为，绝不是新中国的青年所应有的。你要革除小布尔乔亚根性，就要从这等地方开始革除！

别怕我责备！（这也是小布尔乔亚的懦怯。）也别怕引起我心烦，爸爸不为儿子烦心，为谁烦心？爸爸不帮助孩子，谁帮助孩子？儿子苦闷不向爸爸求救，向谁求救？你这种顾虑也是一种短视的温情主义，要不得！懦怯也罢，温情主义也罢，总之是反科学、反马列主义。为什么一个人不能反科学、反马列主义？因为要生活得好，对社会尽贡献，就需要把大大小小的事，从日常生活、感情问题，一直到学习、工作、国家大事，一贯地用科学方法、马列主义的方法，去分析，去处理。批评与自我批评所以能成为有力的武器，也就在于它能培养冷静的科学头脑，对己、对人、对事，都一视同仁，做不偏不倚的检讨。而批评与自我批评最需要的是勇气，只要存着一丝一毫懦怯的心理，批评与自我批评便永远不能做得彻底。我并非说有了自我批评（即挖自己的根），一个人就可以没有烦恼。不是的，烦恼是永久免不了的，就等于矛盾是永远消灭不了的一样。但是不能因为眼前的矛盾消灭了将来照样有新矛盾，就此不把眼前的矛盾消灭。挖了根，至少可以消灭眼前的烦恼。将来新烦恼来的时候，再去消灭新烦恼。挖一次根，至少可以减轻烦恼的严重性，减少它危害身心的可能；不挖根，老是有些思想的、意识的、感情的渣滓积在心里，久而久之，成为一个沉重的大包袱，慢慢地使你心理不健全、头脑不冷静、胸襟不开朗，创造更多的新烦恼的因素。这一点不但与马列主义的理论相合，便是与近代心理分析和精神病治疗的研究结果也相合。

至于过去的感情纠纷，时时刻刻来打扰你，也就由于你没仔细挖根。我相信你不是爱情至上主义者，而是真理至上主义者；那么你就该用这个立场去分析你的对象（不论是初恋的还是以后的），你跟她（不管是谁）在思想认识上、真理的执着上，是否一致或至少相去不远？从这个角度上去把事情解剖清楚，许多烦恼自然迎刃而解。你也该想到，热情是一朵美丽的火花，美则美矣，无奈不能持久。希望热情能永久持续，简直是愚妄；不考虑性情、品德、品格、思想等等，而单单执着于当年一段美妙的梦境，希望这梦境将来会成为现实，那么我警告你，你可能遇到悲剧的！世界上很少如火如荼的情人能成为美满的、白头偕老的夫妇的；传奇式的故事，如但丁之于裴阿脱里克斯，所以成为可歌可泣的千古艳事，就因为他们没有结合；但丁只见过几面（似乎只有一面）裴阿脱里克斯。歌德的太太克里斯丁纳是个极庸俗的女子，但歌德的艺术成就，是靠了和平宁静的夫妇生活促成的。过去的罗曼史，让它成为我们一个美丽的回忆，作为一个终身怀念的梦，我认为是最明哲的办法。老是自苦是只有消耗自己的精力，对谁都没有裨益的。孩子，以后随时来信，把苦闷告诉我，我相信还能凭一些经验安慰你呢。爸爸受的痛苦不能为儿女减除一些危险，那么爸爸的痛苦也是白受了。但希望你把苦闷的缘由写得详细些（就是要你自己先分析一个透彻），免得我空发议论，无关痛痒地对你没有帮助。好了，再见吧，多多来信，来信分析你自己就是一种发泄，而且是有益于心理卫生的发泄。爸爸还有足够的勇气担受你的苦闷，相信我吧！你也有足够的力量摆脱烦恼，有足够的勇气正视你的过去，我也相信你！

妈妈的照片该收到了吧？贝多芬第四、第五的材料共十六页，是前天（九日）平信挂号寄的。

一九五五年十二月二十一日晨

亲爱的孩子：

....

你在国外求学，"厉行节约"四字也应该竭力做到。我们的家用，从上月开始每周做决算，拿来与预算核对，看看有否超过。若有，要研究原因，下周内就得设法防止。希望你也努力，因为你音乐会收入多，花钱更容易不假思索，满不在乎。至于后面两条，我建议为了你,改成这样的口号:反对分散使用精力,坚决贯彻重点学习的方针。今夏你来信说,暂时不学理论课程,专攻钢琴,以免分散精力,这是很对的。但我更希望你把这个原则再推进一步,再扩大,在生活细节方面都应用到。而在乐曲方面,尤其要时时注意。首先要集中几个作曲家。作曲家的选择事先可郑重考虑;决定以后切勿随便更改,切勿看见新的东西而手痒心痒——至多只宜做辅助性质的附带研究,而不能喧宾夺主。其次是练习的时候要安排恰当,务以最小限度的精力与时间,获得最大限度的成绩为原则。和避免分散精力连带的就是重点学习。选择作曲家就是重点学习的第一个步骤,第二个步骤是在选定的作曲家中再挑出几个最有特色的乐曲。譬如巴赫,你一定要选出几个典型的作品,代表他键盘乐曲的各个不同的面目。这样,你以后对于每一类的曲子,可以举一反三,自动地找出路子来了。这些道理,你都和我一样地明白。我所以不惮烦琐地和你一再提及,因为我觉得你许多事都是知道了不做。学习计划,你从来没和我细谈,虽然我有好几封信问你。从现在起到明年(一九五六年)暑假,你究竟决定了哪些作曲家、哪些作品?哪些作品作为主要的学习,哪些作为次要与辅助性质的?理由何在?这种种,无论如何希望你来信详细讨论。我屡次告诉你:多写信多讨论问题,就是多些整理思想的机会,许多感性认识可以变作理性认识。这样重要的训练,你是不能漠视的。只消你看我的信就可知道。至于你忙,我也知道;但我每个月平均写三封长信,每封平均有三千字,而你只有一封,只及我的三分之一:莫非你忙的程度,比我超过百分之二百吗？问题还在于你的心情：心情不稳定，就懒得动笔。所以我这几封信，接连地和你谈思想问题，急于要使你感情平下来。做爸爸的不要求你什么，只要求你多写信，多写有内容、有思想实质的信；为了你对爸爸的爱，难道办不到吗？我也再三告诉过你，你一边写信整理思想，一边就会发现自己有很多新观念；无论对人生、对音乐、对钢琴技巧，一定随时有新的启发，可以帮助你今后的学习。这样一举数得的事，怎么没勇气干呢？尤其你这人是缺少计划性的，多写信等于多检查自己，可以纠正你的缺点。当然，要做到"不分散精力""重点学习""多写信，多发表感想，多报告计划"，最基本的是要能抓紧时间。你该记得我的生活习惯吧？早上一起来，洗脸，吃点心，穿衣服，没一件事不是用最快的速度赶着做的；而平日工作的时间，尽量不接见客人，不出门；万一有了杂务打岔，就在晚上或星期日休息时间补足错失的工作。这些都值得你模仿。要不然，怎么能抓紧时间呢，怎么能不浪费光阴呢？如今你住的地方幽静，和克拉科夫音乐院宿舍相比，有天渊之别；你更不能辜负这个清静的环境。每天的工作与休息时间都要安排妥当，避免一切突击性的工作。你在国外，究竟不比国内常常有政治性的任务。临时性质的演奏也不会太多，而且宜尽量推辞。正式的音乐会，应该在一个月以前决定，自己早些安排练节目的日程，切勿在期前三四天内日夜不停地"赶任务"，赶出来的东西总是不够稳、不够成熟的，并且还要妨碍正规学习；事后又要筋疲力尽，仿佛人要瘫下来似的。

我说了那么多，又是你心里都有数的话，真怕你听腻了，但也真怕你不肯下决心实行。孩子，告诉我，你已经开始在这方面努力了，那我们就安慰了、高兴了。

……………

一九五六年一月四日深夜

亲爱的孩子：十二月二十三日的信（波兰邮戳是二十四日）到昨天三日方到，大概是这一晌气候不好，飞机常常停航的缘故吧？

埃娃根本忘了我最要紧的话，倒反缠夹了。临别那天，在锦江饭店我清清楚楚地，而且很郑重地告诉她说："我们对他很有信心，只希望他做事要有严格的规律，学习的计划要紧紧抓住。"骄傲，我才不担心你呢！有一回信里我早说过的，有时提到也无非是做父母的过分操心，并非真有这个忧虑。你记得吗？所以传话是最容易出毛病的。埃娃跑来跑去，太忙了，我当然不怪她。但我急于要你放心，爸爸绝不至于这样不了解你的。说句真话，我最怕的是：一、你的工作与休息不够正规化；二、你的学习计划不够合理；三、心情波动。关于这些前四封信已经谈得很多，不再啰唆了。……

……………

无论你对灌片的成绩怎么看法，我绝对不会错认为你灌音的时候不郑重。去年四月初，你花了五天工夫灌这几支曲

92

子，其认真可想而知。听说世界上灌片最疙瘩的是Marguerite Long［玛格丽特·朗］，有一次，一个曲子直灌了八十次。还有Toscanini［托斯卡尼尼］，常常不满意他的片子。有一回听到一套片子，说还好；一看原来就是他指挥的。

去年灌Concerto［《协奏曲》］时，不知你前后弹了几次？是否乐队也始终陪着你常常重新来过？这二点望来信告知。我们都认为华沙乐队不行，与solo［独奏］不够呼应紧密，倒是你的solo常常在尽力承上启下地照顾到乐队部分。

我劝你千万不要为了技巧而烦恼，主要是常常静下心来，细细思考，发掘自己的毛病，寻找毛病的根源，然后想法对症下药，或者向别的师友讨教。烦恼只有打扰你的学习，反而把你的技巧拉下来。共产党员常常强调"克服困难"，要克服困难，先得镇定！只有多用头脑才能解决问题。同时也切勿操之过急，假如经常能有些进步，就不要灰心，不管进步得多么少。而主要还在于内心的修养、性情的修养——我始终认为手的紧张和整个身心有关系，不能机械地把"手"孤立起来。练琴的时间必须正常化，不能少，也不能多；多了整个的人疲倦之极，只会有坏结果。要练琴时间正常，必须日常生活科学化、计划化、纪律化！假定有事出门，回来的时间必须预先肯定，在外面也切勿难为情，被人家随便多留，才能不打乱事先定好的日程。

....

照片上的妈妈跟事实上的妈妈差得很多。你上次收到的还是一九五五年春天拍的。近几个月来，她真是老得多了。没有用人，毕竟辛苦。最近（前两个月）还经历一些小小的风波，使我们两人都觉得做人难，真是活到老，学到老，学到老，学不了。

假如要去捷克，不是只有一个多月了吗？不知道你的灌片节目，心里真记挂得很。那边乐队好，灌音好，希望能灌一支《协奏曲》来，最好是贝多芬的。

为了急于要你安心，要你深信我们决不怀疑你有什么骄傲的倾向，这封信不写长了，明天一早就寄出。关于肖邦的文字，以后会抄给你的。离开华沙去捷克之前，早点儿通知我们，让我们知道写了信寄到哪儿去。祝你心平气和，工作上路，学习进步！

一九五六年一月二十日

亲爱的孩子：昨天接一月十日来信，和另外一包节目单，高兴得很。第一，你心情转好了；第二，一个月由你来两封信，已经是十个多月没有的事了。只担心一件，一天十二小时的工作对身心压力太重。我明白你说的"十二小时绝对必要"的话，但这句话背后有一个很重要的原因：倘使你在十一、十二两月中不是常常烦恼，每天保持——不说多——六七小时的经常练琴，我断定你现在就没有一天练十二小时的"必要"。你说是不是？从这个经验中应得出一个教训：以后即使心情有波动，工作可不能松弛。平日练八小时的，在心绪不好时减成六七小时，那是可以原谅的，也不至于如何妨碍整个学习进展。超过这个尺寸，到后来势必要加紧突击，影响身心健康。往者已矣，来者可追，孩子，千万记住：下不为例！何况正规工作是驱除烦恼最有效的灵药！我只要一上桌子，什么苦闷都会暂时忘掉。

....

《协奏曲》第二乐章的情调，应该一点儿不带感伤情调，如你来信所说，也如那篇文章所说的。你手下表现的Chopin［肖邦］，的确毫无一般的感伤成分。我相信你所了解的Chopin是正确的，与Chopin的精神很接近——当然谁也不敢说完全一致。你谈到他的rubato［速率伸缩处理］与音色，比喻甚精彩。这都是很好的材料，有空随时写下来。一个人的思想，不动笔就不大会有系统；日子久了，也就放过去了，甚至于忘了，岂不可惜！就为这个缘故，我常常逼你多写信，这也是很重要的"理性认识"的训练。而且我觉得你是很能写文章的，应该随时练习。

你这一行的辛苦，当然辛苦到极点。就因为这个，我屡次要你生活正规化、学习正规化。不正规如何能持久？不持久如何能有成绩？如何能巩固已有的成绩？以后一定要安排好，控制得牢，万万不能"空"与"忙"调配得不匀，免得临时着急，日夜加工地赶任务。而且作品的了解与掌握，就需要长时期地慢慢消化、咀嚼、吸收。这些你都明白得很，问题在于实践！

....

一九五六年四月二十九日

亲爱的孩子：

....

　　你有这么坚强的斗争性，我很高兴。但切勿急躁，妨碍目前的学习。以后要多注意：坚持真理的时候必须注意讲话的方式、态度、语气、声调。要做到越有理由，态度越缓和，声音越柔和。坚持真理原是一件艰巨的斗争，也是教育工作；需要好的方法、方式、手段，还有是耐性。万万不能动火，令人误会。这些修养很不容易，我自己也还离得远呢。但你可趁早努力学习！

　　经历一次磨折，一定要在思想上提高一步。以后在作风上也要改善一步，这样才不冤枉。一个人吃苦碰钉子都不要紧，只要吸取教训，所谓人生或社会的教育就是这么回事。你多看看文艺创作上所描写的一些优秀党员，就有那种了不起的耐性，肯一再地、细致地说服人，从不动火，从不强迫命令。这是真正的好榜样。而且存了这种心思，你也不会再烦恼；而会把斗争当作日常工作一样了。要坚持，要贯彻，但是也要忍耐！

....

一九五六年五月三十一日

　　亲爱的孩子：十五日来信收到。杰老师信已复去。二十四日，我把杰老师来信译成中文寄给文化部，也将原信打字附去，一并请示。昨（三十日）接夏衍对我上月底去信的答复，特抄附。信中提到的几件事，的确值得你作为今后的警戒。我过去常常嘱咐你说话小心，但没有强调关于国际的言论，这是我的疏忽。嘴巴切不可畅，尤其在国外！对宗教的事，跟谁都不要谈。我们在国内也从不与人讨论此事。在欧洲，尤其犯忌。你必须深深体会到这些，牢记在心！对无论哪个外国人，提到我们自己的国家，也须特别保留。你即使对自己要求很严，并无自满情绪；但因为了解得多了一些，自然而然容易恃才傲物，引人误会。我自己也有这毛病，但愿和你共同努力来改掉。对波兰的音乐界，在师友同学中只可当面提意见；学术讨论应当是自由的，但不要对第三者背后指摘别人，更不可对别国的人批评波兰的音乐界。别忘了你现在并不是什么音乐界的权威！也勿忘了你在国内固然招忌，在波兰也未始不招忌。一个人越爬得高，越要在生活的各方面兢兢业业。你年轻不懂事，但只要有决心，凭你的理解力，学得懂事并不太难。

. . . .

阿敏的中学是重点中学，毕业要考三年功课（别校只考当年的），故他近来整天地忙着温课，连音乐也久已不听了。

在家信中什么都可以谈，不必像夏公信中说的那么矜持。一个人必须有地方发泄，才能做到对外面谨慎。我也知道，驻南使馆的最后请示还是你争执不已的结果。倘开始就如此决定，谅你也不会生那么大的气的。

一九五六年十月十日深夜

亲爱的孩子：到今天还没收到来信，不知你究竟哪一天走的；最担心的是寒衣未带，你一路上怎么办？尤其过莫斯科的时候，不要把你冻坏了吗？你电话中虽说咳嗽已愈，我仍怀疑你是特意安慰我；但愿不要把回国来得的小病带回华沙。……

这两天开始恢复工作；一面也补看文件，读完了刘少奇同志在"八大"的报告，颇有些感想，觉得你跟我有些地方还是不够顾到群众，不会用适当的方法去接近、去启发群众。希望你静下来把这次回来的经过细想一想，可以得出许多有益的结论。尤其是我急躁的脾气，应当作为一面镜子，随时使你警惕。感情问题，务必要自己把握住，要坚定，要从大处远处着眼，要顾全局，不要单纯地逞一时之情，要极冷静，要顾到几个人的幸福，短视的软心往往会对人对己造成长时期的不必要的痛苦！孩子，这些话千万记住。爸爸妈妈最不放心的就是这些。

学习方面，我还要重复一遍：重点的计划必不可少。平日生活要过得有规律一些，晚上睡觉切勿太迟。你走了，仍有多方面的人反映、关心你的健康。睡眠太迟于健康最有影响。这些你都得深自克制！

一九五六年十月十一日下午

············

　　说到骄傲，我细细分析之下，觉得你对人不够圆通固然是一个原因，人家见了你有自卑感也是一个原因，而你有时说话太直更是一个主要原因。例如你初见恩德，听了她弹琴，你说她简直不知所云。这说话方式当然有问题。倘能细细分析她的毛病，而不先用大帽子当头一压，听的人不是更好受些吗？有一夜快十点多了，你还要练琴，她劝你明天再练；你回答说：像你那样，我还会有成绩吗？对待人家的好意，反用批评的办法，自然不行。妈妈要你加衣，要你吃肉，你也常用这一类口吻。你惯了，不觉得；但恩德究竟不是亲姐妹，便是亲姐妹，有时也吃不消，这些毛病，我自己也常犯，但愿与你共勉之！从这些小事情上推而广之，你我无意之间伤害人的事一定不大少，也难怪别人都说我们骄傲了。我平心静气思索以后，有此感想，不知你以为如何？

　　留波学习问题，且待过了明年再商量。那时以前我一定会去北京，和首长们当面协商。主要是你能把理论课早日赶完，跟杰老师多学些东西。照我前一晌提议的，每个作家挑一二代表作，彻底研究，排好日程，这一二年内非完成不可。

　　平日仍望坚持牛奶、鸡子、牛油。无论如何，营养第一，休息睡眠第一。为了艺术，样样要多克制自己！再过二年的使徒生活，战战兢兢地应付一切。人越有名，不骄傲别人也会有骄傲之感。这也是常情，故我们自己更要谦和有礼！

好了，已经太啰唆了。能把在京与夏部长谈的再补充一些，最好。再见，孩子，处处保重！

一九五七年三月十八日深夜

亲爱的孩子：昨天寄了一信，附传达报告七页。兹又寄上传达报告四页。还有别的材料，回沪整理后再寄。在京实在抽不出时间来，东奔西跑，即使有车，也很累。这两次的信都硬撑着写的。

⋯⋯⋯⋯⋯

自己先要锻炼得坚强，才不会被环境中的消极因素往下拖，才有剩余的精力对朋友们喊"加油加油"！你目前的学习环境真是很理想了，尽量钻研吧。室外的低气压，不去管它。你是波兰的朋友、波兰的儿子，但赤手空拳，也不能在他们的建设中帮一手。唯一报答她的办法是好好学习，把波兰老师的本领，把波兰音乐界给你的鼓励与启发带回到祖国来，在中国播一些真正对波兰友好的种子。他们的知识分子彷徨，你可不必彷徨。伟大的毛主席远远地发出万丈光芒，照着你的前路，你得不辜负他老人家的领导才好。

我也和马先生、庞伯伯细细商量过，假如改往苏联学习，一般文化界的空气也许要健全些，对你有好处；但也有一些教条主义味儿，你不一定吃得消；日子长了，你也要叫苦。他们的音乐界，一般比较属于cold［冷静］型，什么时候能找到一个老师对你能相忍相让，容许你充分自由发展的，很难有把握。马先生认为苏联的学派与教法与你不大相合，我也同意此点。最后，改往苏联，又得在语言文字方面重起炉灶，而你现在是经不起耽搁的。周扬先生听我说了杰老师的学问，说："多学几年就多学几年吧。"（几个月前，夏部长有信给我，怕波兰动荡的环境，想让你早些回国。现在他看法又不同了。）你该记得，胜利以前的一年，我在上海集合十二三个朋友（内有宋伯伯、姜椿芳、两个裘伯伯[1]等等），每两周聚会一次，由一个人做一个小小学术讲话；然后吃吃茶点，谈谈时局，交换消息。那个时期是我们最苦闷的时期，但我们并不消沉，而是纠集了一些朋友自己造一个健康的小天地，暂时躲一下。你现在的处境和我们那时大不相同，更无须情绪低落。我的性格的坚韧，还是值得你学习的。我的脆弱是在生活细节方面，可不在大问题上。希望你坚强，想想过去大师们的艰苦奋斗，想想克利斯朵夫那样的人物，想想莫扎特、贝多芬，挺起腰来，不随便受环境影响！别人家的垃圾，何必多看？更不必多烦心。做客应当多注意主人家的美的地方；你该像一只久饥的蜜蜂，尽量吮吸鲜花的甘露，酿成你自己的佳蜜。何况你既要学piano［钢琴］，又要学理论，又要弄通文字，整天在艺术、学术的空气中，忙还忙不过来，怎会有时间多想邻人的家务事呢？

---

[1] 指裘复生和裘劭恒。

亲爱的孩子，听我的话吧，爸爸的一颗赤诚的心，忙着为周围的几个朋友打气，忙着管闲事，为社会主义事业尽一份极小的力，也忙着为本门的业务加工，但求自己能有寸进；当然更要为你这儿子做园丁与警卫的工作，这是我的责任，也是我的乐趣。多多休息，吃得好，睡得好，练琴时少发泄感情，（谁也不是铁打的！）生活有规律些，自然身体会强壮，精神会饱满，一切会乐观。……平衡身心，平衡理智与感情，节制肉欲，节制感情，节制思想，对像你这样的青年是有好处的。修养是整个的、全面的，不仅在于音乐，特别在于做人——不是狭义的做人，而是包括对世界、对政局的看法与态度。二十世纪的人，生在社会主义国家之内，更需要冷静的理智，唯有经过铁一般的理智控制的感情才是健康的，才能对艺术有真正的贡献。孩子，我千言万语也说不完，我相信你一切都懂，问题只在于实践！我腰酸背疼，两眼昏花，写不下去了。我祝福你，我爱你，希望你强、更强，永远做一个强者，有一颗慈悲的心的强者！

一九五七年七月一日夜

亲爱的孩子：今晚文化部寄来柴可夫斯基比赛手册一份，并附信说拟派你参加，征求我们意见。我已复信，说等问过你及杰老师后再行决定。比赛概要另纸抄寄，节目亦附上。原文是中文的，有的作家及作品，我不知道，故只能照抄中文的。好在波兰必有俄文、波文的，可以查看。我寄你是为你马上可看，方便一些。

关于此事，你特别要考虑下面几点：

一、国际比赛既大都以技巧为重，这次你觉得去参加合适不合适？此点应为考虑中心！

二、全部比赛至少要弹三支柴可夫斯基的作品，你近来心情怎么样？你以前是不大喜欢他的。

三、第二轮非常吃重，其中第一、二部分合起来要弹五个大型作品；以你现在的身体是否能支持？（当然第二轮的第二部分，你只需要练一支新的；但总的说来，第二轮共要弹七个曲子。）

四、你的理论课再耽误三个月是否相宜？这要从你整个学习计划来考虑。

五、不是明年，便是后年，法国可能邀请你去表演。若是明年来请，则一年中两次脱离正规学习是否相宜？学校方面会不会有意见？

以上五点，望与杰老师详细商量后写信来。决定之前务必郑重，要处处想周到。

一九五八年三月十七日晚

亲爱的孩子：

....

孩子，千万记住，留学的日子无论如何是一天天地少下去了，要争取一切机会加紧学习。既然要加强政治学习，平日要分去一部分时间，假期中更应利用时间钻研业务。每年回国一次，在体力、时间、金钱、学习各方面都太浪费。希望多考虑。

……………………

我左说右说，要你加紧学波兰文，至少要能看书、写信；但你从未报告过具体进度，我很着急。这与国家派你出去的整个期望有关。当然学音乐的人不比学文学的；但若以后你不能用波兰文与老师同学通信，岂不同时使波兰朋友失望，且不说丢了国家的面子！

我身体仍未恢复，主要是神经衰弱。几个月来还是第一次写这样长的信呢。

在莫斯科录音一事，你应深深吸取教训。做人总要谦虚，成绩是大家促成的，不是你一个人的力量。思想上通了，说话态度自然少出毛病。杨部长[1]对你的批评是极中肯的；你早一天醒悟（还要实际上改正），你的前途才早一天更有希望。

另外寄出学习小册。

一切珍重，望来信报告得详细些——特别是学习期限及现状。

一九五九年三月十二日

一、对外只谈艺术，言多必失，防人利用。

---

[1] 指当年的教育部部长杨秀峰。

二、行动慎重，有事多与老辈商量，三思而行。

三、生活节俭，用钱要计算。

四、爸爸照常工作。

一九五九年十月一日

孩子：十个月来我的心绪你该想象得到；我也不想千言万语多说，以免增加你的负担。你既没有忘怀祖国，祖国也没有忘了你，始终给你留着余地，等你醒悟。我相信：祖国的大门是永远向你开着的。

好多话，妈妈已说了，我不想再重复。但我还得强调一点，就是：适量的音乐会能刺激你的艺术，提高你的水平；过多的音乐会只能麻痹你的感觉，使你的表演缺少生气与新鲜感，从而损害你的艺术。你既把艺术看得比生命还重，就该忠于艺术，尽一切可能为保持艺术的完整而奋斗。这个奋斗中目前最重要的一个项目就是：不能只考虑需要出台的一切理由，而要多考虑不宜于多出台的一切理由。其次，千万别做经理人的摇钱树！他们的一千零一个劝你出台的理由，无非是趁艺术家走红的时期多赚几文，哪里是为真正的艺术着想！一个月七八次乃至八九次音乐会，实在太多了，大大的太多了！长此以往，大有成为钢琴匠，甚至奏琴的机器的危险！你的节目存底很快要告罄的；细水长流才是办法。若是在如此繁忙的出台以外，同时补充新节目，则人非钢铁，不消数月，会整个身体垮下来的。

没有了青山，哪还有柴烧？何况身心过于劳累就会影响到心情，影响到对艺术的感受。这许多道理想你并非不知道，为什么不挣扎起来，跟经理人商量——必要时还得坚持——减少一半乃至一半以上的音乐会呢？我猜你会回答我：目前都已答应下来，不能取消，取消了要赔人损失等等。可是你能否把已定的音乐会一律推迟一些，中间多一些空隙呢？否则，万一临时病倒，还不是照样得取消音乐会？难道捐税和经理人的佣金真是奇重，你每次所得极微，所以非开这么多音乐会就活不了吗？来信既说已经站稳脚跟，那么一个月只登台一二次（至多三次）也不用怕你的名字冷下去。决定性的仗打过了，多打零星的不精彩的仗，除了浪费精力、报效经理人以外，毫无用处；不但毫无用处，还会因表演得不够理想而损害听众对你的印象。你如今每次登台都与国家的面子有关；个人的荣辱得失事小，国家的荣辱得失事大！你既热爱祖国，这一点尤其不能忘了。为了身体，为了精神，为了艺术，为了国家的荣誉，你都不能不大大减少你的演出。为这件事，我从接信以来未能安睡，往往为此一夜数惊！

　　还有你的感情问题怎样了？来信一字未提，我们却一日未尝去心，我知道你的性格，也想象得到你的环境；你一向滥于用情，而即使不采主动，被人追求时也免不了虚荣心感到得意——这是人之常情，于艺术家为尤甚，因此更须警惕。你成年已久，到了二十五岁也该理性坚强一些了，单凭一时冲动的行为也该能多克制一些了。不知事实上是否如此？要找永久的伴侣，也得多用理智考虑，勿被感情蒙蔽！情人的眼光一结婚就会变，变得你自己都不相信：事先要不想到这一着，必招后来的无穷痛苦。除了艺术以外，你在外做人方面就是这一点使我们操心。因为这一点也间接影响到国家民族的荣誉，英国人对男女问题的看法始终清教徒气息很重，想你也有所发觉，知道如何自爱了；自爱即所以报答父母，报答国家。

真正的艺术家，名副其实的艺术家，多半是在回想和想象中过他的感情生活的。唯其能把感情生活升华才给人类留下这许多杰作。反复不已的、有始无终的、没有结果也不可能有结果的恋爱，只会使人变成唐·璜，使人变得轻薄，使人——至少——对爱情感觉麻痹，无形中流于玩世不恭；而你知道，玩世不恭的祸害，不说别的，先就使你的艺术颓废。假如每次都是真刀真枪，那么精力消耗太大，人寿几何，全部贡献给艺术还不够,怎容你如此浪费！歌德的《少年维特之烦恼》的故事，你总该记得吧。要是歌德没有这大智大勇，历史上也就没有歌德了。你把十五岁到现在的感情经历回想一遍，也会怅然若失了吧？也该从此换一副眼光、换一种态度、换一种心情来看待恋爱了吧？——总之，你无论在订演出合同方面，在感情方面，在政治行动方面，主要得避免"身不由主"，这是你最大的弱点。——在此举国欢腾，庆祝十年建国、十年建设、十年成就的时节，我写这封信的心情尤其感触万端，非笔墨所能形容。孩子，珍重，各方面珍重，千万珍重，千万自爱！

一九六〇年十月二十一日

亲爱的孩子：望眼欲穿的唱片，昨天终于收到了。寄发的邮戳是八月三日，一共走了七十八天。因为不写从苏联转，就得从海上坐船来。上回的片子同是平寄，但写明 via U.S.S.R.（苏联转），故只花三十八天。以后你得注意，从北面来的航空信也比南面来的快两三天。明天你将去瑞典演出，是否仍会在飞机上给我们写信呢？二十三至二十五日三场以后，还有三十日一场，大概就留在瑞典了吧。

你的片子只听了一次，一则唱针已旧，不敢多用，二则寄来唱片只有一套，也得特别爱护。初听之下，只觉得你的风格变了，技巧比以前流畅、平稳、干净，不觉得费力。音色的变化也有所不同，如何不同，一时还说不上来。pedal［踏板］用得更经济。pp［pianissimo，最弱音］比以前更 pp［低弱］。朦胧的段落愈加朦胧了。总的感觉好像光华收敛了些，也许说凝练比较更正确。奏鸣曲一气呵成，紧凑得很。largo［广板］确如多数批评家所说 full of poetic sentiment［充满诗情］，而没有一丝一毫感伤情调。至此为止，我只能说这些，以后有别的感想再告诉你。四支 Ballades［《叙事曲》］有些音很薄，好像换了一架钢琴，但 Berceuse［《摇篮曲》］，尤其是 Nocturne［《夜曲》］（那支是否 Paci［百器］最喜欢的？）的音仍然柔和醇厚。是否那些我觉得太薄太硬的音是你有意追求的？你前回说你不满意 Ballades，理由何在，望告我。对 Ballades，我过去受 Cortot［柯

108

尔托］影响太深，遇到正确的style［风格］，一时还体会不到其中的妙处。《玛祖卡》的印象也与以前大不同，melody［旋律］的处理也两样；究竟两样在哪里，你能告诉我吗？有一份唱片评论，说你每个bar［小节］的1st or 2nd beat［第一拍或第二拍］往往有拖长的倾向，听起来有些mannered［矫揉造作］，你自己认为怎样？是否《玛祖卡》真正的风格就需要拖长第一或第二拍？来信多和我谈谈这些问题吧，这是我最感兴趣的。其实我也极想知道国外音乐界的一般情形，但你忙，我不要求你了。

从你去年开始的信,可以看出你一天天地倾向于wisdom［智慧］和所谓希腊精神。大概中国的传统哲学和艺术理想越来越对你发生作用了。从贝多芬式的精神转到这条路在我是相当慢的,你比我缩短了许多年。原因是你的童年时代和少年时代所接触的祖国文化（诗歌、绘画、哲学）比我同时期多得多。我从小到大，样样靠自己摸，只有从年长的朋友那儿偶然得到一些启发，从来没人有意地有计划地指导过我，所以事倍功半。来信提到朱晖的情形使我感触很多。高度的才能不和高度的热爱结合，比只有热情而缺乏能力的人更可惋惜。

………

一九六一年五月二十四日

………

……一般评论都说你的肖邦表情太多，要是听任乐曲本身自己表达（即少加表情），效果只会更好。批评家还说大概是你年龄关系，过了四十，也许你自己会改变。这一类的说法你觉得对不对？（Cologne［科隆］的评论有些写得很拐弯抹角，完全是德国人脾气，爱复杂。）我的看法，你有时不免夸张；理论上你是对的，但实际表达往往会"太过"。唯一的补救与防止，是在心情非常冷静的时候，多听自己家里的tape［磁带］录音；听的时候要尽量客观，当作别人的演奏一样对待。我自己常常发觉译的东西过了几个月就不满意；往往当时感到得意的段落，隔一些时候就觉得平淡得很，甚至于糟糕得很。当然，也有很多情形，人家对我的批评与我自己的批评并不对头：人家指出的，我不认为是毛病；自己认为毛病的，人家却并未指出。想来你也有同样的经验。七月维也纳灌音决定后告知！那时寄些风景片来！

在空闲（即无音乐会）期间有朋友来往，不但是应有的调剂，使自己不致与现实隔膜，同时也表示别人喜欢你，是件大好事。主要是这些应酬也得有限度、有计划。最忌有求必应，每会必到；也最忌临时添出新客新事，西方习惯多半先用电话预约，很少人会做不速之客——即使有不速之客，必是极知己的人，不致妨碍你原定计划的——希望弥拉慢慢能学会这一套安排的技术。原则就是要取主动，不能处处被动！

孩子，来信有句话很奇怪。沉默如何就等于同意或了解呢？不同意或不领会，岂非也可用沉默来表现吗？在我，因为太追求逻辑与合理，往往什么话都要说得明白、问得明白，答复别人也答复得分明；沉默倒像表示躲避，引起别人的感觉不是信任或放心，而是疑虑或焦急。过去我常问到你经济情况，怕你开支浩大，演出太多，有伤身体与精神的健康；主要是因为我深知一个艺术家在西方世界中保持独立多么不容易，而唯有经济有切实保障才能维持人格的独立。并且父母对儿女的物质生活总是特别关心。再过一二十年，等你的孩子长成以后，你就会体验到这种心情。

....

一九六一年八月一日

亲爱的孩子：二十四日接弥拉十六日长信，快慰之至。几个月不见她手迹着实令人挂心，不知怎么，我们真当她亲生女儿一般疼她；从未见过一面，却像久已认识的人那样亲切。读她的信，神情笑貌跃然纸上。口吻那么天真那么朴素，taste［品味］很好，真叫人喜欢。成功的婚姻不仅对当事人是莫大的幸福，而且温暖的光和无穷的诗意一直照射到、渗透入双方的家庭。敏读了弥拉的信也非常欣赏她的人品。孩子，我不能不再一次祝贺你的幸运。两年半以来这是你音乐成就以外最大的收获了：相信你一定会珍惜这美满的婚姻，日后开出鲜艳的花来！

....

弥拉报告中有一件事叫我们特别高兴：你居然去找过了那位匈牙利太太！（姓名弥拉写得不清楚，望告知！）多少个月来（在杰老师心中已是一年多了），我们盼望你做这一件事，一旦实现，不能不为你的音乐前途庆幸。——写到此，又接你明信片；那么原来希望本月四日左右接你长信，又得推迟十天了。但愿你把技巧改进的经过与实际谈得详细些，让我转告李先生好慢慢帮助国内的音乐青年，想必也是你极愿意做的事。本月十二至二十六日间，九月二十二日以前，你都有空闲的时间，除了出门休息（想你们一定会出门吧？）以外，尽量再去拜访那位老太太，向她请教。尤其维也纳派（莫扎特、贝多芬、舒伯特），那种所谓repose［宁静］的风味必须彻底体会。好些评论对你这方面的欠缺都一再提及。——至于追求细节太过，以致妨碍音乐的朴素与乐曲的总的轮廓，批评家也说过很多次。据我的推想，你很可能犯了这些毛病，往往你会追求一个目的，忘了其他，不知不觉钻入牛角尖（今后望深自警惕）。可是深信你一朝醒悟，信从了高明的指点，你回头是岸，纠正起来是极快的，只是别矫枉过正，往另一极端摇摆过去就好了。

像你这样的年龄与经验，随时随地吸收别人的意见非常重要。经常请教前辈更是必须。你敏感得很，准会很快领会到那位前辈的特色与专长，尽量汲取——不到汲取完了绝不轻易调换老师。

············

上面说到维也纳派的repose，推想当是一种闲适恬淡而又富于旷达胸怀的境界，有点儿像陶靖节、杜甫（某一部分田园写景）、苏东坡、辛稼轩（也是田园曲与牧歌式的词）。但我还捉摸不到真正维也纳派的所谓repose［宁静］，不知你的体会是怎么回事？

近代有名的悲剧演员可分两派：一派是浑身投入，忘其所以，观众好像看到真正的剧中人在面前歌哭；情绪的激动，呼吸的起伏，竟会把人在火热的浪潮中卷走，Sarah Bernhardt［莎拉·伯恩哈特］即是此派代表（巴黎有她的纪念剧院）。一派刻画人物惟妙惟肖，也有大起大落的激情，同时又处处有一个恰如其分的节度，从来不流于"狂易"之境。心理学家说这等演员似乎有双重人格：既是演员，同时又是观众。演员使他与剧中人物合一，观众使他一切演技不会过火（即是能入能出的那句老话）。因为他随时随地站在圈子以外冷眼观察自己，故即使到了猛烈的高潮峰顶仍然能控制自己。以艺术而论，我想第二种演员应当是更高级。观众除了与剧中人发生共鸣，亲身经受强烈的情感以外，还感到理性节制的伟大，人不被自己情欲完全支配的伟大。这伟大也就是一种美。感情的美近于火焰的美、浪涛的美、疾风暴雨之美，或是风和日暖、鸟语花香的美；理性的美却近于钻石的闪光、星星的闪光，近于雕刻精工的美、完满无疵的美，也就是智慧之美！情感与理性平衡所以最美，因为是最上乘的人生哲学、生活艺术。

记得好多年前我已与你谈起这一类话。现在经过千百次实际登台的阅历，大概更能体会到上述的分析可应用于音乐了吧？去冬你岳父来信说，你弹两支莫扎特协奏曲，能把强烈的感情纳入古典的形式之内，他意思即是指感情与理性的平衡。

但你还年轻，出台太多，往往体力不济，或技巧不够放松，难免临场紧张，或是情不由己，be carried away［难以自抑］。并且你整个品性的涵养也还没到此地步。不过早晚你会在这方面成功的，尤其技巧有了大改进以后。

············

一九六一年八月十九日

近几年来，常常想到人在大千世界、星云世界中多么微不足道，因此更感到人自命为万物之灵实在狂妄可笑。但一切外界的事物仍不断对我发生强烈的作用，引起强烈的反应和波动，忧时忧国不能自己；另一时期又觉得转眼之间即可撒手而去，一切于我何有哉！这一类矛盾的心情几乎经常控制了我——主观上并无出世之意，事实上常常浮起虚无幻灭之感。个人对一切感觉都敏锐、强烈，而常常又自笑愚妄。不知这是现代中国知识分子的共同苦闷，还是我特殊的气质使然。即使想到你，有些安慰，却也立刻会想到随时有离开你们的可能，你的将来，你的发展，我永远看不见的了，你十年二十年后的情形，对于我将永远是个谜。正如世界上的一切、人生的一切，到我脱离尘世之时都将成为一个谜——个人消灭了，茫茫宇宙照样进行，个人算得什么呢！

一九六一年八月三十一日夜

亲爱的孩子：八月二十四日接十八日信，高兴万分。你最近的学习心得引起我许多感想。杰老师的话真是至理名言，我深有同感。会学的人举一反三，稍经点拨，即能跃进。不会学的不用说闻一以知十，连闻一以知一都不容易办到，甚至还要缠夹，误入歧途，临了反抱怨老师指引错了。所谓会学，条件很多，除了悟性高以外，还要足够的人生经验。……现代青年头脑太单纯，说他纯洁固然不错，无奈遇到现实，纯洁没法作为斗争的武器，倒反因天真幼稚而多走不必要的弯路。玩世不恭、cynical［愤世嫉俗］的态度当然为我们所排斥，但不懂得什么叫作 cynical 也反映入世太浅，眼睛只会朝一个方向看。周总理最近批评我们的教育，使青年只看见现实世界中没有的理想人物，将来到社会上去一定感到失望与苦闷。胸襟眼界狭小的人，即使老辈告诉他许多旧社会的风俗人情，也几乎会骇而却走。他们既不懂得人是从历史上发展出来的，经过几千年上万年的演变过程才有今日的所谓文明人，所谓社会主义制度下的人，一切也就免不了管中窥豹之弊。这种人倘使学文学艺术，要求体会比较复杂的感情，光暗交错、善恶并列的现实人生，就难之又难了。要他们从理论到实践、从抽象到具体，样样结合起来，也极不容易。但若不能在理论→实践、实践→理论，具体→抽象、抽象→具体中不断来回，任何学问都难以入门。

以上是综合的感想。现在谈谈你最近学习所引起的特殊问题。

据来信，似乎你说的relax［放松］不是五六年以前谈的纯粹技巧上的relax，而主要是精神、感情、情绪、思想上的一种安详、闲适、淡泊、超逸的意境，即使牵涉技术，也是表现上述意境的一种相应的手法，音色与tempo rubato［弹性速度］等等。假如我这样体会你的意思并不错，那我就觉得你过去并非完全不能表达relax的境界，只是你没有认识到某些作品、某些作家确有那种relax的精神。一年多以来，英国批评家有些说你的贝多芬（当然指后期的奏鸣曲）缺少那种Viennese repose［维也纳式闲适］，恐怕即是指某种特殊的安闲、恬淡、宁静之境，贝多芬在早年、中年剧烈挣扎与苦斗之后，到晚年达到的一个peaceful mind［平和的心境］，也就是一种特殊的serenity［安详］（是一种resignation［隐忍顺从］产生的serenity）。但精神上的清明恬静之境也因人而异，贝多芬的清明恬静既不同于莫扎特的，也不同于舒伯特的。稍一混淆，在水平较高的批评家、音乐家以及听众耳中，就会感到气息不对、风格不合、口吻不真。我是用这种看法来说明你为何在弹斯卡拉蒂和莫扎特时能完全relax，而遇到贝多芬与舒伯特就成问题。另外两点，你自己已分析得很清楚：一是看到太多的drama［跌宕起伏，戏剧成分］，把主观的情感加诸原作；二是你的个性与气质使你不容易relax，除非遇到斯卡拉蒂与莫扎特，只有轻灵、松动、活泼、幽默、妩媚、温婉而没法找出一点儿借口可以装进你自己的drama［激越情感］。因为莫扎特的drama［感情气质］不是十九世纪的drama［气质］，不是英雄式的斗争、波涛汹涌的感情激动、如醉若狂的fanaticism〔激情〕；你身上所有的近代人的drama〔激越，激烈〕气息绝对应用不到莫扎特作品中去；反之，那种十八世纪式的flirting〔风情〕和诙谐、俏皮、讥讽等等，你倒也很能体会，所以能把莫扎特表达得恰如其分。还有一个原因，凡作品整体都是relax的，在你不难掌握；其中有激烈的波动又有苍茫惆怅的那种relax的作品，如肖邦，因为与你气味相投，故成绩也较有把握。但若既有激情又有隐忍、恬淡如贝多芬晚年之作，你即不免抓握不准。你目前的发展阶段，已经到了理性的控制力相当强，手指神经很驯服地能听从头脑的指挥，故一朝悟出了关键所在的作品精神，领会到某个作家的relax该是何种境界、何种情调时，即不难在短时期内改变面目，而技巧也跟着适应要求，像你所说"有些东西一下子显得容易了"。旧习未除，亦非短期所能根绝，你也分析得很彻底：悟是一回事，养成新习惯来体现你的"悟"是另一回事。

以色列—伊斯坦布尔—雅典的演出能延迟到明年六月，倒是大好事，你在访美以前正可把新收获加以"巩固"。

最后你提到你与我气质相同的问题，确是非常中肯。你我秉性都过敏，容易紧张。而且凡是热情的人多半流于执着，有fanatic〔狂热〕倾向。你的观察与分析一点儿不错。我也常说应该学学周伯伯那种潇洒、超脱、随意游戏的艺术风格，冲淡一下太多的主观与肯定，所谓positivism〔自信〕。无奈向往是一事，能否做到是另一事。有时个性竟是顽强到底，什么都拗它不过。幸而你还年轻，不像我业已定型；也许随着阅历与修养，加上你在音乐中的熏陶，早晚能获致一个既有热情又能冷静、能入能出的境界。总之，今年你请教 Kobos［卡波斯］太太后，所有的进步是我与杰老师久已期待的；我早料到你并不需要到四十左右才悟到某些淡泊、朴素、闲适之美——像去年四月《泰晤士报》评论你两次肖邦音乐会所说的。附带又想起批评界常说你追求细节太过，我相信事实确是如此，你专追一门的劲儿也是 fanatic［狂热］得厉害，比我还要执着。或许近两个月以来，在这方面你也有所改变了吧？注意局部而忽视整体，雕琢细节而动摇大的轮廓固谈不上艺术；即使不妨碍完整，雕琢也要无斧凿痕，明明是人工，听来却宛如天成，才算得艺术之上乘。这些常识你早已知道，问题在于某一时期目光太集中在某一方面，以致耳不聪、目不明，或如孟子所说"明足以察秋毫之末，而不见舆薪"。一旦醒悟，回头一看，自己就会大吃一惊，正如五五年时你何等欣赏米凯兰杰利[1]，最近却弄不明白当年为何如此着迷。

　　说到此，不能不希望你明春访澳归来以后，从速请教内行挑选一架胶带录音机，不一定要 stereo［立体声］的，只要上等质地，控制方便就行。未买之前，已买之后，都得请人教导如何收录自己在家的演奏。（此点十分重要！）此是钢琴家和一切演奏家的镜子，不可或缺！

---

[1]　意大利钢琴大师。

一九六二年十月二十日

亲爱的孩子：十四日信发出后第二天即接瑞典来信，看了又高兴又激动，本想即复，因日常工作不便打断，延到今天方始提笔。这一回你答复了许多问题，尤其对舒曼的表达解除了我们的疑团。我既没亲耳听你演奏，即使听了也够不上判别是非好坏，只有从评论上略窥一二；评论正确与否完全不知道，便是怀疑人家说的不可靠，也没有别的方法得到真实报道。可见我不是把评论太当真，而是无法可想。现在听你自己分析，当然一切都弄明白了。以后还是跟我们多谈谈这一类的问题，让我们经常对你的艺术有所了解。

文章千古事，得失寸心知。哪一门艺术不如此！真懂是非、识得美丑的，普天之下能有几个？你对艺术上的客观真理很执着，对自己的成绩也能冷静检查，批评精神很强，我早已放心你不会误入歧途；可是单知道这些原则并不能了解你对个别作品的表达，我要多多探听这方面的情形：一方面是关切你，一方面也是关切整个音乐艺术，渴欲知道外面的趋向与潮流。

你常常梦见回来，我和你妈妈也常常有这种梦。除了骨肉的感情，跟乡土的千丝万缕割不断的关系，纯粹出于人类的本能之外，还有一点是真正的知识分子所独有的，就是对祖国文化的热爱。不单是风俗习惯、文学艺术，使我们离不开祖国，便是对大大小小的事情的看法和反应，也随时使身处异乡的人有孤独寂寞之感。但愿早晚能看到你在我们身边！你心情的复杂矛盾，我敢说都体会到，可是一时也无法帮你解决。原则和具体的矛盾，理想和实际的矛盾，生活环境和艺术前途的矛盾，东方人和西方人根本气质的矛盾，还有我们自己内心的许许多多矛盾……如何统一起来呢？何况旧矛盾解决了，又有新矛盾，循环不已，短短一生就在这过程中消磨！幸而你我都有工作寄托，工作上的无数的小矛盾，往往把人生中的大矛盾暂时遮盖了，使我们还有喘息的机会。至于"认真"受人尊重或被人讪笑的问题，事实上并不像你说的那么简单。一切要靠资历与工作成绩的积累。即使在你认为更合理的社会中，认真而受到重视的实例也很少；反之在乌烟瘴气的场合，正义与真理得胜的事情也未始没有。你该记得五六至五七年间毛主席说过党员若欲坚持真理，必须准备经受折磨等等的话，可见他把事情看得多透彻、多深刻。再回想一下罗曼·罗兰写的《名人传》和《约翰·克利斯朵夫》，执着真理一方面要看客观的环境，一方面更在于主观的斗争精神。客观环境较好，个人为斗争付出的代价就比较小，并非完全不要付代价。以我而论，侥幸的是青壮年时代还在五四运动的精神没有消亡，而另一股更进步的力量正在兴起的时期，并且我国解放前的文艺界和出版界还没有被资本主义腐蚀到不可救药的地步。反过来，一百三十年前的法国文坛、报界、出版界，早已腐败得出于我们的意想；但法国学术至今尚未完全死亡，至今还有一些认真严肃的学者在钻研——这岂不证明便是在恶劣的形势之下，有骨头、有勇气、能坚持的人，仍旧能撑持下来吗？

    …………

一九六二年十二月三十日

亲爱的孩子：在德国写在巴黎寄的信，收到已有半月，因不知你有没有去巴伐利亚度假，又不知那边的地址，故迟至今日方始动笔。

············

来信提到音乐批评，看了很感慨。一个人只能求一个问心无愧。世界大局，文化趋势，都很不妙。看到一些所谓抽象派的绘画、雕塑的图片，简直可怕。我认为这种"艺术家"大概可以分为两种：一种是极少数的病态的人，真正以为自己在创造一种反映时代的新艺术，以为抽象也是现实；一种——绝大多数，则完全利用少数腐烂的资产阶级为时髦的snobbish［附庸风雅］，卖野人头[1]，欺哄人，当作生意经。总而言之，是二十世纪愈来愈没落的病象。另一方面，不学无术的批评界也泯灭了良心，甘心做资产阶级的清客，真是无耻之尤。

············

一九六三年三月十七日

聪，亲爱的孩子：两个多月没给你提笔了，知道你行踪无定，东奔西走，我们的信未必收到，收到也无心细看。去纽约途中以及在新墨西哥发的信均先后接读；你那股理想主义的热

---

[1] 虚张声势以吓人或骗人。

情着实可惊，相形之下，我真是老朽了。一年来心如死水，只有对自己的工作还是一个劲儿死干；对文学艺术的热爱并未稍减，只是常有一种"废然而返""怅然若失"的心情。也许是中国人气质太重，尤其是所谓"洒脱"与"超然物外"的消极精神影响了我，也许是童年的阴影与家庭历史的惨痛经验无形中在我心坎里扎了根，年纪越大越容易人格分化，好像不时会置身于另外一个星球来看尘世，也好像自己随时随地会失去知觉，化为物质的元素。天文与地质的宇宙观常常盘踞在我脑子里，像伏尔泰某些短篇所写的那种境界，使我对现实多多少少带着detached［超然］的态度。可是在工作上、日常生活上，斤斤计较的认真还是老样子，正好和上述的心情相反——可以说人格分化；说不定习惯成了天性，而自己的天性又本来和我理智冲突。intellectually［理智上］我是纯粹东方人，emotionally & instinctively［感情和天性上］又是极像西方人。其实也仍然是我们固有的两种人生观：一种是四大皆空的看法，一种是知其不可为而为之的精神。或许人从青少年到壮年到老年，基本上就是从积极到消极的一个过程，只是有的人表现得明显一些，有的人不明显一些。自然界的生物也逃不出这个规律。你将近三十，正是年富力强的时候，好比暮春时节，自应蓬蓬勃勃往发荣滋长的路上趱奔。最近两信的乐观与积极气息，多少也给我一些刺激，接信当天着实兴奋了一下。你的中国人的自豪感使我为你自豪，你善于赏识别的民族与广大人民的优点使我感到宽慰。唯有民族自豪与赏识别人两者结合起来，才不致沦为狭窄的沙文主义，在个人也不致陷于自大狂、自溺狂；而且这是爱国主义与国际主义真正的交融。……

…………

一九六三年四月二十六日

亲爱的孩子：刚从扬州回来，见到弥拉的信。她的病似乎是肋炎症，要非常小心治疗，特别是彻底休息；万一肋膜内有了水就很麻烦；痊愈后也要大伤元气。我们为之都很担心。你在外跑了近两月，疲劳过度，也该安排一下，到乡间去住个三五天。几年来为这件事我不知和你说过多少回，你总不肯接受我们的意见。人生是多方面的，艺术也得从多方面培养，劳逸调剂得恰当，对艺术只有好处。三天不弹琴，绝不损害你的技术；你应该有这点儿自信。况且所谓relax［放松］也不能仅仅在technique［技巧］上求，也不能单独地、抽象地追求心情的relax。长年不离琴绝不可能有真正的relax；唯有经常与大自然亲接，放下一切，才能有relax的心情。有了这心情，艺术上的relax可求而自得。我也犯了过于紧张的毛病，可是近两年来总还春秋两季抽空出门几天。回来后精神的确感到新鲜，工作效率反而可以提高。Kabos［卡波斯］太太批评你不能竭尽可能地relax，我认为基本原因就在于生活太紧张。平时老是提足精神，能张不能弛！你又很固执，多少爱你的人连弥拉和我们在内都没法说服你每年抽空出去一下，至少自己放三五天假。

这是我们常常想起了要喟然长叹的，觉得你始终不体谅我们爱护你的热忱，尤其我们，你岳父、弥拉都是深切领会艺术的人，劝你休息的话绝不会妨碍你的艺术！

你太片面强调艺术，对艺术也是危险的——你要不听从我们的忠告，三五年、七八年之后定会后悔。孩子，你就是不够wise［明智］，还有，弥拉身体并不十分强壮，你也得为她着想，不能把人生百分之百地献给艺术。勃隆斯丹太太也没有为了艺术疏忽了家庭。你能一年往外散心一两次，哪怕每次三天，对弥拉也有好处，对艺术也没有害处，为什么你不肯试验一下看看结果呢？

扬州是五代六朝隋唐以来的古城，可惜屡经战祸，甲于天下的园林大半荡然，可是最近也修复了一部分。瘦西湖风景大有江南境界。我们玩了五天，半休息半游玩，住的是招待所，一切供应都很好。慢慢寄照片给你。

••••••••••••

第三编

唯有艺术和学问
从来不辜负人

一九五四年七月二十七日深夜

聪：莫斯科的信昨天收到。我们寄波兰的航空信，不知一共要多少日子，下次来信望提一提。近来我忙得不可开交，又恢复了十小时以上的工作。这封信预算也要分几次写成。晚上睡觉不好，十二点多上床，总要一小时以后才入睡。原因是临睡前用脑过度，一时停不下来。

你车上的信写得很有趣，可见只要有实情、实事，不会写不好信。你说到李、杜的分别，的确如此。写实正如其他的宗派一样，有长处也有短处。短处就是雕琢太甚，缺少天然和灵动的韵致。但杜也有极浑成的诗，例如"风急天高猿啸哀，渚清沙白鸟飞回。无边落木萧萧下，不尽长江滚滚来……"那首，胸襟意境都与李白相仿佛。还有《梦李白》《天末怀李白》几首，也是缠绵悱恻，至情至性，非常动人的。但比起苏、李的离别诗来，似乎还缺少一些浑厚古朴。这是时代使然，无法可想的。

汉魏人的胸怀比较更近原始，味道浓，苍茫一片，千古之下，犹令人缅想不已。杜甫有许多田园诗，虽然受渊明影响，但比较之下，似乎也"隔"（王国维语）了一层。回过来说：写实可学，浪漫不可学；故杜可学，李不可学；国人谈诗的尊杜的多于尊李的，也是这个缘故。而且究竟像太白那样的天纵之才不多，共鸣的人也少。所谓曲高和寡也。同时，积雪的高峰也令人有"琼楼玉宇，高处不胜寒"之感，平常人也不敢随便瞻仰。

词人中苏、辛确是宋代两大家，也是我最喜欢的。苏的词颇有些咏田园的，那就比杜的田园诗洒脱自然了。此外，欧阳永叔的温厚蕴藉也极可喜。五代的冯延巳也极多佳句，但因人品关系，我不免对他有些成见。

⋯⋯⋯⋯⋯

⋯⋯在外倘有任何精神苦闷，也切勿隐瞒，别怕受埋怨。一个人有大二十几岁的人代出主意，绝不会坏事。你务必信任我，也不要怕我说话太严，我平时对老朋友讲话也无顾忌，那是你素知的。并且有些心理波动或是郁闷，写了出来等于有了发泄，自己可痛快些，或许还可免做许多傻事。孩子，我真恨不得天天在你身边，做个监护的好天使，随时勉励你、安慰你、劝告你，帮你铺平将来的路，准备将来的学业和人格⋯⋯

一九五四年七月二十八日午夜

上星期我替敏、恩德讲《长恨歌》与《琵琶行》，觉得大有妙处。白居易对音节与情绪的关系悟得很深，凡是转到伤感的地方，必定改用仄声韵。《琵琶行》中"大弦嘈嘈""小弦切切"一段，好比 staccato［断音］，像琵琶的声音极切；而"此时无声胜有声"的几句，等于一个长的 pause［休止］。"银瓶乍破水浆迸"两句，又是突然的 attack［起音］，声势雄壮。至于《长恨歌》，那气息的超脱，写情的不落凡俗，处处不脱帝皇的 nobleness［雍容气派］，更是千古奇笔。看的时候可以有几种不同的方法：一是分出段落看叙事的起伏转折；二是看情绪的忽悲忽喜，忽而沉潜，忽而飘逸；三是体会全诗音节与韵的变化。再从总的方面看，把悲剧送到仙界上去，更显得那段罗曼史的奇丽清新，而仍富于人间味（如太真对道士说的一番话）。还有白居易写动作的手腕也是了不起："侍儿扶起娇无力""君王掩面救不得""九华帐里梦魂惊"几段，都是何等生动！"九重城阙烟尘生，千乘万骑西南行"，写帝王逃难自有帝王的气概。"翠华摇摇行复止"，又是多鲜明的图画！最后还有一点妙处：全诗写得如此婉转细腻，却仍不失其雍容华贵，没有半点纤巧之病（细腻与纤巧大不同）！明明是悲剧，而写得不过分的哭哭啼啼，多么中庸有度，这是浪漫兼有古典美的绝妙典型。

　　时间已经很晚，为让你早收到起见，明天先寄此信。我们都引颈而望，只等着你详尽的报告！尤其关于学琴的问题，写得越多越好。

　　再见了，孩子，一切珍重！

一九五四年十月二十二日晨

昨天尚宗[1]打电话来，约我们到他家去看作品，给他提些意见。话说得相当那个，不好意思拒绝。下午三时，便同你妈妈一起去了。他最近参加华东美展落选的油画《洛神》，和以前画佛像、观音等等是一类东西。面部既没有庄严沉静的表情（《观音》），也没有出尘绝俗的世外之态（《洛神》），而色彩又是既不强烈鲜明，也不深沉含蓄。显得作者的思想只是一些莫名其妙的烟雾，作者的情绪只是混混沌沌的一片无名东西。我问："你是否有宗教情绪，有佛教思想？"他说："我只喜欢富丽的色彩，至于宗教的精神，我也曾从佛教画中追寻他们的天堂等等的观念。"我说："他们是先有了佛教思想、佛教情绪，然后求那种色彩来表达他们那种思想与情绪的。你现在却是倒过来。而且你追求的只是色彩，而你的色彩又没有感情的根源。受外来美术的影响是免不了的，但必须与一个人的思想感情结合。否则徒袭形貌，只是做别人的奴隶。佛教画不是不可画，而是要先有强烈、真诚的佛教感情，有佛教人生观与宇宙观。或者是自己有一套人生观宇宙观，觉得佛教美术的构图与色彩恰好表出自己的观念情绪，借用人家的外形，这当然可以。倘若单从形与色方面去追求，未免舍本逐末，犯了形式主义的大毛病。何况即以现代欧洲画派而论，纯粹感官派的作品是有极强烈的刺激感官的力量的。自己没有强烈的感情，如何

---

[1] 即胡尚宗，系傅雷二十世纪三十年代在上海美术专科学校任教时的学生。

教看的人被你的作品引起强烈的感情？自己胸中的境界倘若不美，人家看了你的作品怎么会觉得美？你自以为追求富丽，结果画面上根本没有富丽，只有俗气乡气；岂不说明你的情绪就是俗气乡气？（当时我措辞没有如此露骨。）唯其如此，你虽犯了形式主义的毛病，连形式主义的效果也丝毫产生不出来。"

我又说："神话题材并非不能画，但第一，跟现在的环境距离太远；第二，跟现在的年龄与学习阶段也距离太远。没有认清现实而先钻到神话中去，等于少年人醇酒妇人的自我麻醉，对前途是很危险的。学西洋画的人第一步要训练技巧，要多看外国作品，其次要把外国作品忘得干干净净——这是一件很艰苦的工作——同时再追求自己的民族精神与自己的个性。"

以尚宗的根基来说，至少再要在人体花五年十年工夫才能画理想的题材，而那时是否能成功，还要看他才具而定。后来又谈了许多整个中国绘画的将来问题，不再细述了。总之，我很感慨，学艺术的人完全没有准确的指导。解放以前，上海、杭州、北京三个美术学校的教学各有特殊缺点，一个都没有把艺术教育用心想过、研究过。解放以后，成天闹思想改造，而没有击中思想问题的要害。许多有关根本的技术训练与思想启发，政治以外的思想启发，不要说没人提过，恐怕脑中连影子也没有人有过。

学画的人事实上比你们学音乐的人，在此时此地的环境中更苦闷。先是你们有唱片可听，他们只有些印刷品可看；印刷品与原作的差别，和唱片与原演奏的差别，相去不可以道里计。

其次，你们是讲解西洋人的著作（以演奏家论），他们是创造中国民族的艺术。你们即使弄作曲，因为音乐在中国是处女地，故可以自由发展；不比绘画有一千多年的传统压在青年们精神上，缚手缚脚。你们不管怎样无好先生指导，至少从小起有科学方法的训练，每天数小时的指法练习给你们打根基；他们画素描先在时间上远不如你们的长，顶用功的学生也不过画一二年基本素描，其次也没有科学方法帮助。出了美术院就得"创作"，不创作就谈不到有表现；而创作是新中国成立以来整个文艺界，连中欧各国在内，都没法找出路。（心理状态与情绪尚未成熟，还没到瓜熟蒂落、能自然而然找到适当的形象表现。）

从胡尚宗家回来，就看到你的信与照片，今晨又收到大照片二张。

你的比赛问题固然是重负，但无论如何要做一番思想准备。只要尽量以得失置之度外，就能心平气和，精神肉体完全放松，只有如此才能希望有好成绩。这种修养趁现在做起还来得及，倘若能常常想到"文章千古事，得失寸心知"的名句，你一定会精神上放松得多。唯如此才能避免过度的劳顿与疲乏的感觉。最磨折人的不是脑力劳动，也不是体力劳动（那种疲乏很容易消除，休息一下就能恢复精力），而是操心（worry）！孩子，千万听我的话。

下功夫叫自己心理上松动，包管你有好成绩。紧张对什么事都有弊无利。从现在起，到比赛，还有三个多月，只要凭"愚公移山"的意志，存着"我尽我心"的观念；一紧张就马上叫自己宽弛，对付你的精神要像对付你的手与指一样，时时刻刻注意放松，我保证你明年会成功。这个心理卫生的功夫对你比练琴更重要，因为练琴的成绩以心理的状态为基础，为主要条件！你要我们少为你操心，也只有尽量叫你放松。这些话你听了一定赞成，也一定早想到的，但要紧的是实地做去，而且也要跟自己斗争；斗争的方式当然不是紧张，而是冲淡，而是多想想人生问题、宇宙问题，把个人看得渺小一些，那么自然会减少患得患失之心，结果身心反而舒泰，工作反而顺利！下次信来，希望你报告我们，在这方面努力的结果如何。

············

一九五四年十一月十七日午

聪：从十月二十一日接到你波兰第七信到现在，已有二十七天，算是隔得最长久的一次得不到你消息。所担心的是你身体怎样，无论如何忙，总不至于四星期不写信吧？你到波以后常常提到精神极度疲乏，除了工作的"时间"以外，更重要的恐怕还是工作时"消耗精力"的问题。倘使练琴时能多抑制情感，多着重于技巧，多用理智，我相信一定可以减少疲劳。比赛距今尚有三个多月，长时期的心理紧张与感情高昂，足以影响你的成绩；千万小心，自己警惕，尽量冷静为要！我十几年前译书，有时也一边译一边感情冲动得很，后来慢慢改好了。

因为天气太好了，忍不住到杭州去遛了三天，在黄宾翁家看了一整天他收藏的画，元、明、清都有。回沪后便格外忙碌，上星期日全天"加班"。除了自己工作以外，尚有朋友们托的事。例如最近西禾[1]译了一篇罗曼·罗兰写的童年回忆，拿来要我校阅。从头至尾花了大半日工夫，把五千字的译文用红笔画出问题；又花了三小时和他当面说明。他原来文字修养很好，但译的经验太少，根本体会不到原作的风格、节奏。原文中的短句子，和一个一个的形容词，都译成长句，拼在一起，那就走了样，失了原文的神韵。而且用字不恰当的地方，几乎每行都有。毛病就是他功夫用得不够，没吃足苦头绝不能有好成绩！

星期一（十五日）晚上到音乐院去听苏联钢琴专家（目前在上海教课）的个人演奏。节目如下……

……从头至尾呆板，诗意极少，没有细腻柔婉之美，也没有光芒四射的华彩，也没有大刀阔斧的豪气。他年纪不过三十岁，人看来温文尔雅，颇有学者风度，大概教书不会坏的。但他上课，不但第一次就要学生把曲子背出（比如今天他指定你弹三个曲子，三天后上课，就要把那三支全部背；否则他根本不给你上课），而且改正时不许看谱（当场把谱从琴上拿掉的），只许你一边背，一边改正。这种教授法，你认为怎样？——我觉得不合理。（一）背谱的快慢，人各不同，与音乐才具的高低无关；背不出即不上第一课，太机械化；（二）改正不许看谱，也大可商榷；因为这种改法不够发挥 intellectual［智力］的力量，

---

[1]　即陈西禾，傅雷挚友，著名电影编导、评论家。

134

学生必须在理智上认识错的原因与改正的道理，才谈得上"消化""吸收"。我很想听听你的意见。

⋯⋯⋯⋯⋯

至此为止，你练好了几支新的肖邦？从前的肖邦修改完满的又有几支？可否把曲名写给我看看？上课是否仍不定期？老师对你有新意见吗？他觉得你哪几点有了进步？pedal〔踏板〕是否改得差不多了？

孩子，你尽管忙，家信还是要多写，即使短短几行也可以；你不知父母常常在心里惦念，沉默久了，就要怕你身体是否健康；我这一星期就是精神很不安定，虽则忙着工作，肚里老是有个疙瘩；一定要收到了你的信，才"一块石头落地"！

练琴一定要节制感情，你既然自知责任重大，就应当竭力爱惜精神。好比一个参加世运的选手，比赛以前的几个月，一定要把身心的健康保护得非常好，才能有充沛的精力出场竞赛。俗语说"养兵千日"，"养"这个字极有道理。

你收发家信也要记账，平日可以查查，有多少天不写信了。最近你是十月十二日写的信，你自己可记得吗？多少对你的爱，对你的友谊，不知如何在笔底下传达给你！孩子，我精神上永远和你在一起！

一九五四年十一月二十三日夜

聪，亲爱的孩子：多少天的不安，好几夜三四点醒来睡不着觉，到今日才告一段落。你的第八信和第七信相隔整整一个月零三天。我常对你妈说："只要是孩子工作忙而没写信或者是信在路上丢了，倒也罢了，我只怕他用功过度，身体不舒服，或是病倒了。"谢天谢地！你果然是为了太忙而少写信。别笑我们，尤其别笑你爸爸这么容易着急。这不是我能够克制的。天性所在，有什么办法？以后若是太忙，只要寥寥几行也可以，让我们知道你平安就好了。等到稍空时，再写长信，谈谈一切音乐和艺术的问题。

你为了俄国钢琴家[1]兴奋得一晚睡不着觉，我们也常常为了些特殊的事而睡不着觉。神经锐敏的血统，都是一样的，所以我常常劝你尽量节制。那钢琴家是和你同一种气质的，有些话只能加增你的偏向。比如说每次练琴都要让整个人的感情激动。我承认在某些romantic[浪漫]性格，这是无可避免的；但"无可避免"并不一定就是艺术方面的理想；相反，有时反而是一个大累！为了艺术的修养，在heart[情感]过多的人还需要尽量自制。中国哲学的理想，佛教的理想，都是要能控制感情，而不是让感情控制。假如你能掀动听众的感情，使他们如醉如狂、哭笑无常，而你自己屹如泰山，像调度千军万马的大将军一样不动声色，那才是你最大的成功，才是到了艺术与人生的最高境界。你该记得贝多芬的故事，有一回他弹完了琴，看见听的人都流着泪，他哈哈大笑道："嘿！你们都是傻子。"艺术

---

[1]　指著名钢琴家李赫特。

是火，艺术家是不哭的。这当然不能一蹴即成，尤其是你，但不能不把这境界作为你终生努力的目标。罗曼·罗兰心目中的大艺术家，也是这一派。

关于这一点，最近几信我常与你提到，你认为怎样？

我前晌对恩德说："音乐主要是用你的脑子，把你朦朦胧胧的感情（对每一个乐曲、每一章、每一段的感情）分辨清楚，弄明白你的感觉究竟是怎么一回事；等到你弄明白了，你的境界十分明确了，然后你的technic［技巧］自会跟踪而来的。"你听听，这话不是和Richter［李赫特］说的一模一样吗？我很高兴，我从一般艺术上了解的音乐问题，居然与专门音乐家的了解并无分别。

技巧与音乐的宾主关系，你我都是早已肯定了的；本无须逢人请教，再在你我之间讨论不完，只因为你的技巧落后，存了一个自卑感，我连带也为你操心；再加近两年来国内为什么school［学院］、什么派别，闹得惶惶然无所适从，所以不知不觉对这个问题特别重视起来。现在我深信这是一个魔障，凡是一天到晚闹技巧的，就是艺术工匠而不是艺术家。一个人跳不出这一关，一辈子也休想梦见艺术！艺术是目的，技巧是手段：老是只注意手段的人，必然会忘了他的目的。甚至一切有名的virtuoso［演奏家］也犯的这个毛病，不过程度高一些而已。

你到处的音乐会，据我推想，大概是各地的音乐团体或是交响乐队来邀请的，因为十一月至明年四五月是欧洲各地的音乐节。你是个中国人，能在Chopin［肖邦］的故国弹好

Chopin，所以他们更想要你去表演。你说我猜得对不对？

昨晚陪你妈妈去看了昆剧，比从前差多了。好几出戏都被"戏改会"改得俗滥，带着绍兴戏的浅薄的感伤味儿和骗人眼目的花花绿绿的行头，还有是太卖弄技巧（武生）。陈西禾也大为感慨，说这个才是"纯技术观点"。其实这种古董只是音乐博物馆与戏剧博物馆里的东西，非但不能改，而且不需要改。它只能给后人做参考，本身已没有前途，改它干吗？改得好也没意思，何况是改得"点金成铁"！

…………

一九五四年十二月三十一日晚

亲爱的孩子：

…………

寄你的书里，《古诗源选》《唐五代宋词选》《元明散曲选》，前面都有序文，写得不坏；你可仔细看，而且要多看几遍；隔些日子温温，无形中可以增加文学史及文学体裁的学识，和外国朋友谈天，也多些材料。谈词、谈曲的序文中都提到中国固有音乐在隋唐时已衰散，宫廷盛行外来音乐；故真正古乐府（指魏晋两汉的）如何唱法在唐时已不可知。这一点不但是历史知识，而且与我们将来创作音乐也有关系。换句话说，非但现时不知唐宋人如何唱诗、唱词，即使知道了也不能说那便是中国本土的唱法。至于龙沐勋氏在序中说"唐宋人唱诗唱词,中间常加'泛音',这是不应该的"(大意如此);我认为正是相反,加泛音的唱才有音乐可言。后人把泛音填上实字,反而是音乐的大阻碍。昆曲之所以如此费力、做作,中国音乐被文字束缚到如此地步,都是因为古人太重文字,不大懂音乐;懂音乐的人又不是士大夫,士大夫视音乐为工匠之事,所以弄来弄去,发展不出。汉魏之时有《相和歌》,明明是duet[二重唱]的雏形,倘能照此路演进,必然早有polyphonic[复调]的音乐。不料《相和歌》词不久即失传,故非但无polyphony[复调音乐],连harmony[和声]也产生不出。真是太可惜了。

············

昨晚请唐云[1]来吃夜饭,看看古画,听他谈谈,颇学得一些知识。此人对艺术甚有见地,人亦高雅可喜,为时下国画中不可多得之才;可惜整天在美协办公、打杂,创作大受影响。艺术家与行政工作,总是不两立的。不多谈了,希望你多多养神,勿太疲劳!

一九五五年三月二十七日

聪:为你参考起见,我特意从一本专论莫扎特的书里译出一段给你。另外还有罗曼·罗兰论莫扎特的文字,来不及译。

---

[1] 我国著名画家。

不知你什么时候学莫扎特？肖邦在写作的taste［品味］方面，极注意而且极感染莫扎特的风格。刚弹完肖邦，接着研究莫扎特，我觉得精神血缘上比较相近。不妨和杰老师商量一下。你是否可在贝多芬第四弹好以后，接着上手莫扎特？等你快要动手时，先期来信，我再寄罗曼·罗兰的文字给你。

从我这次给你的译文中，我特别体会到，莫扎特的那种温柔妩媚，所以与浪漫派的温柔妩媚不同，就是在于他像天使一样的纯洁，毫无世俗的感伤或是靡靡的sweetness［甜蜜］。神明的温柔，当然与凡人的不同，就是达·芬奇与拉斐尔的圣母，那种妩媚的笑容绝非尘世间所有的。能够把握到什么叫作脱尽人间烟火的温馨甘美，什么叫作天真无邪的爱娇，没有一点儿拽心，没有一点儿情欲的骚乱，那么我想表达莫扎特可以“虽不中，不远矣”。你觉得如何？往往十四五岁到十六七岁的少年，特别适应莫扎特，也是因为他们童心没有受过沾染。

将来你预备弹什么近代作曲家，望早些安排，早些来信，我也可以供给材料。在精神气氛方面，我还有些地方能帮你忙。

我再要和你说一遍：平日来信多谈谈音乐问题。你必有许多感想和心得，还有老师和别的教授们的意见。这儿的小朋友们一个一个都在觉醒，苦于没材料。他们常来看我，和我谈天；我当然要尽量帮助他们，你身在国外，见闻既广，自己不断地在那里进步，定有不少东西可以告诉我们。同时一个人的思想是一边写一边谈出来的，借此可以刺激头脑的敏捷性，也可以训练写作的能力与速度。此外，也有一个道义的责任，使你要尽量地把国外的思潮向我们报道。一个人对人民的服务不一定要站在大会上演讲或是做什么惊天动地的大事业，随时随地，点点滴滴地把自己知道的、想到的告诉人家，无形中就是替国家播种、施肥、垦殖！孩子，你千万记住这些话，多多提笔！

…………

一九五五年十二月二十七日午

亲爱的孩子：

……片子一拿回来，我连午觉也没睡，就从头至尾听了一遍。

二十二日下午：自己听了一遍；傍晚：李翠贞先生来听一遍；二十三日傍晚：林医生夫妇及周朝桢先生来听；二十四日夜：名强、酉三、容生、柯子岐四人来听；二十五日晨：恩德来听；下午：雷伯伯来听，恩德又听一遍；二十六日夜：中共市委文艺领导吴强及周而复两先生来听了《协奏曲》。

你看，大家多兴奋，家里多热闹！今天傍晚必阿姨、张阿姨还要来听。因为家中没长工，客人多了忙不过来，只能让他们陆续来听。过几日还要约毛楚恩及陈伯庚。他们过去对你那么好，不能不让他们听听你的成绩。

《协奏曲》钢琴部分录音并不如你所说，连轻响都听不清；乐队部分很不好，好似蒙了一层，音不真，不清。钢琴loud

passage［强声片段］也不够分明。据懂技术的周朝桢先生说：这是录音关系，正式片也无法改进的了。

以音乐而论，我觉得你的《协奏曲》非常含蓄，绝无鲁宾斯坦那种感伤情调，你的情感都是内在的。第一乐章的技巧不尽完整，结尾部分似乎很显明地有些毛病，第二乐章细腻之极，touch［触键］是delicate［精致］之极。最后一章非常brilliant［辉煌］。《摇篮曲》比颁奖音乐会上的好得多，mood［情绪］也不同，更安静。《幻想曲》全部改变了：开头的引子，好极，沉着、庄严，贝多芬气息很重。中间那段slow［缓慢］的singing part［如歌片段］，以前你弹得很tragic［悲怆］的、很sad［伤感］的，现在是一种惆怅的情调。整个曲子像一座巍峨的建筑，给人以厚重、扎实、条理分明、波涛汹涌而意志很热的感觉。

李先生说，你的《协奏曲》，左手把rhythm［节奏］控制得稳极，rubato［音的长短顿挫］很多，但不是书上的，也不是人家教的，全是你心中流出来的。她说，从国外回来的人常说现在弹肖邦都没有rubato了，她觉得是不可能的；听了你的演奏，才证实她的怀疑并不错。问题不是没有rubato，而是怎样的一种rubato。

《玛祖卡》，我听了四遍以后才开始捉摸到一些，但还不是每支都能体会。我至此为止是能欣赏了Op.59，No.1［作品五十九之一］；Op.68，No.4［作品六十八之四］；Op.41，No.2［作品四十一之二］；Op.33，No.1［作品三十三之一］。Op.68，No.4的开头像是几句极凄怨的哀叹。Op.41，No.2中间一段，几次感情欲上不上，几次悲痛冒上来又压下去，到最后才大恸之下，痛哭出声。第一支最长的Op.56，No.3［作品五十六之三］，因为前后变化多，还来不及把握。阿敏却极喜欢，恩德也是的。她说这种曲子如何能学？我认为不懂什么叫作"tone colour"［音色］的人，一辈子也休想懂得一丝半毫，无怪几个小朋友听了无动于衷。colour sense［音色领悟力］也是天生的。孩子，你真怪，不知你哪儿来的这点悟性！斯拉夫民族的灵魂，居然你天生是具备的。斯克里亚宾的*Prélude*［《前奏曲》］既弹得好，《玛祖卡》当然不会不好。恩德说，这是因为中国民族性的博大，无所不包，所以什么别的民族的东西都能体会得深刻。*Notre-Temps No.2*［《我们的时代》第二号］好似太拖拖拉拉，节奏感不够。我们又找出鲁宾斯坦的片子来听了，觉得他大部分都是节奏强，你大部分是诗意浓；他的音色变化不及你的多。

············

一九五六年一月二十二日

亲爱的孩子：今日星期，花了六小时给你弄了一些关于肖邦与德彪西的材料。关于tempo rubatod［自由节奏拍子］的部分，你早已心领神会，不过看了这些文字更多一些引证罢了。他的piano method［钢琴手法］，似乎与你小时候从Paci［百器］那儿学的一套很像，恐怕是李斯特从Chopin［肖邦］那儿学来，传给学生，再传到Paci的。是否于你有帮助，不得而知。

前天早上听了电台放的 Rubinstein［鲁宾斯坦］弹的 *e Min. Concerto*［《e 小调协奏曲》］（当然是老灌音），觉得你的批评一点不错。他的 rubato［自由节奏］很不自然；第三乐章的两段（比较慢的，出现过两次，每次都有三四句，后又转到 minor［小调］的），更糟不可言。转 minor 的二小句也牵强生硬。第二乐章全无 singing［抒情流畅之感］。第一乐章纯是炫耀技巧。听了他的，才知道你弹的尽管 simple［简单］，music［音乐］却是非常丰富的。孩子，你真行！怪不得斯曼齐安卡前年冬天在克拉科夫就说："想不到这支 *Concerto*［《协奏曲》］会有这许多 music！"

今天寄你的文字中，提到肖邦的音乐有"非人世的"气息，想必你早体会到；所以太沉着不行，太轻灵而客观也不行。我觉得这一点近于李白，李白尽管飘飘欲仙，却不是德彪西那一派纯粹造型与讲气氛的。

时间局促，要赶邮班，不写了。祝快乐。

随时来信，报告学习情形。

一九五六年二月二十九日夜

亲爱的孩子：昨天整理你的信，又有些感想。

关于莫扎特的话，例如说他天真、可爱、清新等等，似乎很多人懂得；但弹起来还是没有那天真、可爱、清新的味儿。这道理，我觉得是"理性认识"与"感情深入"的分别。感性认识固然是初步印象，是大概的认识；理性认识是深入一步，了解到本质。但是艺术的领会，还不能以此为限。必须再深入进去，把理性所认识的，用心灵去体会，才能使原作者的悲欢喜怒化为你自己的悲欢喜怒，使原作者每一根神经的震颤都在你的神经上引起反响。否则即使道理说了一大堆，仍然是隔了一层。一般艺术家的偏于intellectual［理智］、偏于cold［冷静］，就因为他们停留在理性认识的阶段上。

比如你自己，过去你未尝不知道莫扎特的特色，但你对他并没发生真正的共鸣；感之不深，自然爱之不切了；爱之不切，弹出来当然也不够味儿；而越是不够味儿，越是引不起你的兴趣。如此循环下去，你对一个作曲家当然无从深入。

这一回可不然，你的确和莫扎特起了共鸣，你的脉搏跟他的脉搏一致了，你的心跳和他的同一节奏了；你活在他的身上，他也活在你身上；你自己与他的共同点被你找出来了、抓住了，所以你才会这样欣赏他、理解他。

由此得到一个结论：艺术不但不能限于感性认识，还不能限于理性认识，必须要进行第三步的感情深入。换言之，艺术家最需要的，除了理智以外，还有一个"爱"字！所谓赤子之心，不但指纯洁无邪，指清新，而且还指爱！法文里有句话叫作"伟大的心"，意思就是"爱"，这"伟大的心"几个字，真有意义。而且这个爱绝不是庸俗的、婆婆妈妈的感情，而是热烈的、真诚的、洁白的、高尚的、如火如荼的、忘我的爱。

从这个理论出发，许多人弹不好东西的原因都可以明白了。光有理性而没有感情，固然不能表达音乐：有了一般的感情而不是那种火热的同时又是高尚、精练的感情，还是要流于庸俗；所谓sentimental［伤感］，我觉得就是指的这种庸俗的感情。

一切伟大的艺术家（不论是作曲家，是文学家，是画家……）必然兼有独特的个性与普遍的人间性。我们只要能发掘自己心中的人间性，就找到了与艺术家沟通的桥梁。再若能细心揣摩，把他独特的个性也体味出来，那就能把一件艺术品整个儿了解了。当然不可能和原作者的理解与感受完全一样，了解的多少、深浅、广狭，还是大有出入；而我们自己的个性也在中间发生不小的作用。

大多数从事艺术的人，缺少真诚。因为不够真诚，一切都在嘴里随便说说，当作唬人的幌子，装自己的门面，实际只是拾人牙慧，并非真有所感。所以他们对作曲家绝不能深入体会，先是对自己就没有深入分析过。这个意思，克利斯朵夫（在第二册内）也好像说过的。

真诚是第一把艺术的钥匙。知之为知之，不知为不知。真诚的"不懂"，比不真诚的"懂"，还叫人好受些。最可厌的莫如自以为是，自作解人。有了真诚，才会有虚心，有了虚心，才肯丢开自己去了解别人，也才能放下虚伪的自尊心去了解自己。建筑在了解自己、了解别人上面的爱，才不是盲目的爱。

而真诚是需要长时期从小培养的。社会上，家庭里，太多的教训使我们不敢真诚，真诚是需要很大的勇气做后盾的。所以做艺术家先要学做人。艺术家一定要比别人更真诚、更敏感、更虚心、更勇敢、更坚忍，总而言之，要比任何人都less imperfect［更少不完美之处］！

好像世界上公认有个现象：一个音乐家（指演奏家）大多只能限于演奏某几个作曲家的作品。其实这种人只能称为演奏家而不是艺术家。因为他们的胸襟不够宽广，容受不了广大的艺术天地，接受不了变化无穷的形与色。假如一个人永远能开垦自己心中的园地，了解任何艺术品都不应该有问题的。

有件小事要和你谈谈。你写信封为什么老是这么不neat［干净］？日常琐事要做得neat，等于弹琴要讲究干净是一样的。我始终认为做人的作风应当是一致的，否则就是不调和；而从事艺术的人应当最恨不调和。我这回附上一小方纸，还比你用的信封小一些，照样能写得很宽绰。你能不能注意一下呢？以此类推，一切小事养成这种neat的习惯，对你的艺术无形中也有好处。因为无论如何细小不足道的事，都反映出一个人的意识与性情。修改小习惯，就等于修改自己的意识与性情。所谓学习，不一定限于书本或是某种技术；否则"随时随地都该学习"这句话，又怎么讲呢？我想你每次接到我的信，连寄书谱的大包，总该有个印象，觉得我的字都写得整整齐齐、清楚明白吧！

⋯⋯⋯⋯⋯⋯

想到勃隆斯丹三十岁以后才真喜欢classics［古典作品］，而你这时就开始浸入莫扎特，我更高兴。

再会吧，孩子，路上小心，一切保重！特别注意饮食、寒暖，出门演奏更要当心身体！

一九六〇年一月十日

孩子：看到国外对你的评论很高兴。你的好几个特点已获得一致的承认和赞许，例如你的tone［音质］、你的touch［触键］、你对细节的认真与对完美的追求、你的理解与风格，都已受到注意。有人说莫扎特《第27钢琴协奏曲》（K.595）第一乐章是healthy［健康］、extrovert allegro［外向快板］，似乎与你的看法不同，说那一乐章健康，当然没问题，说"外向"（extrovert）恐怕未必。另一批评认为你对K.595第三乐章的表达"His［他的］（指你）sensibility is more passive than creative［敏感性是被动的，而非创造的］"，与我对你的看法也不一样。还有人说你弹肖邦的 *Ballades*［《叙事曲》］和 *Scherzo*［《诙谐曲》］中某些快的段落太快了，以致妨碍了作品的明确性。这位批评家对你三月和十月的两次肖邦都有这个说法，不知实际情形如何？从节目单的乐曲说明和一般的评论看，好像英国人对莫扎特并无特别精到的见解，也许有这种学者或艺术家而并没写文章。

以三十年前的法国情况作比，英国的音乐空气要普遍得多。固然，普遍不一定就是水平高，但质究竟是从量开始的。法国一离开巴黎就显得闭塞，空无所有；不像英国许多二等城市还有许多文化艺术活动。不过这是从表面看；实际上群众的水平、反应如何，要问你实地接触的人了。望来信告知大概。——你在西欧住了一年，也跑了一年，对各国音乐界多少有些观感，我也想知道。便是演奏场子吧，也不妨略叙一叙。例如以音响效果出名的 Festival Hall［节日厅］，究竟有什么特点等等。

结合听众的要求和你自己的学习，以后你的节目打算向哪些方面发展？是不是觉得舒伯特和莫扎特目前都未受到应有的重视，加上你特别有心得，所以着重表演他们两个？你的普罗科菲耶夫和肖斯塔科维奇的奏鸣曲，都还没出过台，是否一般英国听众不大爱听现代作品？你早先练好的巴托克协奏曲是第几支？听说他的协奏曲以NO.3最时行。你练了贝多芬第一，是否还想练第三？——弹过勃拉姆斯的大作品后，你对浪漫派是否感觉有所改变？对舒曼和弗兰克是否又恢复了一些好感？——当然，终身从事音乐的人对那些大师可能一辈子翻来覆去要改变好多次态度；我这些问题只是想知道你现阶段的看法。

近来又随便看了些音乐书，有些文章写得很扎实、很客观。一个英国作家说到李斯特，有这么一段："我们不大肯相信，一个涂脂抹粉、带点儿俗气的姑娘，会跟一个朴实无华的、不漂亮的姊妹人品一样好；同样，我们也不容易承认李斯特的光华灿烂的钢琴奏鸣曲会跟舒曼或勃拉姆斯的棕色的和灰不溜秋的奏鸣曲一样精彩。"[1]接下去他断言那是英国人的清教徒气息作怪。他又说大家常弹的李斯特都是他早年的炫耀技巧的作品，给人一种条件反射，听见李斯特的名字就觉得俗不可耐；其实他的奏鸣曲是 pure gold［纯金］，而后期的作品有些更是严峻到

---

[1]　见 *Heritage of Music - 2nd Series*《音乐的遗产》第二集 P.196。

极点。——这些话我觉得颇有道理。一个作家很容易被流俗歪曲，被几十年以至上百年的偏见埋没。那部 *Heritage of Music*［《音乐的遗产》］我有三集，值得一读，论肖邦的一篇也不错，论比才的更精彩，执笔的 Martin Cooper［马丁·库珀］在二月九日《每日电讯》上写过批评你的文章。"集"中文字深浅不一，需要细看，多翻字典，注意句法。

有几个人评论你的演奏都提到你身体瘦弱。由此可见你自己该如何保养身体，充分休息。今年夏天务必抽出一个时期去过暑假！来信说不能减少演出的理由，我很懂的，但除非为了生活所迫，下一届订合同务必比这一届合理减少一些演出。要打天下也不能急，要往长里看。养精蓄锐，精神饱满地打决定性的仗比零碎仗更有效。何况你还得学习，补充节目，注意其他方面的修养；除此之外，还要有充分的休息！

你不依靠任何政治、经济背景，单凭艺术立足，这也是你对己、对人、对祖国的最起码而最主要的责任！当然极好，但望永远坚持下去！我相信你会坚持，不过考验你的日子还未来到。至此为止，你尚未遇到逆境。真要过了贫贱日子才真正显出"贫贱不能移"！居安思危，多多锻炼你的意志吧。

节目单等等随时寄来。法、比两国的评论有没有？你的 Steinway［斯坦威］是七尺的？九尺的？几星期来闹病闹得更忙，连日又是重伤风又是肠胃炎，无力多写了。诸事小心，珍重珍重！

一九六〇年八月五日

孩子：两次妈妈给你写信，我都未动笔，因为身体不好，精力不支。不病不头痛的时候本来就很少，只能抓紧时间做些工作；工作完了已筋疲力尽，无心再做旁的事。人老了当然要百病丛生，衰老只有早晚之别，绝无不来之理，你千万别为我担忧。我素来对生死看得极淡，只是鞠躬尽瘁，活一天做一天工作，到有一天死神来叫我放下笔杆的时候才休息。如是而已。弄艺术的人总不免有烦恼，尤其是旧知识分子处在这样一个大时代。你虽然年轻，但是从我这儿沾染的旧知识分子的缺点也着实不少。但你四五年来的来信，总说一投入工作就什么烦恼都忘了；能这样在工作中乐以忘忧，已经很不差了。我们二十四小时之内，除了吃饭、睡觉，总是工作的时间多，空闲的时间少；所以即使烦恼，时间也不会太久，你说是不是？不过劳逸也要调节得好：你弄音乐，神经与感情特别紧张，一年下来也该彻底休息一下。暑假里到乡下去住个十天八天，不但身心得益，便是对你的音乐感受也有好处。何况入国问禁、入境问俗，对他们的人情风俗也该体会观察。老关在伦敦，或者老是忙忙碌碌在各地奔走演出，一点儿不接触现实，并不相宜。见信后望立刻收拾行装，出去歇歇，即使三五天也是好的。

你近来专攻斯卡拉蒂，发现他的许多妙处，我并不奇怪。这是你喜欢亨德尔以后必然的结果。斯卡拉蒂的时代，文艺复兴在绘画与文学园地中的花朵已经开放完毕，开始转到音乐；

人的思想、感情正要求在另一种艺术中发泄，要求更直接刺激感官，比较更缥缈、更自由的一种艺术，就是音乐，来满足它们的需要。所以当时的音乐作品特别有朝气、特别清新，正如文艺复兴前期绘画中的波提切利。而且音乐规律还不像十八世纪末叶严格，有才能的作家容易发挥性灵。何况欧洲的音乐传统，在十七世纪时还非常薄弱，不像绘画与雕塑早在古希腊就有登峰造极的造诣（雕塑在公元前六至四世纪，绘画在公元前一世纪至公元后一世纪）。一片广大无边的处女地正有待于斯卡拉蒂及其以后的人去开垦。——写到这里，我想你应该常去大不列颠博物馆，那儿的艺术宝藏可说一辈子也享受不尽；为了你总的（全面的）艺术修养，你也该多多到那里去学习。

我因为病的时候多，只能多接触艺术，除了原有的旧画以外，无意中研究起碑帖来了：现在对中国书法的变迁源流，已弄出一些眉目，对中国整个艺术史也增加了一些体会；可惜没有精神与你细谈。提到书法，忽然想起你在四月号《音乐与音乐家》杂志上的签字式，把聪字写成"聰"。须知末一笔不能往下拖长，因为行书草书，"一"或"⺍"才代表"心"字，你只能写成"聰"或"聰"。末一笔可以流露一些笔锋的余波，例如"聰"或"聰"，但切不可余锋太多，变成往下拖的一只脚。望注意。

你以前对英国批评家的看法，太苛刻了些。好的批评家和好的演奏家一样难得，大多数只能是平平庸庸的"职业批评家"。但寄回的评论中有几篇的确写得很中肯。例如五月七日

Manchester Guardian［《曼彻斯特卫报》］上署名 J. H. Elliot［J. H. 埃利奥特］写的《从东方来的新的启示》（*New Light from the East*）说你并非完全接受西方音乐传统，而另有一种清新的前人所未有的观点。又说你离开西方传统的时候，总是以更好的东西去代替；而且即使是西方文化最严格的卫道者也不觉你的脱离西方传统有什么"乖张"、"荒诞"、炫耀新奇的地方。这是真正理解到了你的特点。你能用东方人的思想感情去表达西方音乐，而仍旧能为西方最严格的卫道者所接受，就表示你的确对西方音乐有了一些新的贡献。我为之很高兴。且不说这也是东风压倒西风的表现之一，并且正是中国艺术家对世界文化应尽的责任；唯有不同种族的艺术家，在不损害一种特殊艺术的完整性的条件之下，能灌输一部分新的血液进去，世界的文化才能愈来愈丰富，愈来愈完满，愈来愈光辉灿烂。希望你继续往这条路上前进！还有一月二日 *Hastings Observer*［《黑斯廷斯观察家报》］上署名 Allan Biggs［阿伦·比格斯］写的一篇评论，显出他是衷心受了感动而写的，全文没有空洞的赞美，处处都着着实实指出好在哪里。看来他是一位年纪很大的人了，因为他说在一生听到的上千钢琴家中，只有 Pachmann［帕赫曼］与 Moiseiwitsch［莫伊赛维奇］两个，有你那样的魅力。Pachmann 已经死了多少年了，而且他听到过"上千"钢琴家，准是个苍然老叟了。关于你唱片的专评也写得好。

要写得中文不洋化，只有多写。写的时候一定打草稿，细细改过。除此以外，并无别法。特别把可要可不要的字剔干净。

身在国外，靠艺术谋生而能不奔走于权贵之门，当然使我们安慰。我相信你一定会坚持下去。这点儿傲气也是中国艺术家最优美的传统之一，值得给西方做个榜样。可是别忘了一句老话：岁寒而后知松柏之后凋。你还没经过"岁寒"的考验，还得对自己提高警惕才好！一切珍重！千万珍重！

一九六〇年十二月二日

亲爱的孩子：因为闹关节炎，本来这回不想写信，让妈妈单独执笔；但接到你去维也纳途中的信，有些艺术问题非由我亲自谈不可，只能撑起来再写。知道你平日细看批评，觉得总能得到一些好处，真是太高兴了。有自信同时又能保持自我批评精神，的确如你所说，是一切艺术家必须具备的重要条件。你对批评界的总的看法，我完全同意；而且是古往今来真正的艺术家一致的意见。所谓"文章千古事，得失寸心知"，往往自己认为的缺陷，批评家并不能指出，他们指出的倒是反映批评家本人的理解不够或者纯属个人的好恶，或者是时下的风气和流俗的趣味。从巴尔扎克到罗曼·罗兰，都一再说过这一类的话。因为批评家也受他气质与修养的限制（单从好的方面看），艺术家胸中的境界没有完美表现出来时，批评家可能完全捉摸不到，而只感到与习惯的世界抵触；便是艺术家的理想真正完美地表现出来了，批评家囿于成见，也未必马上能发生共鸣。例如雨果早期的戏剧、比才的《卡门》、德彪西的《佩利亚斯与梅丽桑德》。

但即使批评家说得不完全对头，或竟完全不对头，也会有一言半语引起我们的反省，给我们一种 inspiration［灵感］，使我们发现真正的缺点，或者另外一个新的角落让我们去追求，再不然是使我们联想到一些小枝节可以补充、修正或改善。——这便是批评家之言不可尽信，亦不可忽视的辩证关系。

来信提到批评家听音乐听得太多而麻痹，确实体会到他们的苦处。同时，我也联想到演奏家太多沉浸在音乐中和过度的工作或许也有害处。追求完美的意识太强、太清楚了，会造成紧张与疲劳，反而妨害原有的成绩。你灌唱片特别紧张，就因为求全之心太切。所以我常常劝你劳逸要有恰当的安排，最要紧的是维持心理的健康和精神的平衡。一切做到问心无愧，成败置之度外，才能临场指挥若定、操纵自如。也切勿刻意求工，以免画蛇添足，丧失了 spontaneity［真趣］；理想的艺术总是如行云流水一般自然，即使是慷慨激昂也像夏日的疾风猛雨，好像是天地中必然有的也是势所必然的境界。一露出雕琢和斧凿的痕迹，就变为庸俗的工艺品，而不是出于肺腑、发自内心的艺术了。我觉得你在放松精神一点上还大有可为。不妨减少一些工作，增加一些深思默想，看看效果如何。别老说时间不够，首先要从日常生活的琐碎事情上——特别是梳洗穿衣等等，那是我几年来常嘱咐你的——节约时间,挤出时间来！要不工作，就痛快休息，切勿拖拖拉拉在日常猥琐之事上浪费光阴。不妨多到郊外森林中去散步，或者上博物馆欣赏名画，从造型艺术中去求恬静闲适。你实在太劳累了！这一段希望细细致致译给弥拉听，让她以后在这方面多帮助你，代我们督促你多休息！你知道我说的休息绝不是懒散，而是调节你的身心，尤其是神经，目的仍在于促进你的艺术，不过用的方法比一味苦干更合理、更科学而已！（我一向认为音乐家的神经比别的艺术家的更需要保护——这也是有科学与历史根据的。）

你的中文并不见得如何退步，你不必有自卑感。自卑感反会阻止你表达的流畅。Do take it easy!［放轻松！］主要是你目前的环境多半要你用外文来思想，也因为很少有机会用中文讨论文艺、思想等等问题。稍缓我当寄一些旧书给你，让你温习温习词汇和句法的变化。我译的旧作中，《嘉尔曼》和伏尔泰的文字洗练简洁，可供学习。新译不知何时印，印了当然马上寄。但我们纸张不足，对十九世纪的西方作品又经过批判与重新估价，故译作究竟哪时会发排，完全无法预料。

其实多读外文书（写得好的），也一样能加强表达思想的能力。我始终觉得一个人有了充实丰富的思想，不怕表达不出。Arthur Hedley［阿瑟·赫德利］写的 Chopin［《肖邦传》］（在 master musician［音乐大师］丛书内）内容甚好，文字也不太难。第十章提到 Chopin 的演奏，有些字句和一般人对你的评论很相近。

•••••••••••

一九六一年二月五日上午

亲爱的孩子：上月二十四日，宋家婆婆[1]突然病故，卧床不过五日，初时只寻常小恙，到最后十二小时才急转直下。人生脆弱一至于此！我和你妈妈为之四五天不能入睡，伤感难言。古人云秋冬之际，尤难为怀；人过中年也是到了秋冬之交，加以体弱多病，益有草木零落、兔死狐悲之感。但西方人年近八旬尚在孜孜矻矻、穷究学术，不知老之"已"至——究竟是民族年轻，生命力特别旺盛，不若数千年一脉相承之中华民族容易衰老欤？抑是我个人未老先衰，生意索然欤？想到你们年富力强、蓓蕾初放，艺术天地正是柳暗花明、窥得无穷妙境之时，私心艳羡，岂笔墨所能尽宣！

因你屡屡提及艺术方面的希腊精神（Hellenism），特意抄出丹纳《艺术哲学》中第四编"希腊雕塑"译稿六万余字，订成一本。原书虽有英译本，但其中神话、史迹、掌故太多，倘无详注，你读来不免一知半解；我译稿均另加笺注，对你方便不少。我每天抄录一段，前后将近一月方始抄完第四编。奈海关对寄外文稿检查甚严，送去十余日尚无音信，不知何时方能寄出，亦不知果能寄出否。思之怅怅。此书原系一九五七年"人文"向我特约，还是王任叔[2]来沪到我家当面说定，我在一九五八至一九五九年译完，已搁置一年八个月。目前纸张奇

---

[1] 我国早期现代戏剧家宋春舫的夫人，傅雷挚友宋奇的母亲。
[2] 著名作家，时任人民文学出版社社长。

紧，一时绝无付印之望。

在一切艺术中，音乐的流动性最为突出，一则是时间的艺术，二则是刺激感官与情绪最剧烈的艺术，故与个人的mood［情绪］关系特别密切。对乐曲的了解与感受，演奏者不但因时因地因当时情绪而异，即一曲开始之后，情绪仍在不断波动，临时对细节、层次、强弱、快慢、抑扬顿挫，仍可有无穷变化。听众对某一作品皆有一根据素所习惯与听熟的印象构成的"成见"，而听众情绪之波动，亦复与演奏者无异——听音乐当天之心情固对其音乐感受大有影响，即乐曲开始之后，亦仍随最初乐句所引起之反应而连续发生种种情绪。此种变化与演奏者之心情变化皆非事先所能预料，亦非临时能由意识控制。可见演奏者每次表现之有所出入，听众之印象每次不同，皆系自然之理。演奏家所以需要高度的客观控制，以尽量减少一时情绪的影响；听众之需要高度的冷静的领会；对批评家之言之不可不信亦不能尽信，都是从上面几点分析中引申出来的结论。——音乐既是时间的艺术，一句弹完，印象即难以复按；事后批评，其正确性大有问题；又因为是时间的艺术，故批评家固有之（对某一作品）成见，其正确性又大有问题。况执着旧事物、旧观念、旧印象，排斥新事物、新观念、新印象，原系一般心理，故演奏家与批评家之距离特别大。不若造型艺术，如绘画、雕塑、建筑，形体完全固定，作者自己可在不同时间、不同心情之下再三复按，观众与批评家亦可同样复按，重加审查，修正原有印象与过去见解。

按诸上述种种，似乎演奏与批评都无标准可言。但又并不如此。演奏家对某一作品演奏至数十上百次以后，无形中形成一比较固定的轮廓，大大地减少了流动性。听众对某一作品听了数十遍以后，也有一个比较稳定的印象。——尤其以唱片论，听了数十上百次必然会得出一个接近事实的结论。各种不同的心情经过数十次的中和、修正，各个极端相互抵消以后，对某一固定乐曲（既是唱片，则演奏是固定的了，不是每次不同的了，而且可以尽量复按复查）的感受与批评可以说有了平均的、比较客观的价值。个别的听众与批评家，当然仍有个别的心理上、精神上、气质上的因素，使其平均印象尚不能称为如何客观；但无数"个别的"听众与批评家的感受与印象，再经过相当时期的大交流（由于报章杂志的评论，平日交际场中的谈话，半学术性讨论争辩而形成的大交流）之后，就可得出一个average［平均］的总和。这个总印象、总意见，对某一演奏家的某一作品的成绩来说，大概是公平或近于公平的了。——这是我对群众与批评家的意见肯定其客观价值的看法，也是无意中与你妈妈谈话时谈出来的，不知你觉得怎样？——我经常与妈妈谈天说地，对人生、政治、艺术、各种问题发表各种感想，往往使我不知不觉中把自己的思想整理出一个小小的头绪来。单就这一点来说，你妈妈对我确是大有帮助，虽然不是出于她主动。——可见终身伴侣的相互帮助有许多完全是不知不觉的。相信你与弥拉之间一定也常有此感。

一九六一年二月六日上午

昨天敏自京回沪度寒假，马先生交其带来不少唱片借听。昨晚听了维瓦尔第的两支协奏曲，显然是斯卡拉蒂一类的风格，敏说"非常接近大自然"，倒也说得中肯。情调的愉快、开朗、活泼、轻松，风格之典雅、妩媚，意境之纯净、健康，气息之乐观、天真，和声的柔和、堂皇，甜而不俗，处处显出南国风光与意大利民族的特性，令我回想到罗马的天色之蓝、空气之清洌、阳光的灿烂，更进一步追怀二千年前希腊的风土人情，美丽的地中海与柔媚的山脉，以及当时又文明又自然、又典雅又朴素的风流文采，正如丹纳书中所描写的那些境界。——听了这种音乐不禁联想到亨德尔，他倒是北欧人而追求文艺复兴的理想的人，也是北欧人而憧憬南国的快乐气氛的作曲家。你说他humain［人情味］是不错的，因为他更本色，更多保留人的原有的性格，所以更健康。他有的是异教气息，不像巴赫被基督教精神束缚，常常匍匐在神的脚下呼号、忏悔，诚惶诚恐地祈求。基督教本是历史上某一特殊时代，地理上某一特殊民族，经济、政治某一特殊类型所综合产生的东西；时代变了，特殊的政治、经济状况也早已变了，民族也大不相同了，不幸旧文化——旧宗教遗留下来，始终统治着二千年来几乎所有的西方民族，造成了西方人至今为止的那种矛盾、畸形，与十九、二十世纪极不调和的精神状态，处处同文艺复兴以来的主要思潮抵触。在我们中国人眼中，基督教思想尤其显得病态。

一方面，文艺复兴以后的人是站起来了，到处肯定自己的独立，发展到十八世纪的百科全书派、十九世纪的自然科学进步以及政治经济方面的革命，显然人类的前途、进步、能力，都是无限的；同时却仍然奉一个无所不能、无所不在的神为主宰，好像人永远逃不出他的掌心，再加上原始罪恶与天堂地狱的恐怖与期望——使近代人的精神永远处于支离破碎、纠结复杂、矛盾百出的状态中。这个情形反映在文化的各个方面、学术的各个部门，使他们（西方人）格外心情复杂，难以理解。我总觉得从异教变到基督教，就是人从健康变到病态的主要表现与主要关键。——比起近代的西方人来，我们中华民族更接近古代的希腊人，因此更自然、更健康。我们的哲学、文学即使是悲观的部分也不是基督教式的一味投降，或者用现代语说，一味地"失败主义"；而是人类一般对生老病死、春花秋月的慨叹，如古乐府及我们全部诗词中提到人生如朝露一类的作品，或者是愤激与反抗的表现，如老子的《道德经》——就因为此，我们对西方艺术中最喜爱的还是希腊的雕塑、文艺复兴的绘画、十九世纪的风景画——总而言之是非宗教性、非说教类的作品。——猜想你近年来愈来愈喜欢莫扎特、斯卡拉蒂、亨德尔，大概也是由于中华民族的特殊气质。在精神发展的方向上，我认为你这条路线是正常的、健全的。——你的酷好舒伯特，恐怕也反映你爱好中国文艺中的某一类型。亲切、熨帖、温厚、惆怅、凄凉，而又对人生常带哲学意味极浓的深思默想；爱人生，恋念人生而又随时准备飘然远行，高蹈、洒脱、遗世独立、解脱一切等等的表现，岂不是我们汉晋六朝唐宋以来的文学中屡见不鲜的吗？而这些因素不是在舒伯特的作品中也具备的吗？——关于上述各点，我很想听听你的意见。而你我之间思想交流、精神默契未尝有丝毫间隔，也就象征你这个远方游子永远和产生你的民族、抚养你的祖国、灌溉你的文化血肉相连，息息相通。

一九六一年二月七日

从文艺复兴以来，各种古代文化、各种不同民族、各种不同的思想感情大接触之下，造成了近代人的极度复杂的头脑与心情；加上政治、经济和社会的急剧变化（如法国大革命、十九世纪的工业革命、封建社会与资本主义社会的交替等等），人的精神状态愈加充满了矛盾。这个矛盾中最尖锐的部分仍然是基督教思想与个人主义的自由独立与自我扩张的对立。凡是非基督徒的矛盾，仅仅反映经济方面的苦闷，其程度绝没有那么强烈。——在艺术上表现这种矛盾特别显著的，恐怕要算贝多芬了。以贝多芬与歌德做比较研究，大概更可证实我的假定。贝多芬乐曲中两个主题的对立，绝不仅仅从技术要求出发，而主要是反映他内心的双重性。否则，一切sonata form［奏鸣曲式］都以两个对立的motifs［主题］为基础，为何独独在贝多芬的作品中，两个不同的主题会从头至尾斗争得那么厉害、那么凶猛呢？他的两个主题，一个往往代表意志，代表力，或者说代

表一种自我扩张的个人主义（绝对不是自私自利的庸俗的个人主义或侵犯别人的自我扩张，想你不致误会）；另外一个往往代表犷野的暴力，或者说是命运，或者说是神，都无不可。虽则贝多芬本人决不同意把命运与神混为一谈，但客观分析起来，两者实在是一个东西。斗争的结果总是意志得胜、人得胜。但胜利并不持久，所以每写一个曲子就得重新挣扎一次、斗争一次。到晚年的四重奏中，斗争仍然不断发生，可是结论不是谁胜谁败，而是个人的隐忍与舍弃——这个境界在作者说来，可以美其名曰皈依，曰觉悟，曰解脱，其实是放弃斗争、放弃挣扎，以换取精神上的和平宁静，即所谓幸福，所谓极乐。挣扎了一辈子以后再放弃挣扎，当然比一开场就奴颜婢膝地屈服高明得多，也就是说"自我"的确已经大大地扩张了；同时却又证明"自我"不能无限制地扩张下去，而且最后承认"自我"仍然是渺小的，斗争的结果还是一场空，真正得到的只是一个觉悟，觉悟斗争之无益，不如与命运、与神，言归于好，求妥协。当然我把贝多芬的斗争说得简单化了一些，但大致并不错。此处不能做专题研究，有的地方只能笼统说说。——你以前信中屡次说到贝多芬最后的解脱仍是不彻底的，是否就是我以上说的那个意思呢？——我相信，要不是基督教思想统治了一千三四百年（从高卢人信奉基督教算起）的西方民族，现代欧洲人的精神状态绝不会复杂到这步田地，即使复杂，也将是另外一种性质。比如我们中华民族，尽管近半世纪以来也因为与西方文化接触之后而心情变得一天天复杂，尽管对人生的无常从古至今

163

感慨伤叹，但我们的内心矛盾，绝不能与宗教信仰与现代精神（自我扩张）的矛盾相扩张比。我们心目中的生死感慨，从无仰慕天堂的极其烦躁的期待与追求，也从无对永堕地狱的恐怖忧虑；所以我们的哀伤只是出于生物的本能，而不是由发热的头脑造出许多极乐与极可怖的幻象来一方面诱惑自己一方面威吓自己。同一苦闷，程度强弱之大有差别，健康与病态的分别，大概就取决于这个因素。

中华民族从古以来不追求自我扩张，从来不把人看作高于一切，在哲学、文艺方面的表现都反映出人在自然界中与万物占着一个比例较为恰当的地位，而非绝对统治万物、奴役万物的主宰。因此，我们的苦闷，基本上比西方人为少为小；因为苦闷的强弱原是随欲望与野心的大小而转移的。农业社会的人比工业社会的人享受差得多，因此欲望也小得多。况中国古代素来以不滞于物、不为物役为最主要的人生哲学。并非我们没有守财奴，但比起莫里哀与巴尔扎克笔下的守财奴与野心家来，就小巫见大巫了。中国民族多数是性情中正和平、淡泊、朴实，比西方人容易满足。——另一方面，佛教影响虽然很大，但天堂地狱之说只是佛教中的小乘（净土宗）的说法，专为知识较低的大众而设的。真正的佛教教理并不相信真有天堂地狱，而是从理智上求觉悟、求超度；觉悟是悟人世的虚幻，超度是超脱痛苦与烦恼。尽管是出世思想，却不予人以热烈追求幸福的鼓动，或急于逃避地狱的恐怖，主要是劝导人求智慧。佛教的智慧正好与基督教的信仰成为鲜明的对比。智慧使人自然而然地醒悟，信仰反易使人入于偏执与热狂之途。（中国人的理想是追求智慧，而不是追求信仰。我们只看见古人提到彻悟，从未以信仰坚定为人生乐事［这恰恰是西方人心目中的幸福］。你认为亨德尔比巴赫更高，你说前者是智慧的结晶，后者是信仰的结晶——这个思想根源也反映出我们的民族性。）——我们的民族本来提倡智慧，故知识分子受到佛教影响并无恶果。即使南北朝时期佛教在中国极盛，愚夫愚妇的迷信亦未尝在吾国文化史上遗留什么毒素，知识分子亦从未陷于虚无主义（即使有过一个短时期，但在历史上并无大害）。——相反，在两汉以儒家为唯一正统，罢斥百家，思想入于停滞状态之后，佛教思想的输入倒是给我们精神上的一种刺激，令人从麻痹中觉醒过来，从狭隘的一家一派的束缚中解放出来。在公元二三世纪的思想情况之下，这是一个可喜的现象。——对中国知识分子拘束最大的倒是僵死的礼教，从南宋的理学（程子、朱子）起一直到清朝末年，养成了规行矩步、整天反省、唯恐背礼越矩的迂腐头脑，也养成了口是心非的假道学、伪君子。其次是明清两代的科举制度，不仅束缚性灵，也使一部分有心胸、有能力的人徘徊于功名利禄与真正修心养性、致知格物的矛盾中（反映于《儒林外史》中）。——然而这一类的矛盾也绝不像近代西方人的矛盾那么有害身心。我们的社会进步迟缓，资本主义制度发展若断若续，封建时代的经济基础始终存在，封建时代的道德观、人生观、宇宙观以及一切上层建筑，到近百年中还有很大势力，使我们的精神状态、思想情形不致如资本主义高度发展的国家的人那样混乱、复杂、病态；我们比起欧美人来一方面是落后，一方面也单纯，就是说更健全一些。——从民族特性、传统思想以及经济制度等等各个方面看，我们和西方人比较之下都有这个双重性。——"五四"以来，情形急转直下，西方文化的输入使我们的头脑受到极大的骚动，正如"帝国主义的资本主义"的侵入促成我们半封建半资本主义社会的崩溃一样。我们开始感染到近代西方人的烦恼，幸而时期不久，并且宗教影响在我们思想上并无重大作用（西方宗教只影响到买办阶级，以及一部分比较落后地区的农民，而且也并不深刻），故虽有现代式的苦闷，并不太尖锐。我们还是有我们老一套的东方思想与东方哲学，作为批判西方文化的尺度。当然以上所说特别是限于新中国成立以前为止的时期。新中国成立以后情形大不相同，暇时再谈。但即是新中国成立以前我们一代人的思想情况，你也承受下来了，感染得相当深了。我想你对西方艺术、西方思想、西方社会的反应和批评，骨子里都有我们一代（比你早一代）的思想根源，再加上新中国成立以后新社会给你的理想，使你对西欧的旧社会更有另外一种看法、另外一种感觉。——倘能从我这一大段历史分析（不管如何片面、如何不正确）来分析你目前的思想感情，也许能大大减少你内心苦闷的尖锐程度，使你的矛盾不致影响你身心的健康与平衡，你说是不是？

人没有苦闷，没有矛盾，就不会进步。有矛盾才会逼你解决矛盾，解决一次矛盾即往前迈进一步。到晚年矛盾减少，即是生命将要告终的表现。没有矛盾的一片恬静只是一个崇高的理想，真正实现的话并不是一个好现象。——凭了修养的功夫所能达到的和平恬静只是极短暂的，比如浪潮的尖峰，一刹那就要过去的。或者理想的平和恬静乃是微波荡漾，有矛盾而不太尖锐，而且随时能解决的那种精神修养，可绝非一泓死水——一泓死水有什么可羡呢？我觉得倘若苦闷而不致陷入悲观厌世，有矛盾而能解决（至少在理论上、认识上得到一个总结），那么苦闷与矛盾并不可怕。所要避免的乃是因苦闷而导致身心失常，或者玩世不恭，变作游戏人生的态度。

从另一角度看，最伤人的（对己对人、对小我与集体都有害的）乃是由passion［激情］出发的苦闷与矛盾，例如热衷名利而得不到名利的人，怀着野心而明明不能实现的人，经常忌妒别人、仇恨别人的人，那一类苦闷便是于己于人都有大害的。（凡是从自卑感、自溺狂等等来的苦闷对社会都是不利的，对自己也是致命伤。）反之，倘是忧时忧国，不是为小我打算而是为了社会福利、人类前途而感到的苦闷，因为出发点是正义，是理想，是热爱，所以即有矛盾，对己对人都无害处，倒反能逼自己做出一些小小的贡献来。但此种苦闷也须用智慧来解决，至少在苦闷的时间不能忘了明哲的教训，才不至于转到悲观绝望，用灰色眼镜看事物，才能保持健康的心情继续在人生中奋斗——而唯有如此，自己的小我苦闷才能转化为一种活泼泼的力量，而不仅仅成为愤世嫉俗的消极因素；因为愤世嫉俗并不能解决矛盾，也就不能使自己往前迈进一步。由此得出一个结论，我们不怕经常苦闷，经常矛盾，但必须不让这苦闷与矛盾妨碍我们愉快的心情。

一九六一年二月八日晨

记得你在波兰时期，来信说过艺术家需要有 single-mindedness［一心一意］，分出一部分时间关心别的东西，追求艺术就短少了这部分时间。当时你的话是特别针对某个问题而说的。我很了解（根据切身经验），严格钻研一门学术必须整个儿投身进去。艺术——尤其音乐，反映现实是非常间接的，思想感情必须转化为 emotion［感情］才能在声音中表达，而这一段酝酿过程，时间就很长；一受外界打扰，酝酿过程即会延长，或竟中断。音乐家特别需要集中（即所谓 single-mindedness），原因即在于此。因为音乐是时间的艺术，表达的又是流动性最大的 emotion，往往稍纵即逝——不幸，生在二十世纪的人，头脑装满了多多少少的东西，世界上又有多多少少东西时时刻刻逼你注意；人究竟是社会的动物，不能完全与世隔绝；与世隔绝的任何一种艺术家都不会有生命，不能引起群众的共鸣。经常与社会接触而仍然能保持头脑冷静，心情和平，同时能保持对艺术的新鲜感与专一的注意，的确是极不容易的事。你大概久已感觉到这一点。可是过去你似乎纯用排斥外界的办法（事实上你也做不到，因为你对人生对世界的感触与苦闷还是很多很强烈），而没头没脑地沉浸在艺术里，这

168

不是很健康的做法。我屡屡提醒你，单靠音乐来培养音乐是有很大弊害的。以你的气质而论，我觉得你需要多多跑到大自然中去，也需要不时欣赏造型艺术来调剂。假定你每个月郊游一次，上美术馆一次，恐怕你不仅精神更愉快、更平衡，便是你的音乐表达也会更丰富、更有生命力、更有新面目出现。亲爱的孩子，你无论如何应该试试看！

如今你有弥拉代为料理日常琐事，该是很幸福了。但不管你什么理由，某些道义上的责任是脱卸不了的，不能由弥拉代庖。希望能尽量挤出时间，不时给两位以前的老师写几行，短一些无妨，但绝不可几月几年地沉默下去！你在本门艺术中意志很强，为何在道义上不同样拿出意志来节约时间，履行你的义务呢？——孩子，你真不知道我多么希望你在人生各方面都有进步！倘你在尊师方面有行动表现，你真是给你爸爸最大的快乐。你要以与亲友通信作为精神上的调剂，就不会视执笔为畏途了。心理一改变，事情就会轻松，试过几回即会明白。

一月九日与林先生的画同时寄出的一包书，多半为温习你中文着眼，故特别挑选文笔最好的书——至于艺术与音乐方面的书，英文中有不少扎实的作品。暑中音乐会较少的期间，也该尽量阅读。

一九六一年四月二十五日

亲爱的孩子：寄你"武梁祠石刻楯片"四张，乃系普通复制品，属于现在印的画片一类。

楯片一称拓片，是吾国固有的一种印刷，原则上与过去印木版书、今日印木刻铜刻的版画相同。唯印木版书画先在版上涂墨，然后以白纸覆印；拓片则先覆白纸于原石，再在纸背以布球蘸墨轻拍细按，印讫后纸背即成正面；而石刻凸出部分皆成黑色，凹陷部分保留纸之本色（即白色）。木刻铜刻上原有之图像是反刻的，像我们用的图章；石刻原作的图像本是正刻，与西洋的浮雕相似，故复制时方法不同。

古代石刻画最常见的一种只勾线条、刻画甚浅，拓片上只见大片黑色中浮现许多白线，构成人物、鸟兽、草木之轮廓；另一种则将人物四周之石挖去，如阳文图章，在拓片上即看到物象是黑的，具有整个形体，不仅是轮廓了。最后一种与第二种同，但留出之图像呈半圆而微凸，接近西洋的浅浮雕。武梁祠石刻则是第二种之代表作。

给你的拓片，技术与用纸都不高明，目的只是让你看到我们远祖雕刻艺术的些少样品。你在欧洲随处见到希腊罗马雕塑的照片，如何能没有祖国雕刻的照片呢？我们的古代遗物既无照相，只有依赖拓片，而拓片是与原作等大，绝未缩小之复本。

武梁祠石刻在山东嘉祥县武氏祠内，为公元二世纪前半期作品，正当东汉（即后汉）中叶。武氏当时是个大地主大官僚，子孙在其墓畔筑有享堂（俗称祠堂）专供祭祀之用。堂内四壁嵌有石刻的图画，武氏兄弟数人，故有武荣祠、武梁祠之分，唯世人混称为武梁祠。

同类的石刻画尚有山东肥城县之孝堂山郭氏墓，则是西汉（前汉）之物，早于武梁祠约百年（公元一世纪），且系阴刻，风格亦较古拙厚重。"孝堂山"与"武梁祠"为吾国古雕塑两大高峰，不可不加注意。此外尚有较晚出土之四川汉墓石刻，亦系精品。

石刻画题材自古代神话，如女娲氏补天、三皇五帝等传说起，至圣贤、豪杰烈士、诸侯之史实轶事，无所不包。——其中一部分你小时候在古书上都读过。原作每石有数画，中间连续，不分界限，仅于上角刻有题目，如《老莱子彩衣娱亲》《荆轲刺秦王》等等。唯文字刻画甚浅，年代剥落，大半无存；今日之下欲知何画代表何人故事，非熟悉《春秋》《左传》《国策》不可；我无此精力，不能为你逐条考据。

武梁祠全部石刻共占五十余石，题材总数更远过于此。我仅有拓片二十余张，亦是残帙，缺漏甚多，兹挑出拓印较好之四纸寄你，但线条仍不够分明，遒劲生动飘逸之美几无从体会，只能说聊胜于无而已。

一九六一年五月一日

聪：四月十七、二十、二十四，三封信（二十日是妈妈写的）都该收到了吧？三月十五寄你评论摘要一小本（非航空），由妈妈打字装订，是否亦早到了？我们花过一番心血的工作，不管大小，总得知道没有遗失才放心。四月二十六日寄出汉石刻画像拓片四张，二十九又寄《李白集》十册、《十八家诗钞》二函，合成一包；又一月二十日交与海关检查，到最近发还的丹纳《艺术哲学·第四编〈论希腊雕塑〉》手抄译稿一册，亦于四月二十九寄你。以上都非航空，只是挂号。日后收到望一一来信告知。

中国诗词最好是木刻本，古色古香，特别可爱。可惜不准出口，不得已而求其次，就挑商务影印本给你。以后还会陆续寄，想你一定喜欢。《论希腊雕塑》一编六万余字，是我去冬花了几星期工夫抄的，也算是我的手泽，特别给你做纪念。内容值得细读，也非单看一遍所能完全体会。便是弥拉读法文原著，也得用功研究，且原著对神话及古代史部分没有注解，她看起来还不及你读译文易懂。为她今后阅读方便，应当买几部英文及法文的比较完整的字典才好。我会另外写信给她提到。

一月九日寄你的一包书内有老舍及钱伯母的作品，都是你旧时读过的。不过内容及文笔，我对老舍的早年作品看法已大大不同。从前觉得了不起的那篇《微神》，如今认为太雕琢，过分刻画，变得纤巧，反而贫弱了。一切艺术品都忌做作，最美的字句都要出之自然，好像天衣无缝，才经得起时间考验而能传世久远。比如"山高月小，水落石出"不但写长江中赤壁的夜景，历历在目，而且也写尽了一切兼有幽远、崇高与寒意的夜景；同时两句话说得多么平易，真叫作"天籁"！老舍的《柳家大院》还是有血有肉，活得很。——为温习文字，不妨随时看几段。没人讲中国话，只好用读书代替，免得词汇字句愈来

172

愈遗忘。——最近两封英文信,又长又详尽,我们很高兴,但为了你的中文,仍望不时用中文写,这是你唯一用到中文的机会了。写错字无妨,正好让我提醒你。不知五月中是否演出较少,能抽空写信来?

最近有人批判王氏[1]的"无我之境",说是写纯客观,脱离阶级斗争。此说未免褊狭。第一,纯客观事实上是办不到的。既然是人观察事物,无论如何总带几分主观,即使力求摆脱物质束缚也只能做到一部分,而且为时极短。其次能多少客观一些,精神上倒是真正获得松弛与休息,也是好事。人总是人,不是机器,不可能二十四小时只做一种活动。生理上就使你不能不饮食睡眠,推而广之,精神上也有各种不同的活动。便是目不识丁的农夫也有出神的经验,虽时间不过一刹那,其实即是无我或物我两忘的心境。艺术家表现出那种境界来未必会使人意志颓废。例如念了"寒波淡淡起,白鸟悠悠下"两句诗,哪有一星半点不健全的感觉?假定如此,自然界的良辰美景岂不成年累月摆在人面前,人如何不消沉至于不可救药的呢?——相反,我认为生活越紧张越需要这一类的调剂,多亲近大自然倒是维持身心平衡最好的办法。近代人的大病即在于拼命损害了一种机能(或一切机能)去发展某一种机能,造成许多畸形与病态。我不断劝你去郊外散步,也是此意。幸而你东西奔走的路上还能常常接触高山峻岭、海洋流水、日出日落、

---

[1] 即王国维,我国近现代在文学、美学、史学、哲学、古文学、考古学等各方面成就卓著的学术巨子,国学大师。

月色星光,无形中更新你的感觉,解除你的疲劳。等你读了《希腊雕塑》的译文,对这些方面一定有更深的体会。

另一方面,终日在琐碎家务与世俗应对中过生活的人,也该时时到野外去洗掉一些尘俗气,别让这尘俗气积聚日久成为宿垢。弥拉接到我黄山照片后来信说,从未想到山水之美有如此者。可知她虽家居瑞士,只是偶尔在山脚下小住,根本不曾登高临远,见到神奇的景色。在这方面你得随时培养她。此外,我也希望她每天挤出时间,哪怕半小时吧,作为阅读之用。而阅读也不宜老拣轻松的东西当作消遣;应当每年选定一二部名著用功细读。比如丹纳的《艺术哲学》之类,若能彻底消化,做人方面、气度方面、理解与领会方面都有进步,不仅仅是增加知识而已。巴尔扎克的小说也不是只供消闲的。像你们目前的生活,要经常不断地阅读正经书不是件容易的事,需要很强的意志与纪律才行。望时常与她提及你老师勃隆斯丹七八年来的生活,除了做饭、洗衣及照管丈夫、孩子以外,居然坚持练琴,每日一小时至一小时半,到今日每月有四五次演出。这种精神值得弥拉学习。

∙∙∙∙∙∙∙∙∙∙∙∙

一九六二年三月二十五日

聪,亲爱的孩子:每次接读来信,总是说不出地兴奋、激动、喜悦、感慨、惆怅!最近报告美澳演出的两信,我看了在屋内屋外尽兜圈子，多少的感触使我定不下心来。人吃人的残酷和丑恶的把戏多可怕！你辛苦了四五个月落得两手空空，我们想到就心痛。固然你不以求利为目的，做父母的也从不希望你发什么洋财——而且还一向鄙视这种思想；可是那些中间人凭什么来霸占艺术家的劳动所得呢！眼看孩子被人剥削到这个地步，像你小时候被强暴欺凌一样，使我们对你又疼又怜惜，对那些吸血鬼又气又恼，恨得牙痒痒的！相信早晚你能从魔掌之下挣脱出来，不再做鱼肉。巴尔扎克说得好：社会踩不死你，就跪在你面前。在西方世界，不经过天翻地覆的革命，这种丑剧还得演下去呢。当然，四个月的巡回演出在艺术上你得益不少，你对许多作品又有了新的体会，深入下一步。可见唯有艺术和学问从来不辜负人：花多少劳力，用多少苦功，拿出多少忠诚和热情，就得到多少收获与进步。写到这儿，想起你对新出的莫扎特唱片的自我批评，真是高兴。一个人停滞不前才会永远对自己的成绩满意。变就是进步——当然也有坏的变质，成为坏的——眼光一天天不同，才窥见学问艺术的新天地，能不断地创造。妈妈看了那一段叹道："聪真像你，老是不满意自己，老是在批评自己！"

美国的评论绝大多数平庸浅薄，赞美也是皮毛。英国毕竟还有音乐学者兼写报刊评论，如伦敦 Times［《泰晤士报》］和曼彻斯特的《导报》，两位批评家水平都很高；纽约两家大报的批评家就不像样了，那位《纽约时报》的更可笑。很高兴看到你的中文并不退步，除了个别的词汇（我们说"心乱如麻"，不说"心痛如麻"。形容后者只能说"心痛如割"或"心如刀割"。又鄙塞、鄙陋不能说成"陋塞";也许是你笔误)。读你的信,声音笑貌历历在目;议论口吻所流露的坦率、真诚、朴素、热情、爱憎分明,正和你在琴上表现出来的一致。孩子,你说过我们的信对你有如一面镜子,其实你的信对我们也是一面镜子。有些地方你我二人太相像了,有些话就像是我自己说的。平时盼望你的信即因为"薰莸同臭",也因为对人生、艺术,周围可谈之人太少。不过我们很原谅你,你忙成这样,怎么忍心再要你多写呢?此次来信已觉出于望外,原以为你一回英国,演出那么多,不会再动笔了。可是这几年来,我们俩最大的安慰和快乐,的确莫过于定期接读来信。还得告诉你,你写的中等大的字(如此次评论封套上写的)非常好看;近来我的钢笔字已难看得不像话了。你难得写中国字,真难为你了!

一九六二年四月一日

············

来信说到中国人弄西洋音乐比日本人更有前途,因为他们虽用苦功而不能化。化固不易,用苦功而得其法也不多见,以整个民族性来说,日华两族确有这点儿分别。可是我们能化的人也是凤毛麟角,原因是接触外界太少,吸收太少。近几年营养差,也影响脑力活动。我自己深深感到比从前笨得多。在翻译工作上也苦于化得太少,化得不够,化得不妙。艺术创造与再创造的要求，不论哪一门都性质相仿。音乐因为抽象，恐怕更难。理会的东西表达不出，或是不能恰到好处，跟自己理想的境界不能完全符合，不多不少。心、脑、手的神经联系，或许在音乐表演比别的艺术更微妙，不容易掌握到成为automatic〔得心应手〕的程度。一般青年对任何学科很少能做独立思考，不仅缺乏自信，便是给了他们方向，也不会自己摸索。原因极多，不能怪他们。十余年来的教育方法大概有些缺陷。青年人不会触类旁通，研究哪一门学问都难有成就。思想统一固然有统一的好处，但到了后来，念头只会往一个方向转，只会走直线，眼睛只看到一条路，也会陷于单调、贫乏、停滞。往一个方向钻并非坏事，可惜没钻得深。

月初看了盖叫天口述、由别人笔录的《粉墨春秋》，倒是一九四九年以来谈艺术最好的书。人生—教育—伦理—艺术，再没有结合得更完满的了。从头至尾都有实例，绝不是枯燥的理论。关于学习，他提出"慢就是快"，说明根基不打好，一切都筑在沙上，永久爬不上去。我觉得这一点特别值得我们深思。倘若一开始就猛冲，只求速成，临了非但一无结果，还造成不踏实的坏风气。德国人要不在整个十九世纪的前半期埋头苦干，在每一项学问中用死功夫，哪会在十九世纪末一直到今天，能在科学、考据、文学各方面放异彩？盖叫天对艺术更有深刻的体会。他说学戏必须经过一番"默"的功夫。学会了唱、念、做，不算数；还得坐下来叫自己"魂灵出窍"，就是自己分身出去，把一出戏默默地做一遍、唱一遍；同时自己细细观察，有什么缺点该怎样改，然后站起身来再做、再唱、再念。那时定会发觉刚才思想上修整很好的东西又跑了，做起来同想的完全走了样。那就得再练，再下苦功，再"默"，再做。如此反复做去，一出戏才算真正学会了，拿稳了。你看，这段话说得多透彻，把自我批评贯彻得多好！老艺人的自我批评绝不放在嘴边，而是在业务中不断实践。其次，经过一再"默"练，作品必然深深地打进我们心里，与我们的思想感情完全化为一片。此外，盖叫天现身说法，谈了不少艺术家的品德、操守、做人，必须与艺术一致的话。我觉得这部书值得写一长篇书评：不仅学艺术的青年、中年、老年人，不论学的哪一门，应当列为必读书，便是从上到下一切的文艺领导干部也该细读几遍；做教育工作的人读了也有好处。不久我就把这书寄给你，你一定喜欢，看了也一定无限兴奋。

············

一九六二年四月三十日

亲爱的孩子：

············

最近买到一本法文旧书，专论写作艺术。其中谈到"自然"（natural），引用罗马文豪西塞罗的一句名言：It is an art to look like without art.［看起来浑然天成，不着痕迹，才是真正的艺术。］作者认为写得自然不是无意识的天赋，而要靠后天的学习，甚至可以说自然是努力的结果（The natural is result of efforts.），要靠苦功磨炼出来。此话固然不错，但我觉得首先要能体会到"自然"的境界，然后才能往这个境界迈进。要爱好自然，与个人的气质、教育、年龄，都有关系；一方面是勉强不来，不能操之过急；一方面也不能不逐渐做有意识地培养。也许浸淫中国古典文学的人比较容易欣赏自然之美，因为自然就是朴素、淡雅、天真；而我们的古典文学就是具备这些特点的。

....

一九六二年五月九日

亲爱的孩子：

……昨天收到你上月二十七自都灵（Torino）发的短信，感慨得很。艺术最需要静观默想，凝神一志；现代生活偏偏把艺术弄得如此商业化，一方面经理人作为生财之道，把艺术家当作摇钱树式的机器，忙得不可开交，一方面把群众作为看杂耍或马戏班的单纯的好奇者。在这种浑浊的洪流中打滚的，当然包括所有老辈小辈，有名无名的演奏家、歌唱家。像你这样初出道的固然另有苦闷，便是久已打定天下的前辈也不免随波逐流，那就更可叹了。也许他们对艺术已经缺乏信心、热诚，仅仅作为维持已得名利的工具。年轻人想要保卫艺术的纯洁与清新，唯一的办法是减少演出；这却需要三个先决条件：（一）经理人剥削得不那么凶（这是要靠演奏家的年资积累，逐渐争取的）。（二）个人的生活开支安排得极好，这要靠理财的本领与高度理性的控制。（三）减少出台不至于冷下去，使群众忘记你。我知道这都是极不容易做到的，一时也急不来。可是为了艺术的尊严，为了你艺术的前途，也就是为了你的长远利益和一生的理想，不能不把以上三个条件作为努力的目标。任何一门的艺术家，一生中都免不了有几次艺术难关（crisis），我们应当早做思想准备和实际安排。愈能保持身心平衡（那就绝不能太忙乱），艺术难关也愈容易闯过去。希望你平时多从这方面高瞻远瞩，切勿被终年忙忙碌碌的旋涡弄得昏昏沉沉，就是说要对艺术生涯多从高处、远处着眼；即使有许多实际困难，一时不能实现你的计划，但经常在脑子里思考成熟以后，遇到机会就能紧紧抓住。这一类的话恐怕将来我不在之后，再没有第二个人和你说；因为我自信对艺术的热爱与执着，在整个中国也不是很多人有的。

意大利怎么老是只有都灵一个地方邀请你？前年不是去过那儿吗？罗马、米兰、佛罗伦萨等等还不曾有过接触吗？提到洛桑（Lausanne）和日内瓦，莱芒湖与白峰的形象又宛然如在目前。一九二九年我在莱芒湖的另外一端，法瑞交界处的小村子"圣·扬高尔夫"住过三个多月；环湖游览了两次。有一回是和刘抗伯伯、刘海粟伯伯等同去的。

听过列巴蒂弹的 *Barcarolle* ［《船歌》］，很精彩；那味儿有些像 *Prelude Op.45* ［《前奏曲》作品第四十五号］，想来你一定能胜任。

．．．．．．．．．．．

一九六二年八月十二日

聪，亲爱的孩子：很少这么久不给你写信的。从七月初起你忽而维也纳，忽而南美，行踪飘忽，恐去信落空。弥拉又说南美各处邮政很不可靠，故虽给了我许多通讯处，也不想寄往那儿。七月二十九用七张风景片写成的信已于八月九日收到。委内瑞拉的城街，智利的河山，前年曾在外国杂志上见过彩色照相，来信所云，颇能想象一二。现代国家的发展太畸形了，尤其像南美那些落后的国家。一方面人民生活穷困，一方面物质的设备享用应有尽有。照我们的理想，当然先得消灭不平等，再来逐步提高。无奈现代史实告诉我们，革命比建设容易，消灭少数人所垄断的享受并不太难，提高多数人的生活却非三五年、八九年所能见效。尤其是精神文明，总是普及易、提高难；而在普及的阶段中往往降低原有的水准，连保持过去的高峰都难以办到。再加老年、中年、青年三代脱节，缺乏接班人，国内外沟通交流几乎停止，恐怕下一辈连什么叫标准、前人达到过怎样的高峰、眼前别人又到了怎样的高峰，都不大能知道；再要迎头赶上也就更谈不到了。这是前途的隐忧。过去十一二年中所造成的偏差与副作用，最近一年正想竭力扭转；可是十年种的果，已有积重难返之势；而中老年知识分子的意气消沉的情形，尚无改变迹象——当然不是从他们口头上，而是从实际行动上观察。人究竟是唯物的，没有相当的客观条件，单单指望知识界凭热情苦干，而且干出成绩来，也是不现实的。我所以能坚守阵地，耕种自己的小园子，也有我特殊优越的条件，不能责望于每个人。何况就以我来说，体力与精力的衰退，已经给了我很大的限制，老是感到心有余而力不足！

前信你提到灌唱片问题，认为太机械。那是因为你习惯于流动性特大的艺术（音乐）之故，也是因为你的气质特别容易变化、情绪容易波动的缘故。文艺作品一朝完成，总是固定的东西：一幅画，一首诗，一部小说，哪有像音乐演奏那样能够每次予人以不同的感受？观众对绘画，读者对作品，固然每次可有不同的印象，那是在于作品的暗示与含蓄非一时一次所能体会，也在于观众与读者自身情绪的变化波动。唱片即使开十次二十次，听的人感觉也不会千篇一律，除非演奏太差、太呆板；因为音乐的流动性那么强，所以听的人也不容易感到多听了会变成机械。何况唱片不仅有普及的效用，对演奏家自身的学习改进也有很大帮助。我认为主要是克服你在microphone［麦克风］前面的紧张，使你在灌片室中跟在台上的心情没有太大差别。再经过几次实习，相信你是做得到的。至于完美与生动的冲突，有时几乎不可避免；记得有些批评家就说过，perfection往往要牺牲一部分life［生动］。但这个弊病恐怕也在于演奏家属于cold［冷静］型。热烈的演奏往往难以perfect［完美］，万一perfect的时候，那就是incomparable［无与伦比］了！

．．．．．．．．．．．

殷承宗在沪举行音乐会，看他在台上的举动很神经质，身子摇摆得很厉害。因而想起你也犯同样的毛病。固然，演奏家是要人听的，不是要人看的；但太多的摇摆容易分散听众的注意力；而且艺术是整体，弹琴的人的姿势也得讲究，给人一个和谐的印象。国外的批评曾屡次提到你的摇摆，希望能多多克制。如果自己不注意，只会越摇越厉害，浪费体力也无必要。最好在台上给人的印象限于思想情绪的活动，而不是靠肉体帮助你的音乐。手之舞之，足之蹈之，只适用于通俗音乐。古典音乐全靠内在的心灵的表现，竭力避免外在的过火的动作，应当属于艺术修养范围之内，望深长思之。

....

一九六二年九月二日

聪，亲爱的孩子：

....

听过你的唱片，更觉得贝多芬是部读不完的大书，他心灵的深度、广度的确代表了日耳曼民族在智力、感情方面的特点，也显出人格与意志的顽强，缥缈不可名状的幽思，上天下地的幻想，对人生的追求，不知其中有多少深奥的谜。贝多芬实在不仅仅是一个音乐家，无怪罗曼·罗兰要把歌德与贝多芬作为不仅是日耳曼民族，并且是全人类的两个近代的高峰。

....

我们听你唱片如见真人，此中意义与乐处，非你所能想象。望体念父母思子之心，把唱片源源寄来，以慰悬念于万一！妈妈好想念你！

中国古画赝者居绝大多数，有时连老辈鉴赏家也不易辨别，不妨去大不列颠博物馆，看看中国作品，特别是明代的，可与你所得唐寅，对照一下。你在南美买的唐六如册页，真伪恐有问题，是纸本抑绢本，水墨抑设色，望一一告知，最好拍照片（适当放大）寄来。以后遇有此种大名家的作品，最要小心提防，价高者尤不能随便肯定，若价不过昂，则发现问题后，尚可转让与人，不致太吃亏。我平时不收大名家，宁取"冷名头"，因冷名头不值钱，作假者少，但此等作品亦极难遇，最近看到黄宾虹的画亦有假的。

一转眼快中秋了，才从炎暑中透过气来，又要担心寒冬难耐了，去冬因炉子泄气，室内臭秽，只生了三十余日火，连华氏四十余度的天气也打熬过去了，手捧热水袋，脚拥汤婆子，照常工作，人生就在寒来暑往中老去！一个夏天挥汗做日课，精神勉强支持，唯脑子转动不来，处处对译文不满，苦闷不已。

…………

前昨二夜听了李斯特的第二协奏曲（匈牙利钢琴家弹），但丁奏鸣曲、意大利巡礼集第一首，以及 Annie Fischer［安妮·费希尔］弹的 b Min. Sonata［《b 小调奏鸣曲》］都不感兴趣。只觉得炫耀新奇，并无真情实感，浮而不实，没有深度，没有逻辑，不知是不是我的偏见？不过这一类风格，对现代的中国青年钢琴家也许倒正合适，我们创作的乐曲多多少少也有这种故意做作、七拼八凑的味道。以作曲家而论，李斯特远不及舒曼和勃

184

拉姆斯，你以为如何？

上月十三日有信寄瑞士，由弥拉回伦敦时面交，收到没有？在那封信中，我谈到对唱片的看法，主要不能因为音乐是流动的艺术，或者因为个人的气质多变，而忽视唱片的重要。在话筒面前的紧张并不难于克服。灌协奏曲时，指挥务必先经郑重考虑，早早与唱片公司谈妥。为了艺术，为了向群众负责，也为了唱片公司的利益，独奏者对合作的乐队与指挥，应当有特别的主张，有坚持的权利，望以后在此等地方勿太"好说话"！

想到你们俩的忙碌，不忍心要求多动笔，但除了在外演出，平时你们该反过来想一想：假定我们也住在伦敦，难道每两星期不得上你们家吃一顿饭，你们也得花费一二小时陪我们谈谈话吗？今既相隔万里，则每个月花两小时写封比较详细的信，不也应该而且比同在一地已经省掉你们很多时间吗？——要是你们能常常做此想，就会多给我们一些消息了。

············

不多写了，此信预备再搁一天寄出，恐十日左右你未必就已回英。一切保重！

长期旅行演出后，务必好好休息，只会工作不会休息，也不是生活的艺术，而且对你本门的艺术，亦无好处！

一九六三年十一月三日

亲爱的孩子：最近一信使我看了多么兴奋，不知你是否想象得到？真诚而努力的艺术家每隔几年必然会经过一次脱胎换骨，达到一个新的高峰。能够从纯粹的感觉（sensation）转化到观念（idea）当然是迈进一大步，这一步也不是每个艺术家所能办到的，因为同各人的性情气质有关。不过到了观念世界也该提防一个pitfall［陷阱］：在精神上能跟踪你的人越来越少的时候，难免钻牛角尖，走上太抽象的路，和群众脱离。哗众取宠（就是一味用新奇唬人）和取媚庸俗固然都要不得，太沉醉于自己理想也有它的危险。我这话不大说得清楚，只是具体的例子也可以作为我们的警戒。李赫特某些演奏、某些理解很能说明问题。归根结底，仍然是"出"和"入"的老话。高远绝俗而不失人间性、人情味，才不会叫人感到cold。像你说的"一切都远了，同时一切也都近了"，正是莫扎特晚年和舒伯特的作品达到的境界。古往今来的最优秀的中国人多半是这个气息，尽管 sublime［崇高］，可不是mystic［神秘］（西方式的）；尽管超脱，仍是warm，intimate，human［温馨，亲切，有人情味］到极点！你不但深切了解这些，你的性格也有这种倾向，那就是你的艺术的safeguard［保障］。基本上我对你的信心始终如一，以上有些话不过是随便提到，作为"闻者足戒"的提示罢了。

我和妈妈特别高兴的是你身体居然不摇摆了——这不仅是给听众的印象问题，也是一个对待艺术的态度，掌握自己的感情，控制表现，能入能出的问题，也具体证明你能化为一个idea，而超过了被音乐带着跑，变得不由自主的阶段。只有感情净化、人格升华，从dramatic［起伏激越］进到contemplative［凝神沉思〕的时候，才能做到。可见这样一个细节也不是单靠注意所能解决的，修养到家了，自会迎刃而解。（胸中的感受不能完全在手上表达出来，自然会身体摇摆，好像无意识地要"手舞足蹈"地帮助表达。我这个分析你说对不对？）

相形之下，我却是愈来愈不行了。也说不出是退步呢，还是本来能力有限，以前对自己的缺点不像现在这样感觉清楚。越是对原作体会深刻，越是欣赏原文的美妙，越觉得心长力细，越觉得译文远远地传达不出原作的神韵。返工的次数愈来愈多，时间也花得愈来愈多，结果却总是不满意。时时刻刻看到自己的limit〔局限〕：运用脑子的limit，措辞造句的limit，先天的limit——例如句子的转弯抹角太生硬，色彩单调，说理强而描绘弱，处处都和我性格的缺陷与偏差有关。自然，我并不因此灰心，照样"知其不可为而为之"，不过要心情愉快也很难了。工作有成绩才是最大的快乐，这一点你我都一样。

另外有一点是肯定的，就是西方人的思想方式同我们距离太大了。不做翻译工作的人恐怕不会体会到这么深切。他们刻画心理和描写感情的时候，有些曲折和细腻的地方，复杂烦琐，简直与我们格格不入。我们对人生琐事往往有许多是认为不值一提而省略的，有许多只是罗列事实而不加分析的，如果要写情就用诗人的态度来写，西方作家却多半用科学家的态度、历史学家的态度（特别是巴尔扎克），像解剖昆虫一般。译的人固然懂得了，也感觉到它的特色、妙处，可是要叫思想方式完全不一样的读者领会就难了。思想方式反映整个的人生观、宇宙观和几千年文化的发展，怎能一下子就能和另一民族的思想沟通呢？你很幸运，音乐不像语言的局限性那么大，你还是用音符表达前人的音符，不是用另一种语言文字、另一种逻辑。

真了解西方的东方人，真了解东方人的西方人，不是没有，只是稀如星凤。对自己的文化遗产彻底消化的人，文化遗产绝不会变成包袱，反而养成一种无所不包的胸襟，既明白本民族的长处短处，也明白别的民族的长处短处，进一步会截长补短，吸收新鲜的养料。任何孤独都不怕，只怕文化的孤独、精神思想的孤独。你前信所谓孤独，大概也是指这一点吧？

尽管我们隔得这么远，彼此的心始终在一起，我从来不觉得和你有什么精神上的隔阂。父子两代之间能如此也不容易——我为此很快慰。

北欧和维也纳的评论早日译好寄来，切勿杳无下文。以后你方便的话，还想要你寄十镑去巴黎。胃药已收到。音乐杂志尚未到。一切珍重！

一九六四年四月十二日

亲爱的孩子：你从北美回来后还没来过信，不知心情如何？写信的确要有适当的心情，我也常有此感。弥拉去迈阿密后，你一日三餐如何解决？生怕你练琴出了神，又怕出门麻烦，只吃咖啡面包了事，那可不是日常生活之道。尤其你工作消耗多，切勿饮食太随便，营养（有规律进食）毕竟是要紧的。你行踪无定，即使在伦敦，琴声不断，房间又隔音，挂号信送上门，打铃很可能听不见，故此信由你岳父家转，免得第三次退回。……

近几月老是研究巴尔扎克，他的一部分哲学味特别浓的小说，在西方公认为极重要，我却花了很大的劲才勉强读完，也花了很大的耐性读了几部研究这些作品的论著。总觉得神秘气息、玄学气息不容易接受，至多是了解而已，谈不上欣赏和共鸣。中国人不是不讲形而上学，但不像西方人抽象，而往往用诗化的意境把形而上学的理论说得很空灵，真正的意义固然不易捉摸，却不至于像西方形而上学那么枯燥，也没那种刻舟求剑的宗教味儿叫人厌烦。西方人对万有的本原，无论如何要归结到一个神，所谓 God［神］，似乎除了 God，不能解释宇宙，不能说明人生，所以非肯定一个造物主不可。好在谁也提不出证明 God 是没有的，只好由他们去说；可是他们的正面论证也牵强得很，没有说服力。他们首先肯定人生必有意义，灵魂必然不死，从此推论下去，就归纳出一个有计划、有意志的神！可是为什么人生必有意义呢？灵魂必然不死呢？他们认为这是不辩自明之理，我认为欧洲人比我们更骄傲、更狂妄、更 ambitious［野心勃勃］，把人这个生物看作天下第一，所以千方百计要造出一套哲学和形而上学来，证明这个"人为万物之灵"的看法，仿佛我们真是负有神的使命，执行神的意志一般。在我个人看来，这都是 vanity［虚荣心］作祟。东方的哲学家、玄学家要比他们谦虚得多。除了程朱一派理学家 dogmatic［武断］很厉害之外，别人就是讲什么阴阳太极，也不像西方人讲 God 那么绝对，凿凿有据，咄咄逼人，也许骨子里我们多少是怀疑派，接受不了太强的insist［坚持］、太过分的certainty［肯定］。

前天偶尔想起，你们要是生女孩子的话，外文名字不妨叫Gracia［格雷西亚］，此字来历想你一定记得。意大利字读音好听，grace［雅致］一字的意义也可爱。弥拉不喜欢名字太普通，大概可以合乎她的条件。阴历今年是甲辰，辰年出生的人肖龙，龙从云，风从虎，我们提议女孩子叫"凌云"（Lin Yun），男孩子叫"凌霄"（Lin Sio）。你看如何？男孩的外文名没有inspiration，或者你们决定，或者我想到了以后再告。——这些我都另外去信讲给弥拉听了。（凌云 =to tower over the clouds，凌霄 =to tower over the sky，我和Mira［弥拉］就是这样解释的。）

············

一九六四年四月二十三日

亲爱的孩子：有人四月十四日听到你在BBC［英国广播公司］远东华语节目中讲话，因是辗转传达，内容语焉不详，但知你提到家庭教育、祖国，以及中国音乐问题。我们的音乐不发达的原因，我想过数十年，不得结论。从表面看，似乎很简单——科学不发达是主要因素，没有记谱的方法也是一个大障碍。可是进一步问问为什么我们科学不发达呢？就不容易解答了。早在战国时期，我们就有墨子、公输般等科学家和工程师，汉代的张衡不仅是个大文豪，也是了不起的天文历算的学者。为何后继无人，一千六百年间，就停滞不前了呢？为何西方从文艺复兴以后反而突飞猛进呢？希腊的早期科学，七世纪前后的阿拉伯科学，不是也经过长期中断的吗？怎么他们的中世纪不曾把科学的根苗完全斩断呢？西方的记谱也只是十世纪以后才开始，而近代的记谱方法更不过是几百年中发展的，为什么我们始终不曾在这方面发展？要说中国人头脑不够抽象，明代的朱载堉（《乐律全书》的作者）偏偏把音乐当作算术一般讨论，不是抽象得很吗？为何没有人以这些抽象的理论付诸实践呢？西洋的复调音乐也近乎数学，为何佛兰德斯乐派、意大利乐派，以至从巴赫到亨德尔，都会用创作来做实验呢？是不是一个民族的艺术天赋并不在各个艺术部门中平均发展的？希腊人的建筑、雕塑、诗歌、戏剧，在公元前四世纪时登峰造极，可是以后二千多年间就默默无闻、毫无建树了。文艺复兴时期的意大利艺术也只是昙花一现。有些民族尽管在文学上到过最高峰，在造型艺术和音乐艺术中便相形见绌，例如英国；有的民族在文学、音乐上有杰出的成就，但是绘画便赶不上，例如德国。可见无论在同一民族内，一种艺术的盛衰，还是各种不同的艺术在各个不同的民族中的发展，都不容易解释。我们的书法只有两晋、六朝、隋、唐是如日中天，以后从来没有第二个高潮。我们的绘画艺术也始终没有超过宋、元。便是音乐，也只有开元、天宝，唐玄宗的时代盛极一时，可是也只限于"一时"。现在有人企图用社会制度、阶级成分来说明文艺的兴亡。可是奴隶制度在世界上许多民族都曾经历，为什么独独在埃及和古希腊会有那么灿烂的艺术成就？而同样的奴隶制度，为何埃及和希腊的艺术精神、风格，如此之不同？如果说统治阶级的提倡大有关系，那么英国十八、十九世纪王室的提倡音乐，并不比十五世纪意大利的教皇和诸侯（如美第奇家族）差劲，为何英国自己就产生不了第一流的音乐家呢？再从另一些更具体更小的角度来说，我们的音乐不发达，是否同音乐被戏剧侵占有关呢？我们所有的音乐材料，几乎全部在各种不同的戏剧中。所谓纯粹的音乐，只有一些没有谱的琴曲。（琴曲谱只记手法，不记音符，故不能称为真正的乐谱。）其他如笛、箫、二胡、琵琶等等，不是简单之至，便是外来的东西。被戏剧侵占而不得独立的艺术，还有舞蹈。因为我们不像西方人迷信，也不像他们有那么强的宗教情绪，便是敬神的节目也变了职业性的居多，群众自动参加的较少。如果说中国民族根本不大喜欢音乐，那又不合乎事实。我小时在乡，听见舟子，赶水车的，常常哼小调，所谓"山歌"。（古诗中［汉魏］有许多"歌行""歌谣"；从白乐天到苏、辛都是高吟低唱的，不仅仅是写在纸上的作品。）

　　总而言之，不发达的原因归纳起来只是一大堆问题，谁也不曾彻底研究过，当然没有人能解答了。近来我们竭力提倡民族音乐，当然是大好事。不过纯粹用土法恐怕不会有多大的发展前途。科学是国际性的、世界性的，进步硬是进步，落后硬是落后。一定要把土乐器提高，和钢琴、提琴竞争，岂不劳而无功？抗战前（一九三七年前）丁西林就在研究改良中国笛子，那时我就认为浪费。工具与内容，乐器与民族特性，固然关系极大；但是进步的工具、科学性极高的现代乐器，绝不怕表达不出我们的民族特性和我们特殊的审美感。倒是原始工具和简陋的乐器，赛过牙齿七零八落、声带构造大有缺陷的人，尽管有多丰富的思想感情，也无从表达。乐曲的形式亦然如此。光是把民间曲调记录下来，略加整理，用一些变奏曲的办法扩充一下，绝对创造不出新的民族音乐。我们连"音乐文法"还没有，想要在音乐上雄辩滔滔，怎么可能呢？西方最新乐派（当然不是指电子音乐一类的ultra modern［极度现代］的东西）的理论，其实是尺寸最宽、最便于创造民族音乐的人利用的；无奈大家害了形式主义的恐怖病，提也不敢提，更不用说研究了。法兰西五大家——从德彪西到巴托克，事实俱在，只有从新的理论和技巧中才能摸出一条民族乐派的新路来。问题是不能闭关自守、闭门造车，而是要掌握西方最高最新的技巧，化为我有，为我所用。然后才谈得上把我们新社会的思想感情用我们的音乐来表现。这一类的问题，想谈的太多了，一时也谈不完。

············

一九六五年二月二十日

亲爱的孩子：半年来你唯一的一封信不知给我们多少快慰。看了日程表，照例跟着你天南地北地神游了一趟，做了半天白日梦。人就有这点儿奇妙，足不出户，身不离斗室，照样能把万里外的世界、各地的风光、听众的反应、游子的情怀，一样一样地体验过来。你说在南美仿佛回到了波兰和苏联，单凭这句话，我就咂摸到你当时的喜悦和激动；拉丁民族和斯拉夫民族的热情奔放的表现也历历如在目前。

照片则是给我们另一种兴奋，虎着脸的神气最像你。大概照相机离得太近了，孩子看见那怪东西对准着他，不免有些惊恐，有些提防。可惜带笑的两张都模糊了（神态也最不像你），下回拍动作，光圈要放大到F2或F3.5，时间用1/100或1/150秒。若用闪光（即flash）则用F11，时间1/100或1/150秒。望着你弹琴的一张最好玩，最美；应当把你们俩作为特写放大，左手的空白完全不要；放大要五或六英寸才看得清，因原片实在太小了。另外一张不知坐的是椅子是车子？地下一张装中国画（谁的？）的玻璃框，我们猜来猜去猜不出是怎么回事，望说明！

你父性特别强是像你妈，不过还是得节制些，第一勿妨碍你的日常工作，第二勿宠坏了凌霄。——小孩儿经常有人跟他玩，成了习惯，就非时时刻刻抓住你不可，不但苦了弥拉，而且对孩子也不好。耐得住寂寞是人生一大武器，而耐寂寞也要自幼训练的！疼孩子固然要紧，养成纪律同样要紧；几个月大的时候不注意，到两三岁时再收紧，大人小儿都要痛苦的。

你的心绪我完全能体会。你说的不错，知子莫若父，因为父母子女的性情脾气总很相像，我不是常说你是我的一面镜子吗？且不说你我的感觉一样敏锐，便是变化无常的情绪，忽而高潮忽而低潮、忽而兴奋若狂、忽而消沉丧气等等的艺术家气质，你我也相差无几。不幸这些遗传（或者说后天的感染）对你的实际生活弊多利少。凡是有利于艺术的，往往不利于生活；因为艺术家两脚踏在地下，头脑却在天上——这种姿态当然不适应现实的世界。我们常常觉得弥拉总算不容易了，你切勿用你妈的性情脾气去衡量弥拉。你得随时提醒自己，你的苦闷没有理由发泄在第三者身上。况且她的童年也并不幸福，你们俩正该同病相怜才对。我一辈子没有做到克己的功夫，你要能比我成绩强、收效早，那我和妈妈不知要多么快活呢！

要说 exile［放逐］，从古到今多少大人物都受过这苦难，但丁便是其中的一个；我辈区区小子又何足道哉！据说《神曲》是受了 exile 的感应和刺激而写的，我们倒是应当以此为榜样，把 exile 的痛苦升华到艺术中去。以上的话，我知道不可能消除你的悲伤愁苦，但至少能供给你一些解脱的理由，使你在愤懑郁闷中有以自拔。做一个艺术家，要不带点儿宗教家的心肠，会变成追求纯技术或纯粹抽象观念的 virtuoso［演奏家］，或者像所谓抽象主义者一类的狂人；要不带点儿哲学家的看法，又会自苦苦人（苦了你身边的伴侣），永远不能超脱。最后还有一个实际的论点：以你对音乐的热爱和理解，也许不能不在你厌恶的社会中挣扎下去。你自己说到处都是 outcast［逐客］，不就是这个意思吗？艺术也是一个 tyrant［暴君］，因为做他奴隶的都心甘情愿，所以这个 tyrant 尤其可怕。你既然认了艺术做主子，一切的辛酸苦楚便是你向他的纳贡，你信了他的宗教，怎么能不把少牢太牢去做牺牲呢？每一行有每一行的

humiliation［屈辱］和 misery［辛酸］，能够 resign［隐忍］就是少痛苦的不二法门。你可曾想过，肖邦为什么后半世自愿流亡异国呢？他的 Op.25［作品第二十五号］以后的作品付的是什么代价呢？

············

任何艺术品都有一部分含蓄的东西，在文学上叫作言有尽而意无穷，西方人所谓 between lines［弦外之音］。作者不可能把心中的感受写尽，他给人的启示往往有些还出乎他自己的意想。绘画、雕塑、戏剧等等，都有此潜在的境界。不过音乐所表现的最是飘忽，最是空灵，最难捉摸，最难肯定，弦外之音似乎比别的艺术更丰富、更神秘，因此一般人也就懒于探索，甚至根本感觉不到有什么弦外之音。其实真正的演奏家应当努力去体会这个潜在的境界（即淮南子所谓"听无音之音者聪"，无音之音不是指这个潜藏的意境又是指什么呢？）而把它表现出来，虽然他的体会不一定都正确。能否体会与民族性无关。从哪一角度去体会，能体会作品中哪一些隐藏的东西，则多半取决于各个民族的性格及其文化传统。甲民族所体会的和乙民族所体会的，既有正确不正确的分别，也有种类的不同、程度深浅的不同。我猜想你和岳父的默契在于彼此都是东方人，感受事物的方式不无共同之处，看待事物的角度也往往相似。你和董氏兄弟初次合作就觉得心心相印，也是这个缘故。大家都是中国人，感情方面的共同点自然更多了。

一九六五年五月二十七日

亲爱的孩子：

⋯⋯⋯⋯⋯

你谈到中国民族能"化"的特点，以及其他关于艺术方面的感想，我都彻底明白。那也是我的想法。多少年来常对妈妈说：越研究西方文化，越感到中国文化之美，而且更适合我的个性。我最早爱上中国画，也是二十一二岁在巴黎卢浮宫钻研西洋画的时候开始的。这些问题以后再和你长谈。妙的是你每次这一类的议论都和我的不谋而合，信中有些话就像是我写的。不知是你从小受的影响太深了呢，还是你我二人中国人的根一样深？大概这个根是主要原因。

一个艺术家只有永远保持心胸的开朗和感觉的新鲜，才永远有新鲜的内容表白，才永远不会对自己的艺术厌倦，甚至像有些人那样觉得是做苦工。你能做到这一步——老是有无穷无尽的话从心坎里涌出来，我真是说不出的高兴，也替你欣幸不止！

一九六五年九月十二日夜

聪：

⋯⋯⋯⋯⋯

最近正在看卓别林的自传（一九六四年版），有意思极了，也凄凉极了。我一边读一边感慨万端。主要他是非常孤独的人，我也非常孤独——这个共同点使我对他感到特别亲切。我越来越觉得自己 detached from everything［和一切都疏离脱节］，拼命工作其实只是由于机械式的习惯，生理、心理的需要（不工作一颗心无处安放），而不是真有什么 conviction［信念］。至于嗜好，无论是碑帖、字画、小古董、种月季，尽管不时花费一些精神、时间，却也常常暗笑自己，笑自己愚妄、虚空，自欺欺人地混日子！

卓别林的不少有关艺术的见解非常深刻、中肯，不随波逐流，永远保持独立精神和独立思考，原是一切第一流艺术家的标记。他写的五十五年前（我只二三岁）的纽约和他第一次到那儿的感想，叫我回想起你第一次去纽约的感想——颇有大同小异的地方。他写的第一次大战前后的美国，对我是个新发现——我怎会想到一九一二年已经有了摩天大厦和 Coca-Cola［可口可乐］呢？资本主义社会已经发展到那个阶段呢？这个情形同我一九三〇年前后认识的欧洲就有很大差别。

敏在校仍旧忙得不可开交，也许忙得不亚于你，除掉不赶火车飞机之外，他常常星期日也不得空，连衣服也来不及洗（在校经常是自己洗衣的）。

我们天天等凌霄的生日照片！再谈，一切保重！

一九六五年十月四日

聪：九月二十九日起眼睛忽然大花，专科医生查不出原因，只说目力疲劳过度，且休息一个时期再看。其实近来工作不多，不能说用眼过度，这几日停下来，连书都不能看，枯坐无聊，沉闷之极。但还想在你离英以前给你一信，也就勉强提起笔来。

两周前看完《卓别林自传》，对一九一○至一九五四年间的美国有了一个初步认识。那种物质文明给人的影响，确非我们意料所及。一般大富翁的穷奢极欲，我实在体会不出有什么乐趣而言。那种哄闹取乐的玩意儿，宛如五花八门、光怪陆离的万花筒，在书本上看看已经头晕目迷，更不用说亲身经历了。像我这样，简直一天都受不了；不仅心理上憎厌，生理上、神经上也吃不消。东方人的气质和他们相差太大了。听说近来英国学术界也有一场论战，有人认为要消灭贫困必须工业高度发展，有的人说不是这么回事。记得一九三○年我在巴黎时，也有许多文章讨论过类似的题目。改善生活固不大容易；有了物质享受而不受物质奴役，弄得身不由主，无穷无尽地追求奢侈，恐怕更不容易。过惯淡泊生活的东方旧知识分子，也难以想象二十世纪西方人对物质要求的胃口。其实人类是最会生活的动物，也是最不会生活的动物；我看关键是在于自我克制。以往总觉得奇怪，为什么结婚离婚在美国会那么随便？《卓别林自传》中提到他最后一个（也是至今和好的一个）妻子乌娜时，有两句话：As I got to know Oona I was constantly surprised by her sense of humor and tolerance; she could always see the other person's point of view... ［我认识乌娜后，发觉她既幽默，又有耐性，常令我惊喜不已；她总是能设身处地，善解人意……］从反面一想，就知道一般美国女子的性格，就可部分地说明美国婚姻生活不稳固的原因。总的印象：美国的民族太年轻，年轻人的好处坏处全有；再加工业高度发展，个人受着整个社会机器的疯狂般的tempo推动，越发盲目，越发身不由主，越来越身心不平衡。这等人所要求的精神调剂，也只能是粗暴、猛烈、简单、原始的娱乐；长此以往，恐怕谈不上真正的文化了。

　　二次大战前后，卓别林在美的遭遇，以及那次大审案，都非我们所能想象。过去只听说法西斯在美国抬头，到此才看到具体的事例。可见在那个国家，所谓言论自由、司法独立等等的好听话，全是骗骗人的。你在那边演出，说话还得谨慎小心，犯不上以一个青年艺术家而招来不必要的麻烦。于事无补、于己有害的一言一语、一举一动，都得避免。当然你早领会这些，不过你有时仍旧太天真、太轻信人（便是小城镇的记者或居民也难免没有spy［密探］注意你），所以不能不再提醒你！

　　…………

第四编

爱的教育

一九五四年七月二十九日 *[1]

亲爱的聪：上星期六（七月二十四日）爸爸说三天之内应该有聪的信，果然，他的预感一点儿也不错，二十六日收到你在车中写的，莫斯科发的，由张宁和转寄的信，我们多高兴！你的信，字迹虽是草率，可是写得太好了，我们大为欣赏，一个人孤独了，思想集中，所发的感想都是真情实意。你所赏识的李太白、白居易、苏东坡、辛稼轩等各大诗人也是我们所喜欢，一切都有同感，亦是一乐也。等到你有什么苦闷、寂寞的时候，多多接触我们祖国的伟大诗人，可以为你遣兴解忧，给你温暖。不知你何日到的波兰？一路上招待如何？住在何处？波兰国庆观礼一定赶到了是么？参加的经过情形告诉我们好么？波兰的Eva［埃娃］妈妈碰到了一定很高兴吧？送给她的礼物，她喜欢么？她到底有没有收到你爸爸的信？饮食起居习惯么？是否

---

[1] 以下标有 * 号的均为傅雷夫人朱梅馥所写。

已开始练琴？是否有教授指导？总之你的一切生活状况要详细告诉我们，我们无日不在思念你！你留在北京的东西，至今没有寄来，不知究竟怎么回事？临走时钱是否用得差不多了？你来信不提。今年苦雨，简直没有一天不下雨，什么东西都是一股潮湿味儿，你的琴因此有好些琴键发不出声音，教恩德练琴，她也没有劲。阿敏的琴也脱胶了，正在修理。这一星期来，他又恢复正常，他也有自知之明，并不固执了，因为我们同他讲欣赏与学习是两件事。他是平均发展的，把中学放弃了，未免可惜，我们赞成他提琴不要放弃，中学也不要放弃，陈又新的看法亦然如此。现在他似乎想通了，不闹情绪了，每天拉琴四小时，余下时间看《克利斯朵夫》，还有听音乐，偶尔出去看看电影。这次波兰电影周，《肖邦的青年时代》他陪我去看了，有些不过瘾，编剧有问题，光线太阴暗，还不是理想的。

修理的房子还没有干透，爸爸还在三楼工作，他对工作的有规律，你是深知的。伏尔泰的作品译了三分之二，每天总得十小时以上，预计九月可出版。近来工作紧张了，晚上不容易睡好，我叫他少做些，他总是非把每天规定的做完不可，性格如此，也没办法。一空下来，他还要为你千思百虑地操心，替你想这样想那样，因为他是出过国的，要把过去的经验尽量告诉你，可以减少许多不必要的周折。他又是样样想得周到，有许多宝贵的意见，他得告诉你，指导你，提醒你。孩子，千万别把爸爸的话当耳边风，一定要牢牢记住，而且要经过一番思索，我们的信可以收起来，一个人孤寂的时候，可以不时翻翻。

我们做父母的人，为了儿女，不怕艰难，不辞劳苦，只要为你们好，能够有助于你们的，我们总尽量地给。希望你也能多告诉我们。你的忧，你的乐，就是我们的，让我们永远联结在一起。我们虽然年纪会老，可是不甘落后，永远也想追随在你们后面。

唱片的card［卡片］，我已全部做好，以作曲家为主，什么作品，谁的指挥，什么乐队，谁的独奏，都写得清清楚楚，而且放在哪个柜子，哪一格内，第几号，都写在唱片袋上，所以要找方便，要归还也方便。一共有五百多张唱片，也不算少了。等到书房搬好，爸爸还要我做书的卡片，好像图书馆一样，你看我忙么？反正我喜欢工作，没有事反觉无聊。每天一上午我要帮着做杂务，到下午才有时间分配给爸爸，晚上是我最舒服的时间，透一口气，可以静下来看看书了。

……我们对你讲了许多，望你多看重些，多给我们写信，那是我们最急切而热望的。再有一件要紧事，要你现在起注意的，你现在要开始学习理财了，每个月的用途，一定要有个预算，这是给你实际的训练，钱不能用过头，要积蓄一些，以防不时之需，而且在国外，不像在国内，闹亏空还不要紧，而是丢脸的。希望你能把你的收入、开支也告诉我们，也许我们可以有些补充的意见。不多谈了，过几天再写。祝好。

一九六〇年八月二十九日

亲爱的孩子：八月二十日报告的喜讯使我们心中说不出的

欢喜和兴奋。你在人生的旅途中踏上一个新的阶段，开始负起新的责任来，我们要祝贺你、祝福你、鼓励你。希望你拿出像对待音乐艺术一样的毅力、信心、虔诚，来学习人生艺术中最高深的一课。但愿你将来在这一门艺术中得到像你在音乐艺术中一样的成功！发生什么疑难或苦闷，随时向一二个正直而有经验的中、老年人讨教，（你在伦敦已有一年八个月，也该有这样的老成的朋友吧？）深思熟虑，然后决定，切勿单凭一时冲动。只要你能做到这几点，我们也就放心了。

对终身伴侣的要求，正如对人生一切的要求一样不能太苛。事情总有正反两面：追得你太迫切了，你觉得负担重；追得不紧了，又觉得不够热烈。温柔的人有时会显得懦弱，刚强了又近乎专制。幻想多了未免不切实际，能干的管家太太又觉得俗气。只有长处没有短处的人在哪儿呢？世界上究竟有没有十全十美的人或事物呢？抚躬自问，自己又完美到什么程度呢？这一类的问题，想必你考虑过不止一次。我觉得最主要的还是本质的善良、天性的温厚、开阔的胸襟。有了这三样，其他都可以逐渐培养；而且有了这三样，将来即使遇到大大小小的风波，也不致变成悲剧。做艺术家的妻子比做任何人的妻子都难，你要不预先明白这一点，即使你知道"责人太严，责己太宽"，也不容易学会明哲、体贴、容忍。只要能代你解决生活琐事，同时对你的事业感兴趣就行，对学问的钻研等等暂时不必期望过奢，还得看你们婚后的生活如何。眼前双方先学习相互的尊重、谅解、宽容。

对方把你作为她整个的世界，固然很危险，但也很宝贵！你既已发觉，一定会慢慢点醒她，最好旁敲侧击而勿正面提出，并且使她感到那是为了维护她的人格独立，扩大她的世界观。倘若你已经想到奥里维的故事，不妨就把那部书叫她细读一二遍，特别要她注意那一段插曲。像雅葛丽纳[1]那样只知道love［爱］，love，love的人只是童话中人物，在现实世界中非但得不到love，连日子都会过不下去，因为她除了love，一无所知，一无所有，一无所爱。这样狭窄的天地哪像一个天地！这样片面的人生观哪会得到幸福！无论男女，只有把兴趣集中在事业上、学问上、艺术上，尽量抛开渺小的自我（ego），才有快活的可能，才觉得活得有意义。未经世事的少女往往会存一个荒诞的梦想，以为恋爱时期的感情的高潮也能在婚后维持下去。这是违反自然规律的妄想。古语说，"君子之交淡如水"；又有一句话说，"夫妇相敬如宾"。可见，只有平静、含蓄、温和的感情方能持久；另外一句的意义是说，夫妇到后来完全是一种知己朋友的关系，也即是我们所谓的终身伴侣。未婚之前双方能深切领会到这一点，就为将来打定了最可靠的基础，免除了多少不必要的误会与痛苦。

你是以艺术力生命的人，也是把真理、正义、人格等等看作高于一切的人，也是以工作为乐生的人；我用不着唠叨，想你早已把这些信念表白过，而且竭力灌输给对方的了。我只想

---

[1] 雅葛丽纳与奥里维均为罗曼·罗兰长篇小说《约翰·克利斯朵夫》中的人物。

提醒你几点：第一，世界上最有力的论证莫如实际行动，最有效的教育莫如以身作则；自己做不到的事千万勿要求别人；自己也要犯的毛病先批评自己，先改自己的。第二，永远不要忘了我教育你的时候犯的许多过严的毛病。我过去的错误要是能使你避免同样的错误，我的罪过也可以减轻几分；你受过的痛苦不再施之于他人，你也不算白白吃苦。总的来说，尽管指点别人，可不要给人"好为人师"的感觉。奥诺丽纳（你还记得巴尔扎克那个中篇吗？）的不幸一大半是咎由自取，一小部分也因为丈夫教育她的态度伤了她的自尊心。凡是童年不快乐的人都特别脆弱（也有训练得格外坚强的，但只是少数），特别敏感，你回想一下自己，就会知道对付你的爱人要如何delicate〔精细〕、如何discreet〔谨慎周到〕了。

我相信你对爱情问题看得比以前更郑重、更严肃了；就在这考验时期，希望你更加用严肃的态度对待一切，尤其要对婚后的责任先培养一种忠诚、庄严、虔敬的心情！

••••••••••••

转达我对Zamira〔扎弥拉〕的祝福，我很愿意和她通信。（她通法文否？望告我。因我写法文比英文方便。）也望转致我们对她父亲的敬意和仰慕。

愿你诸事顺利，一切保重！

一九六〇年十一月十三日

亲爱的孩子：十月二十二日寄你和弥拉的信各一封，想你从瑞典回来都看到了吧？——前天（十一月十一日）寄出法译《毛主席诗词》一册、英译关汉卿（元人）《剧作选》一册、曹禺《日出》一册、冯沅君《中国古典文学小史》一册（四册共一包，都是给弥拉的）；又陈老莲《花鸟草虫册》一册，计十幅，黄宾虹墨笔山水册页五张（摄影），笺谱两套共二十张，我和妈妈放大照片二张（友人摄），共作一包：以上均挂号平寄，由苏联转，预计十二月十日前后可到伦敦。——陈老莲《花鸟草虫册》还是五八年印的，在现有木刻水印中技术最好，作品也选得最精；其中可挑六张，连同封套及打字说明，送弥拉的爸爸，表示我们的一些心意。余四张可留存，将来装饰你的新居。黄氏作品均系原来尺寸，由专门摄影的友人代制，花了不少工夫。其他笺谱有些也可配小玻璃框悬挂。因国内纸张奇紧，印数极少，得之不易，千万勿随便送人；只有真爱、真懂艺术的人才可酌送一二（指笺谱）。木刻水印在一切复制技术中最接近原作，工本浩大，望珍视之。西人送礼，尤其是艺术品，以少为贵，故弥拉爸爸送六张陈老莲已绰乎有余。——这不是小气，而是合乎国外惯例，同时也顾到我们供应不易。

《敦煌壁画选》（木刻水印的一种，非石印洋纸的一种）你身边是否还有？我尚留着三集俱全的一套，你要的话可寄你。不过那是绝版了，一九三五年的东西（木刻印数有限制，后来

209

版子坏了，不能再印），更加名贵，你必须特别爱惜才好。（要否望来信！）

看了此次照片，觉得弥拉更美了，她比瑞士时期肉采丰满，想系恢复健康之故。从她信上可以体会到她性格和顺、天真，同时也严肃，对人对事都认真。为了你们的将来，她正式去学家政，令人感动。不过持家之道主要在乎commen sense（常识），待人接物和处理银钱等等，一切做得合情合理、有计划、有预算。孩子，你该满足了吧，这样一个伴侣对你可有很大帮助。目前你在经历一生最快乐的时期，订了婚，精神有了寄托，只有爱的甜蜜，还没有家庭的责任——你不要"得福不知"！看你照片，身体似乎不坏，精神也平静，我们非常安慰。弥拉极懂音乐，爱好文艺，你们一定相处得很好。在日常工作与休息营养的调节方面，千万多听她的话，别看她年幼，女性在某些事情上比较我们男人实际得多，他们的直觉往往很正确，而且任何年轻的女孩子都有母爱的本能，有些为你身心健康的劝告，更应当多多接受。但愿你脾气好，万万不要像我，要以我的坏脾气作为你的警戒。我最怕在这方面给你不良的影响。你要是能不让爸爸的缺点在你身上发展，便是你对爸爸最好的报答，也是对你下一代尽了很大的责任。

‥‥‥‥‥‥

一九六〇年十一月二十六日晚

亲爱的孩子：自从弥拉和我们通信以后，好像你有了秘书，自己更少动笔了。知道你忙，精神紧张劳累，也不怪你。可是有些艺术问题非要你自己谈不可。你不谈，你我在精神上、艺术上的沟通就要中断，而在我这个孤独的环境中更要感到孤独。除了你，没有人再和我交换音乐方面的意见。而我虽一天天地衰老，还是想多吹吹外面的风。你小时候我们指导你，到了今日，你也不能坐视爸爸在艺术的某个部门中落后！——十月二十一、十一月十三以及以前的信已屡次提及，现在不多谈了。

没想到你们的婚期订得如此近，给我们一个措手不及。妈妈今儿整天在外选购送弥拉和你岳母的礼物。不过也许只能先寄弥拉的，下月再寄另外一包裹。原因详见给弥拉信。礼物不能在你们婚前到达伦敦，妈妈总觉得是件憾事。前信问你有否《敦煌壁画选》，现在我给你作为我给你们俩的新婚纪念品（下周作印刷品寄）。

孩子，你如今正式踏进人生的重要阶段了，想必对各个方面都已严肃认真地考虑过：我们中国人对待婚姻，比西方人郑重得多，你也决不例外；夫妇之间可是西方人比我们温柔得多、delicate［精细］得多，真有我们古人相敬如宾的作风（当然其中有不少虚伪的、互相欺骗的），想你也早注意到，在此订婚四个月内也该多少学习到一些。至于经济方面，大概你也有了妥善的打算和安排。还有一件事，妈妈和我争执不已，不赞成我提出。我认为你们都还年轻，尤其弥拉，初婚一二年内光是学会当家已是够烦了，是否可考虑稍缓一二年再生儿育女，以便减轻一些她的负担，让她多轻松一个时期？妈妈反对，说还是早生孩子，宁可以后再节育。但我说晚一些只不过晚一二年，并非十年八年。说不说由我，听不听由你们；知无不言，言无不尽，朋友之间尚且如此，何况父母子女！有什么忌讳呢？我不过表示我的看法，决定仍在你们。即使我不说，也许你们已经讨论过这个问题了。弥拉的意思很对，你们该出去休息一个星期。我老是觉得，你离开琴，沉浸到大自然中去，多沉思默想，反而对你的音乐理解和感受好处多。人需要不时跳出自我的牢笼，才能有新的感觉、新的看法，也可有更正确的自我批评。

你对晚期贝多芬的看法是否与以前有所不同？思想上是否更接近了些，还是相反，更远了些？一般批评界对舒伯特与贝多芬的见解，你有哪几点同意，哪几点不同意？——他们始终觉得你的莫扎特太精巧，你自己以为如何？

不多写了，祝你婚姻美满，幸福！我们的心永远和你们两人在一起！

一九六○年十二月二日 *

亲爱的聪：知道你们婚期确定以来，我们抱着激动兴奋的心情天天都在盘算日子。你们幸福，我们也跟着幸福。所谓骨肉之亲，所谓爱子情深，只有真爱子女的父母才能深切的体会其中的滋味。我们常常沉浸在回忆中，把你的一生重新温过一遍，想着你在襁褓中的痴肥胖，又淘气又可爱的童年，顽强而多事的少年，一直到半生不熟的去罗马尼亚，出发去参加肖邦的比赛为止：童年时所受的严格的家庭教育，少年时代的发奋用功，出国后的辛勤劳苦，今天的些少成绩，真像电影中一个个的镜头，历历在目，包括了多少辛酸和多少欢乐！如今你到了人生的高潮，也是一生中最幸福的阶段，开始成家立业了。我们做父母的怎不喜极而涕！尤其做母亲的，想到儿子今后的饮食寒暖，身边琐事，有这样一个理想的弥拉来照顾应付，你也不再觉得孤独，我从此可以交卸责任，一切放心了。可爱的弥拉，虽然我们之间只能从通信中互相了解，可是已感到她性情淳厚，温柔体贴，绝非虚荣浮夸的女孩子。（她说过她的信永远代替不了你的，你看她多么懂得做父母的心！）这是你的福气，也显出你眼光不差。最后我还得叮咛几句：希望你们二人处理相亲相爱之外，永远能互相尊重事事商量，切勿独断专行。生活要严肃，有规律，有节制；经济方面要有计划预算，用钱要适当，总之，行事不可凭冲动，图一时之快，必须深思熟虑；你个人更不可使性。当然，人生永远在学习中，过失难免，只要接受教训，就是深入一步了。

我们觉得最遗憾的是没有尽父母之职，不能代你们做些事，美中不足的又不能参加你们的婚礼。日期如此匆促，使我措手不及，不知买什么送你们好。寄出包裹限制甚严，只能在极小的范围内选购。我接连跑了二天，把东西分做二包，总算很顺利地一次寄出了。一个包直寄你岳母处，内织锦缎二件：黑底大金花的送梅纽因夫人，绿色小花的给弥拉。一个包寄Club[1]，内"和光绉"衣料一件，给弥拉做件中国旗袍（最好做夹的，要配个里子），做时可请教中国设计朋友，也不妨问问恩德。要是弥拉不喜欢旗袍，那么随便她做裙子也好，做单纯的nobe［罩袍］也好。淡绿色圆形绣花靠枕一对，淡红色缎子靠枕一对，古绣衣袖一对（作小台布用，放在玻璃底下最美，必须避免灰尘），绒花一朵（不理想）。这一些中国产品的小礼物，算不了什么，只能补充你们布置新房的点缀。物少心意重，想你们一定会喜欢的。《敦煌壁画选》要过一个月再寄，因为海关认为一次已寄了二个包，数量太多，故只能当场原封带回。但愿我们早寄的（十一月十一日寄出）一些陈老莲水印画片，能于你们婚前收到，立刻配起框子，就可悬挂。中国人的家多少该有些中国风味，你们看对不对？

∙∙∙∙∙∙∙∙∙∙∙

　　昨天接弥拉寄来请帖，又高兴又惭愧，许多应该由我们做的事，都偏劳了梅纽因先生夫妇，真正说不过去。不知你请哪些中国朋友？恩德的叔叔我想必在邀请之列。他过去帮过你忙，不能忘了。发请帖最要留意，有时漏掉了会得罪人。望细细想一想。很高兴弥拉答应将你们结婚情况仔细告诉我们（那当然要等相当时间），让我们分享其乐，真是大大的安慰。

---

[1]　傅聪当时在伦敦的住所。

附照片数帧，二张送你岳家。因为太匆忙，底片质地又不理想，成绩不能满意。我穿夹衣（一个月以前拍的），爸爸已穿起棉衣，戴了围巾，你就可知爸爸身体的薄弱了。

你跟弥拉是否都会拍照，此次蜜月旅行，不妨把地中海的风光，多拍几张给我们。还可利用自拍机，二人照在一起。

有人介绍一种"蜂皇精片"，吃了精神特别好，内容是高蛋白，对你这种高度脑力劳动的人必有帮助。请弥拉代你买，名字叫 Apisercun（拼法可能有误），如何服用，请她问医生。国货也有出品，我打算买给爸爸吃。好孩子，你如此劳累，一定要听妈妈的话，赶快叫弥拉去买，立刻试服。

收到我们的信时，恐怕离你婚期只有几天了，你们忙得很！就此停笔。祝你们新婚幸福，健康！

一九六一年二月九日 *

亲爱的聪：爸爸近来任何事一上手，都好像欲罢不能。同你讨论艺术，恨不得倾箱倒箧尽量发挥。他又极易紧张，楼上婆婆过世了，就几日几夜地不能放怀。此次阿敏回家，他又兴奋得睡不好，总之，是喜是忧，都足以使他神经不能安静，欲罢不能。吴医生说主要还是身体衰弱，不易控制神经。我看他思想和心理活动都很复杂，每次要你寄食物的单子，他都一再踌躇，仿佛向儿子要东西，也顾虑重重，并且也怕增加你的负担。你若真有困难，应当来信说明，免得他心中七上八下。否则你

215

也该来信安慰安慰他。每次的单子，都是我从旁作主的。因为我心里明白，一年半以来，长期的缺乏营养，到现在不正常的现象都出来了，另外还有许多病痛。爸爸虽然身体瘦，过去一直维持在一百二十磅上下，如今掉到一百磅，单凭这一点，情形也就可想而知了。叫我如何不为之担忧呢！我虽尽量为他张罗饮食，杯水车薪，也很难。我自己九十五磅，也掉了十五磅。

阿敏回家了，做父母的总是高兴。他信仰坚定，与你不同，可是身体也不大好，一般都是营养缺乏问题，此次得彻底检查一番。他腰酸的毛病已有二年多，前天拍了X光片子，究竟是何道理，还没诊断出来。爸爸跟他谈了许多问题，艺术、政治，无所不谈。也指导他如何思想，如何读书的方法。希望你能不时写信回来，让我们心里多高兴些，多些光彩。

请转告弥拉，我写英文不如中文能随心所欲地发挥，请她原谅，同时由你翻译给她听。我近来忙得不可开交，不能多写，望你们保重！

一九六一年五月二十三日

亲爱的孩子：越知道你中文生疏，我越需要和你多写中文；同时免得弥拉和我们隔膜，也要尽量写英文。有时一些话不免在中英文信中重复，望勿误会是我老糊涂。从你婚后，我觉得对弥拉如同对你一样负有指导的责任——许多有关人生和家常琐碎的经验，你不知道还不打紧，弥拉可不能不学习，否则如何能帮助你解决问题呢？既然她自幼的遭遇不很幸福，得到父母指点的地方不见得很充分，再加西方人总有许多观点与我们有距离，特别在人生的淡泊、起居享用的俭朴方面，我更认为应当逐渐把我们东方民族（虽然她也是东方血统，但她的东方只是徒有其名了！）的明智的传统灌输给她。前信问你有关她与生母的感情，务望来信告知。这是人伦至性，我们不能不关心弥拉在这方面的心情或苦闷。

五月十一日（邮戳是十三日）的信，今晨收到，确是慢了一些。我五月十一日的信，你十六日即收到，快得出人意料。萧伯母五月十六日来信（昨日收到）说："今午接聪二十镑，英文信是四月二十九日，大概是聪少奶写的。奇怪的是二个月前寄的十五镑尚未收到，也许没有寄出吧？"——今接来信，原来你第一次汇款还是用的航空。四月初自伦敦发，五月十六日尚未到港，绝无此理。我看多半是遗失了。望抽空向邮局查问。但若原收据已丢失，就无法查询。假定如此，但愿这次教训使你永远学会保存银钱汇款等等收条单据！不愿意把物质的事挂在嘴边是一件事，不糊里糊涂莫名其妙地丢失钱是另一件事！这是我与你大不相同之处。我也觉得提到阿堵物[1]是俗气，可是我年轻时母亲（你的祖母）对我的零用抓得极紧，加上二十四岁独立当家，收入不丰；二十六岁你祖母去世以后，年年靠卖田应付，所以比你在经济上会计算、会筹划，尤其比你

---

[1] 阿堵物：指钱。

原则性强。当然，这些对你的艺术家气质不很调和，但也只是对像你这样的艺术家是如此；精明能干的艺术家也有的是。肖邦即是一个有名的例子，他从来不让出版商剥削，和他们谈判条件从不怕烦。你在金钱方面的洁癖在我们眼中是高尚的节操，在西方拜金世界和吸血世界中却是任人鱼肉的好材料。我不和人争利，但也绝不肯被人剥削，遇到这种情形不能不争。——这也是我与你不同之处。但你也知道，我争的还是一个理而不是为钱，争的是一口气而不是为的利。在这一点上你和我仍然相像。

总而言之，理财有方法、有系统，并不与重视物质有必然的联系，而只是为了不吃物质的亏而采取的预防措施；正如日常生活有规律，并非求生活刻板枯燥，而是为了争取更多的时间，节省更多的精力来做些有用的事。读些有益的书，总之是为了更完美地享受人生。

一九四五年，我和周伯伯办《新语》，写的文章每字每句脱不了罗曼·罗兰的气息和口吻，我苦苦挣扎了十多天。终于摆脱了，重新找到了我自己的文风。这事我始终不能忘怀。——你现在思想方式受外国语文束缚，与我当时受罗曼·罗兰（翻了他一百二十万字的长篇自然免不了受影响）的束缚有些相似，只是你生活在外国语文的环境中，更不容易解脱，但并非绝对不可能解决。例如我能写中文，也能写法文和英文，固然时间要花得多一些，但不至于像你这样二百多字的一页中文（在我应当是英文——因我从来没有实地应用英文的机会）要花费一小时。问题在于你的意志，只要你立意克服，恢复中文的困难早晚能克服。我建议你每天写一些中文日记，便是简简单单写一篇三四行的流水账，记一些生活琐事也好，唯一的条件是有恒。倘你天天写一二百字，持续到四五星期，你的中文必然会流畅得多。——最近翻出你五〇年十月昆明来信，读了感慨很多。到今天为止，敏还写不出你十六岁时写的那样的中文。既然你有相当根基，恢复并不太难，希望你有信心，不要胆怯，要坚持、持久！你这次写的第一页，虽然气力花了不少，中文还是很好，很能表达你的真情实感。——要长此生疏下去，我倒真替你着急呢！我竟说不出我和你两人为这个问题谁更焦急。可是干着急无济于事，主要是想办法解决，想了办法该坚决贯彻！再告诉你一点：你从英国写回来的中文信，不论从措辞或从风格上看，都还比你的英文强得多；因为你的中文毕竟有许多古书做底子，不比你的英文只是浮光掠影摭拾得来的。你知道了这一点应该更有自信心了吧？

柏辽兹我一向认为最能代表法兰西民族，最不受德、意两国音乐传统的影响。《基督童年》一曲朴素而又精雅，热烈而又含蓄，虔诚而又健康，完全写出一个健全的人的宗教情绪，广义的宗教情绪，对一切神圣、纯洁、美好、无邪的事物的崇敬。来信说得很对，那个曲子又有热情又有恬静，又兴奋又淡泊，第二段的古风尤其可爱。怪不得当初巴黎的批评家都受了骗，以为真是新发现的十七世纪法国教士作的。但那narrator［叙述者］唱得太过火了些，我觉得家中原有老哥伦比亚的一个片段比这个新片更素雅自然。可惜你不懂法文，全篇唱词之美在英文译文中完全消失了。我对照看了几段，简直不能传达原作的美于万一！（原文写得像《圣经》一般单纯！可是多美！）想你也知道全部脚本是出于柏辽兹的手笔。

你既对柏辽兹感到很大兴趣，应当赶快买一本罗曼·罗兰的《今代音乐家》（Romain Rolland: *Musiciens d' Aujourd' hui*），读一读论柏辽兹的一篇。（那篇文章写得好极了！）倘英译本还有同一作者的《古代音乐家》（*Musiciens d' Autrefois*）当然也该买。正因为柏辽兹完全表达他自己，不理会也不知道（据说他早期根本不知道巴赫）过去的成规俗套，所以你听来格外清新、亲切、真诚，而且独具一格。也正因为你是中国人，受西洋音乐传统的熏陶较浅，所以你更能欣赏独往独来，在音乐上追求自由甚于一切的柏辽兹。而也由于同样的理由，我热切期望未来的中国音乐应该是这样一个境界。为什么不呢？俄罗斯五大家不也由于同样的理由爱好柏辽兹吗？同时，不也是由于同样的理由，穆索尔斯基对近代各国的乐派发生极大的影响吗？

••••••••••••

丹纳原书的确值得细读，而且要不止一遍地读，你一定会欣赏。暂时寄你的只限于希腊部分，也足够你细细回味和吸收了。

你说得很对，"学然后知不足"，只有不学无术或是浅尝即止的人才会自大自满。我愈来愈觉得读书太少，聊以自慰的就是还算会吸收、消化、贯通。像你这样的艺术家，应当无书不读，像 Busoni［布索尼］、Hindemith［亨德米特］那样。就因为此，你更需和弥拉你俩妥善安排日常生活，一切起居小节都该有规律有计划，才能挤出时间来。当然，艺术家也不能没有懒洋洋地耽于幻想的时间，可不能太多；否则成了习惯就浪费光阴了。没有音乐会的期间也该有个计划，哪几天招待朋友，哪几天听音乐会，哪几天照常练琴，哪几天读哪一本书。一朝有了安排，就不至于因为无目的无任务而感到空虚与烦躁了。这些琐琐碎碎的项目其实就是生活艺术的内容。否则空谈"人生也是艺术"，究竟指什么呢？对自己有什么好处呢？但愿你与弥拉多谈谈这些问题，订出计划来按部就班地做去。最要紧的是订的计划不能随便打破或打乱。你该回想一下我的作风，可以加强你实践的意志。你初订婚时不是有过指导弥拉的念头吗？现在成了家，更当在实际生活中以身作则，用行动来感染她！

正如你说的，你和我在许多地方太相像了，不知你在小事情的脾气上是否常常把爸爸作为你的警戒？弥拉还是孩子，你更得优容些，多用善言劝导，多多坐下来商量，切勿遇事烦躁，像我这样。你要能不犯你爸爸在这方面的错误，我就更安心更快活了。

一九六一年六月二十六日晚七时

亲爱的孩子：六月十八日信（邮戳十九）今晨收到。虽然花了很多钟点，信写得很好。多写几回就会感到更容易、更省力。最高兴的是你的民族性格和特征保持得那么完整，居然还不忘记："一箪食（读如'嗣'）一瓢饮，回也不改其乐。"唯有如此，才不致被西方的物质文明湮没。你屡次来信说我们的信给你看到和回想到另外一个世界，理想气息那么浓的、豪迈的、真诚的、光明正大的、慈悲的、无我的（即你此次信中说的 idealistic，generous，devoted，loyal，kind，selfless）世界。我知道东方西方之间的鸿沟，只有豪杰之上，领悟颖异、感觉敏锐而深刻的极少数人方能体会。换句话说，东方人要理解西方人及其文化和西方人理解东方人及其文化同样不容易。即使理解了，实际生活中也未必真能接受。这是近代人的苦闷：既不能闭关自守，东方与西方各管各的生活，各管各的思想，又不能避免两种精神、两种文化、两种哲学的冲突和矛盾。当然，除了冲突与矛盾，两种文化也彼此吸引，相互之间有特殊的魅力使人神往。东方的智慧、明哲、超脱，要是能与西方的活力、热情、大无畏的精神融合起来，人类可能看到另一种新文化出现。西方人那种孜孜矻矻、白首穷经，只知为学，不问成败的精神还是存在（现在和克利斯朵夫的时代一样存在），值得我们学习。你我都不是大国主义者，也深恶痛绝大国主义，但你我的民族自觉、民族自豪和爱国热忱并无一星半点的排外意味。相反，这是一个有根有蒂的人应有的感觉与感情。每次看到你有这种表现，我都快活得心儿直跳，觉得你不愧为中华民族的儿子！妈妈也为之自豪，对你特别高兴、特别满意。

分析你岳父的一段大有见地，但愿作为你的鉴戒。你的两点结论,不幸的婚姻和太多与太早的成功是艺术家最大的敌人,说得太中肯了。我过去为你的婚姻问题操心,多半也是从这一点出发。如今弥拉不是有野心的女孩子,至少不会把你拉上热衷名利的路,让你能始终维持艺术的尊严,维持你严肃朴素的人生观,已经是你的大幸。还有你淡于名利的胸怀,与我一样的自我批评精神,对你的艺术都是一种保障。但愿十年二十年之后,我不在人世的时候,你永远能坚持这两点。恬淡的胸怀,在西方世界中特别少见,希望你能树立一个榜样!

说到弥拉,你是否仍和去年八月初订婚时来信说的一样预备培养她?不是说培养她成一个什么专门人才,而是带她走上严肃、正直、坦白、爱美、爱善、爱真理的路。希望以身作则,鼓励她多多读书,有计划、有系统地正规地读书,不是消闲趋时地读书。你也该培养她的意志:便是有规律、有系统地处理家务,掌握家庭开支,经常读书,等等,都是训练意志的具体机会。不随便向自己的fancy [幻想] 让步,也不随便向你的fancy让步,也是锻炼意志的机会。孩子气是可贵的,但绝不能损害taste [品味],更不能影响家庭生活、起居饮食的规律。有些脾气也许一辈子也改不了,但主观上改,总比听其自然或是放纵(即所谓indulging)好,你说对吗?弥拉与我们通信近来少得多,我们不怪她,但那也是她道义上、感情上的一种责任。我们原谅她是一回事,你不从旁提醒她可就不合理,不尽你督促之责了。做人是整体的,对我们经常写信也表示她对人生、对家庭的态度。你别误会,我再说一遍,别误会我们嗔怪她,而是为了她太年轻，需要养成一个好作风，处理实际事务的严格的态度。以上的话主要是为她好，而不是仅仅为我们多得一些你们消息的快乐。可是千万注意，和她提到给我们写信的时候，说话要和软，否则反而会影响她与我们的感情。翁姑与媳妇的关系与父母子女的关系大不相同，你慢慢会咂摸到，所以处理要非常细致。

最近几次来信，你对我们托办的事多半有交代，我很高兴。你终于在实际生活方面也成熟起来了，表示你有头有尾，责任感更强了。你的录音机迄未置办，我很诧异；照理你布置新居时，应与床铺在预算表上占同样重要的地位。在我想来，少一二条地毯倒没关系，少一架好的录音机却太不明智。足见你们俩仍太年轻，分不出轻重缓急。但愿你去美洲回来就有能力置办！

⋯⋯⋯⋯⋯⋯

我早料到你读了《论希腊雕塑》以后的兴奋。那样的时代是一去不复返的了，正如一个人从童年到少年那个天真可爱的阶段一样，也如同我们的先秦时代、两晋六朝一样。近来常翻阅《世说新语》（正在寻一部铅印而篇幅不太笨重的预备寄你），觉得那时的风流文采既有点儿近古希腊，也有点儿像文艺复兴时期的意大利；但那种高远、恬淡、素雅的意味仍然不同于西方文化史上的任何一个时期。人真是奇怪的动物，文明的时候会那么文明，谈玄说理会那么隽永，野蛮的时候又同野兽毫无分别，甚至更残酷。奇怪的是，这两个极端就表现在同一批人、同一时代的人身上。两晋六朝多少野心家，想夺天下、称孤道寡的人，坐下来清谈竟是深通老庄与佛教哲学的哲人！

韩德尔的神剧固然追求异教精神，但他毕竟不是公元前四五世纪的希腊人，他的作品只是十八世纪一个意大利化的日耳曼人向往古希腊文化的表现。便是《赛米里》吧，口吻仍不免带点儿浮夸（pompous）。这不是韩德尔个人之过，而是民族与时代之不同，绝对勉强不来的。将来你有空闲的时候（我想再过三五年，你音乐会一定可大大减少，多一些从各方面进修的时间），读几部英译的柏拉图、色诺芬一类的作品，你对希腊文化可有更多更深的体会。再不然你一朝去雅典，尽管山陵剥落（如丹纳书中所说）面目全非，但是那种天光水色（我只能从亲自见过的罗马和那不勒斯的天光水色去想象），以及巴台农神庙的废墟，一定会给你强烈的激动，狂喜，非言语所能形容，好比四五十年以前邓肯在巴台农废墟上光着脚不由自主的跳起舞来（《邓肯（Duncun）自传》，倘在旧书店中看到，可买来一读）。真正体会古文化，除了从小"泡"过来之外，只有接触那古文化的遗物。我所以不断寄吾国的艺术复制品给你，一方面是满足你思念故国，缅怀我们古老文化的饥渴，一方面也想用具体事物来影响弥拉。从文化上、艺术上认识而爱好异国，才是真正认识和爱好一个异国；而且我认为也是加强你们俩精神契合的最可靠的链锁。

⋯⋯⋯⋯⋯

以上写了三个半小时，累得很了，还得写英文的呢！望多多休息，勿熬夜太过！

一九六一年七月七日晚

亲爱的孩子:《近代文明中的音乐》和你岳父的传记,同日收到。接连三个下午看完传记,感想之多,情绪的波动,近十年中几乎是绝无仅有的经历。写当代人的传记有一个很大的便宜,人证物证多,容易从四面八方搜集材料,相互引证、核对。当然也有缺点:作者与对象之间距离太近,不容易看清客观事实和真正的面目;当事人所牵涉的人和事大半尚在目前,作者不能毫无顾虑,内容的可靠性和作者的意见难免打很大的折扣。总的说来,马吉道夫写得很精彩,对人生、艺术、心理变化都有深刻的观察和真切的感受;taste〔品味〕不错,没有过分的恭维。作者本人的修养和人生观都相当深广。许多小故事的引用也并非仅仅为了吸引读者,而是旁敲侧击地烘托出人物的性格。

你大概马上想象得到,此书对我有特殊的吸引力。教育儿童的部分,天才儿童的成长及其苦闷的历史,缺乏苦功而在二十六岁至三十岁之间闭门(不是说绝对退隐,而是独自摸索)补课,两次的婚姻和战时战后的活动,都引起我无数的感触。关于教育,你岳父的经历对你我两人都是一面镜子。我许多地方像他的父母,不论是优点还是缺点,也有许多地方不及他的父母,也有某些地方比他们开明。我很庆幸没有把你关在家里太久,这也是时代使然,也是你我的个性同样倔强使然。父母子女之间的摩擦与冲突,甚至是反目,当时虽然对双

226

方都是极痛苦的事，从长里看对儿女的成长倒是利多弊少。你祖岳母的骄傲简直到了不近人情的地步，完全与她的宗教信仰不相容——世界上除了回教我完全茫然以外，没有一个宗教不教人谦卑和隐忍，不教人克制骄傲和狂妄的。可是她对待老友Goldman［戈德曼］的态度，对耶胡迪在台上先向托斯卡尼尼鞠躬的责备，竟是发展到自高自大、目空一切的程度。她教儿女从小轻视金钱权势，不向政治与资本家低头，不许他们自满，唯恐师友宠坏他们，这一切当然是对的。她与她丈夫竭力教育子女，而且如此全面，当然也是正确的、可敬可佩的；可是归根结底，她始终没有弄清楚教育的目的，只笼笼统统说要儿女做一个好人，哪怕当鞋匠也不妨；她却并未给好人（honestman）二字下过定义。在我看来，她的所谓好人实在是非常狭小的，限于respectable［正派的］而从未想到更积极、更阔大的天地和理想。假如她心目中有此意念，她必然会鼓励孩子"培养自己以便对社会对人类有所贡献"。她绝未尊敬艺术，她对真、美、善毫无虔诚的崇敬心理；因此，她看到别人自告奋勇帮助耶胡迪（如埃尔曼资助他去欧洲留学，戈德曼送他Prince K［王子K］……小提琴等等）并不有所感动，而只觉得自尊心受损。她从未认识人的伟大是在于帮助别人，受教育的目的只是培养和积聚更大的力量去帮助别人，而绝对不是盲目地自我扩张。梅纽因老夫人只看见她自己、她一家、她的和丈夫的姓氏与种族；所以她看别人的行为也永远从别人的自私出发。自己没有理想，如何会想到茫茫人海中竟有具备理想的人呢？她学问丰富，只缺少一个高远的理想作为指南针。她为人正直，只缺少忘我的牺牲精神——她为儿女是忘我的，是有牺牲精神的；但"为儿女"实际仍是"为她自己"；她没有急公好义、慷慨豪侠的仁慈！幸亏你岳父得天独厚，凡是家庭教育所没有给他的东西，他从音乐中吸收了，从古代到近代的乐曲中，从他接触的前辈，尤其埃奈斯库身上得到了启示。他没有感染他母亲那种狭窄、闭塞、贫乏、自私的道德观（即西方人所谓的prudery［拘谨］）。也幸而残酷的战争教了他更多的东西，扩大了他的心灵和胸襟，烧起他内在的热情……你岳父今日的成就，特别在人品和人生观方面，可以说是in spite of his mother［未受他的母亲影响］。我相信真有程度的群众欣赏你岳父的地方（仍是指艺术以外的为人），他父母未必体会到什么伟大。但他在海牙为一个快要病死的女孩子演奏Bach［巴赫］的 Chaconne［《夏空》］，以及他一九四七年在柏林对犹太难民的讲话，以后在以色列的表现等等，我认为是你岳父最了不起的举动，符合我们威武不能屈的古训。

书中值得我们深思的段落，多至不胜枚举，对音乐，对莫扎特、巴赫直到巴托克的见解；对音乐记忆的分析，小提琴技术的分析，还有对协奏曲（和你一开始即浸入音乐的习惯完全相似）的态度，都大有细细体会的价值。他的两次re-study［重新学习］（最后一次是一九四二至一九四五年）你都可作为借鉴。

了解人是一门最高深的艺术，便是最伟大的哲人、诗人、宗教家、小说家、政治家、医生、律师，都只能掌握一些原则，不能说对某些具体的实例——个人——有彻底的了解。人真是矛盾百出、复杂万分、神秘到极点的动物。看了传记，好像对人物有了相当认识，其实还不过是一些粗疏的概念。尤其他是性情温和、从小隐忍惯的人，更不易摸透他的底。我想你也有同感。

你上次信中分析他的话，我不敢下任何断语。可是世界上就是到处残缺，没有完善的人或事。大家说他目前的夫人不太理想，但弥拉的母亲又未尝使他幸福。他现在的夫人的确多才多艺、精明强干，而连带也免不了多才多艺和精明强干带来的缺点。假如你和其他友人对你岳父的看法不错，那也只能希望他的艺术良心会再一次觉醒，提到一个新的更高的水平，再来一次严格的自我批评。是否会有这幸运的一天，就得看他的生命力如何了。人的发展总是波浪式的，和自然界一样：低潮之后还有高潮再起的可能，峰回路转，也许"柳暗花明又一村"，又来一个新天地呢！所以古人说对人要"盖棺论定"。

....

你说过的那位匈牙利老太太，指导过 Anni Fischer［安妮·费希尔］的，千万上门去请教，便是去一二次也好。你有足够的聪明，人家三言两语，你就能悟出许多道理。可是从古到今没有一个人聪明到不需要听任何人的意见。智者千虑，必有一失。也许你去美访问以前就该去拜访那位老人家！亲爱的孩子，听爸爸的话，安排时间去试一试好吗？——再附带一句：去之前一定要存心去听"不入耳之言"才会有所得，你得随时去寻访你周围的大大小小的伊萨伊！

话愈说愈远——也许是愈说愈近了。假如念的书不能应用到自己身上来，念书干吗？

你岳父清清楚楚对他自幼所受的教育有很大的反响。他一再声明越少替儿童安排他们的前途越好。这话其实也只说对了一部分，同时也得看这种放任主义如何执行。

要是有时间与精力，这样一本书可以让我写一篇上万字的批评。但老实说，我与耶胡迪成了亲家，加上狄阿娜夫人so sharp and so witty［如此精明机智］，我也下笔有顾忌，只好和你谈谈。

最后问你一句：你看过此书没有？倘未看，可有空即读，而且随手拿一支红笔，要标出（underline）精彩的段落。以后有空还得再念第二、三遍。弥拉年轻，未经世事，我觉得她读了此书并无所得。

我已有几次问你弥拉是否开始怀孕，因为她近来信少，与你半年前的情形相仿。若是怀孕而不舒服，则下面的话只当没说！否则妈妈送了她东西，她一个字都没有，未免太不礼貌。尤其我们没有真好的东西给她（环境限制），可是"礼轻心意重"，总希望受的人接受我们一份情意。倘不是为了身体不好，光是忙，不能成为一声不出的理由。这是体统和规矩问题。我看她过去与后母之间不大融洽；说不定一半也由于她太"少不更事"。——但这事你得非常和缓地向她提出，也别露出是我信中嗔怪她，只作为你自己发觉这样不大好，不够kind［周到］，不合乎做人之道。你得解释，这不过是一例，做人是对整个社会，不仅仅是应付家属。但对近亲不讲礼貌的人也容易得罪一般的亲友。——以上种种，你需要掌握时机，候她心情愉快的当口委婉细致、心平气和、像对知己朋友进忠告一般的谈。假如为了我们使你们小夫妇俩不欢，是我极不愿意的。你总得让她感觉到一切是为她好，帮助她学习，live the life［待人处事］；而绝非为了父母而埋怨她。孩子，这件微妙的任务希望你顺利完成！对你也是一种学习和考验。忠言逆耳，但必须出以一百二十分柔和的态度，对方才能接受。

············

写了整整四个小时，也该歇手了，还需妈妈明晨抄了副本（存底）才好寄你。多休息，多松散，一切保重！

一九六一年七月八日

············

在过去的农业社会里，人的生活比较闲散，周围没有紧张的空气，随遇而安，得过且过的生活方式还能对付。现在时代大变，尤其在西方世界，整天整月整年社会像一个瞬息不停的万花筒，生存竞争的剧烈，想你完全体会到了。最好做事要有计划，至少一个季度事先要有打算，定下的程序非万不得已切勿临时打乱。你是一个经常出台的演奏家，与教授、学者等等不同：生活忙乱得多，不容易控制。但愈忙乱愈需要有全面计划，我总觉得你太被动，常常 be carried away［失去自制力］，被环境和大大小小的事故带着走，从长远看，不是好办法。过去我一再问及你经济情况，主要是为了解你的物质基础，想推测一下再要多少时期可以减少演出，加强学习——不仅仅音乐方面的学习。我很明白在西方社会中物质生活无保障，任何高远的理想都谈不上。但所谓物质保障首先要看你的生活水准，其次要看你会不会安排收支，保持平衡，经常有规律地储蓄。生活水准本身就是可上可下，好坏程度、高低等级多至不可胜计的；究竟自己预备以哪一种水准为准，需要想个清楚，弄个彻底，然后用坚强的意志去贯彻。唯有如此，方谈得到安排收支等等的理财之道。孩子，光是瞧不起金钱不解决问题；相反，正因为瞧不起金钱而不加控制、不会处理，临了竟会吃金钱的亏，做物质的奴役。单身汉还可用颜回的刻苦办法应急，有了家室就不行，你若希望弥拉也会甘于素衣淡食就要求太苛、不合实际了。为了避免落到这一步，倒是应当及早定出一个中等的生活水准使弥拉能同意、能实践，帮助你定计划执行。越是轻视物质越需要控制物质。你既要保持你艺术的尊严、人格的独立，控制物质更成为最迫切、最重要的先决条件。孩子，假如你相信我这个论点，就得及早行动。

经济有了计划，就可按照目前的实际情况定一个音乐活动的计划。比如下一季度是你最忙，但也是收入最多的季度：那笔收入应该事先做好预算；切勿钱在手头，散漫使花，而是要作为今后减少演出的基础——说明白些就是基金。你常说音乐世界是茫茫大海，但音乐还不过是艺术中的一支、学问中的一门。望洋兴叹是无济于事的，要钻研仍然要定计划——这又跟你的演出的多少、物质生活的基础有密切关系。你结了婚，不久家累会更重；你已站定脚跟，但最要防止将来为了家累、为了物质基础不稳固，不知不觉地把演出、音乐为你一家数口服务。古往今来——尤其近代，多少艺术家（包括各个部门）到中年以后走下坡路，难道真是他们愿意的吗？多半是为家庭拖下水的，而拖下水的经过完全出于不知不觉。孩子，我为了你的前途不能不长篇累牍地告诫。现在正是设计你下一阶段生活的时候，应当振作精神，面对当前，眼望将来，从长考虑，何况我相信三五年到十年之内，会有一个你觉得非退隐一年二年不可的时期。一切真有成就的演奏家都逃不过这一关。你得及早准备。

最近三个月，你每个月都有一封长信，使我们好像和你对面谈天一样：这是你所能给我和你妈妈的最大安慰。父母老了，精神上不免一天天地感到寂寞。唯有万里外的游子归鸿使我们生活中还有一些光彩和生气。希望以后的信中，除了艺术，也谈谈实际问题。你当然领会到我做爸爸的只想竭尽所能帮助你进步，增进你的幸福，想必不致嫌我烦琐吧？

一九六一年九月十四日晨

你工作那么紧张，不知还有时间和弥拉谈天吗？我无论如何忙，要是一天之内不与你妈谈上一刻钟十分钟，就像漏了什么功课似的。时事感想，人生或大或小的事务的感想，文学艺术的观感，读书的心得，翻译方面的问题，你们的来信，你的行踪……上下古今，无所不谈，拉拉扯扯，不一定有系统，可是一边谈一边自己的思想也会整理出一个头绪来，变得明确；而妈妈今日所达到的文化、艺术与人生哲学的水平，不能不说一部分是这种长年的闲谈熏陶出来的。去秋你信中说到培养弥拉，不知事实上如何做？也许你父母数十年的经历和生活方式还有值得你参考的地方。以上所提的日常闲聊便是熏陶人最好的一种方法。或是饭前饭后或是下午喝茶（想你们也有英国人喝tea［茶］的习惯吧？）的时候，随便交换交换意见，无形中彼此都得到不少好处——启发，批评，不知不觉地提高自己、提高对方。总不能因为忙，各人独自生活在一个小圈子里。少女少妇更忌精神上的孤独。共同的理想、热情，需要长期不断地灌溉栽培，不是光靠兴奋时说几句空话所能支持的。而一本正经地说大道理，远不如日常生活中琐琐碎碎的一言半语来得有效——只要一言半语中处处贯彻你的做人之道和处世的原则。孩子，别因为埋头于业务而忘记了你自己定下的目标，别为了音乐的艺术而抛荒生活的艺术。弥拉年轻，根基未固，你得耐性细致、孜孜不倦地关怀她，在人生琐事方面、读书修养方面、感情方面，处处观察、分析、思索，以诚挚深厚的爱做原动力，以冷静的理智做行动的指针，加以教导，加以诱引，和她一同进步！倘或做这些工作的时候有什么困难，千万告诉我们，可帮你出主意解决。你在音乐艺术中固然只许成功，不许失败；在人生艺术中、婚姻艺术中也只许成功，不许失败！这是你爸爸妈妈最关心的，也是你一生幸福所系。而且你很明白，像你这种性格的人，人生没法与艺术分离，所以要对你的艺术有所贡献，家庭生活与夫妇生活更需要安排得美满。——语重心长，但愿你深深体会我们爱你和爱你的艺术的热诚，从而在行动上彻底实践！

我老想帮助弥拉，但自知手段笨拙，生怕信中处处流露出说教口吻和家长面孔。青年人对中年老年人另有一套看法，尤其西方少妇。你该留意我的信对弥拉起什么作用，要是她觉得我太古板、太迂等等，得赶快告诉我，让我以后对信中的措辞多加修饰。我决不嗔怪她，可是我极需要知道她的反应来调节我教导的方式方法。你务须实事求是，切勿粉饰太平，歪曲真相——日子久了，这个办法只能产生极大的弊害。你与她有什么不协和，我们就来解释、劝说；她与我们之间有什么不协和，你就来解释、劝说，这样才能做到所谓"同舟共济"。我在中文信中谈的问题，你都可挑出一二题目与她讨论；我说到敏的情形也好告诉她，这叫作旁敲侧击，使她更了解我们。我知道她家务杂务、里里外外忙得不可开交，故至今不敢在读书方面督促她。我屡屡希望你经济稳定，早日打定基础，酌量减少演出，使家庭中多些闲暇，一方面也是为了弥拉的进修。（要人进修，非给他相当时间不可。）我一再提议你去森林或郊外散步，去博物馆欣赏名作，大半为了你，一小半也是为了弥拉。多和大自然与造型艺术接触，无形中能使人恬静、旷达（古人所云"荡涤胸中尘俗"，大概即是此意），维持精神与心理的健康。在众生万物前面不自居为"万物之灵"，方能去除我们的狂妄，打破纸醉金迷的俗梦，养成淡泊洒脱的胸怀，同时扩大我们的同情心。欣赏前人的遗迹，看到人类伟大的创造，才能不使自己被眼前的局势弄得悲观，从而鞭策自己，竭尽所能地在尘世留下些少成绩。以上不过是与大自然及造型艺术接触的好处的一部分，其余你们自能体会。

············

一九六一年十月五日深夜

亲爱的孩子：等了好久，昨晚才收到弥拉的信。没料到航空寄的画竟和信一样快。我挑选的作品你们俩都喜爱，可见我与你们的眼光与口味完全一致，也叫我非常高兴。弥拉没提到周文中的评论材料，也没说起四包乐谱是否收到，令人悬悬。下次来信务必交代清楚！

说起周文中，据陈伯伯（又新），原是上海音乐馆（上海音专［陈又新和丁善德合办的学校］的前身）学生，跟陈伯伯学过多年小提琴，大约与张国灵同时。胜利后出国。陈伯伯一九四九年留英期间，周还与他通信。据说小提琴拉得不差呢。

八、九两月你统共只有三次演出，但似乎你一次也没去郊外或博物馆。我知道你因技术与表达都有大改变，需要持续加工和巩固；访美的节目也得加紧准备；可是两个月内毫不松散也不是办法。两年来我不知说了多少次，劝你到森林和博物馆走走，你始终不能接受。孩子，我多担心你身心的健康和平衡；一切都得未雨绸缪，切勿到后来悔之无及。单说技巧吧，有时硬是别扭，倘若丢开一个下午，往大自然中跑跑，或许下一天就能顺利解决。人的心理活动总需要一个酝酿的时期，不成熟时硬要攻克难关，只能弄得心烦意躁，浪费精力。音乐理解亦然如此。我始终觉得你犯一个毛病，太偏重以音乐本身去领会音乐。你的思想与信念并不如此狭窄，很会海阔天空地用想象力；但与音乐以外的别的艺术，尤其大自然，实际上接触太少。整天看谱、练琴、听唱片……久而久之会减少艺术的新鲜气息，趋于抽象、闭塞，缺少生命的活跃与搏击飞纵的气势。我常常为你预感到这样一个危机，不能不舌敝唇焦，及早提醒，要你及早防止。你的专业与我的大不同。我是不需要多大创新的，我也不是有创新才具的人：长年关在家里不致在业务上有什么坏影响。你的艺术需要时时刻刻地创造，便是领会原作的精神也得从多方面（音乐以外的感受）去探讨：正因为过去的大师就是从大自然、从人生各方面的材料中"泡"出来的，把一切现实升华为emotion［感情］与sentiment［情操］，所以表达他们的作品也得走同样的路。这些理论你未始不知道，但似乎并未深信到身体力行的程度。另外，我很奇怪：你年纪还轻，应该比我爱活动；你也强烈地爱好自然，怎么实际生活中反而不想去亲近自然呢？我记得很清楚，我二十二三岁在巴黎、瑞士、意大利以及法国乡间，常常在月光星光之下，独自在林中水边踏着绿茵，呼吸浓烈的草香与泥土味、溪水味，或是借此舒散苦闷，或是沉思默想。便是三十多岁在上海，一逛公园就觉得心平气和，精神健康多了。太多与刺激感官的东西（音乐便是刺激感官最强烈的）接触，会不知不觉失去身心平衡。你既憧憬希腊精神，为何不学学古希腊人的榜样呢？你既热爱陶潜、李白，为什么不试试去体会"采菊东篱下，悠然见南山"的境界（实地体会）呢？你既从小熟读克利斯朵夫，总不致忘了克利斯朵夫与大自然的关系吧？还有造型艺术，别以家中挂的一些为满足，干吗不上大不列颠博物馆去流连一下呢？大概你会回答我说没有时间，做了这样就得放弃那样。可是暑假中比较空闲，难道去一两次郊外与美术馆也抽不出时间吗？只要你有兴致，便是不在假中，也可能特意上美术馆，在心爱的一二幅画前面待上一刻钟半小时。不必多，每次只消集中一二幅，来回统共也花不了一个半小时，无形中积累起来的收获可是不小呢！你说我信中的话，你"没有一句是过耳不入"的，好吧，那么在这方面希望你思想上慢慢酝酿，考虑我的建议，有机会随时试一试，怎么样？行不行呢？我一生为你的苦心，你近年来都体会到了。可是我未老先衰，常有为日无多之感，总想尽我仅有的一些力量，在我眼光所能见到的范围以内帮助你、指导你，特别是早早指出你身心与艺术方面可能发生的危机，使你能预先避免。"语重心长"这四个字形容我对你的态度是再贴切没有了。只要你真正爱你的爸爸、爱你自己、爱你的艺术，一定会郑重考虑我的劝告，接受我数十年如一日的这股赤诚的心意！

你也很明白，钢琴上要求放松先要精神上放松，过度的室内生活与书斋生活恰恰是造成现代知识分子神经紧张与病态的主要原因；而萧然意远、旷达恬静、不滞于物、不凝于心的境界只有从自然界中获得，你总不能否认吧？

还有很重要的一点：弥拉比你小五岁，应该是喜欢活动的年纪。你要是闭户家居，岂不连带她感到岑寂枯索？而看她的气质，倒也很爱艺术与大自然，那就更应该同去欣赏，对彼此都有好处。只有不断与森林、小溪、花木、鸟兽、虫鱼和美术馆中的杰作亲炙的人，才会永远保持童心、纯洁与美好的理想。培养一个人，空有志愿有什么用？主要从行动着手！无论多么优秀的种子，没有适当的环境、水土、养分，也难以开花结果，说不定还会中途变质或夭折。弥拉的妈妈诺拉本性何尝不好、不纯洁，就是与耶胡迪之间缺少一个共同的信仰与热爱，缺少共同的devotion［目标］，才会如此下场。即使有了共同的理想与努力的目标，仍然需要年纪较长的伙伴给她熨帖的指点，带上健全的路，帮助她发展，给她可能发展的环境和条件。你切不可只顾着你的艺术，也得分神顾到你一生的伴侣。二十世纪登台演出的人更非上一世纪的演奏家可比，他要紧张得多、工作繁重得多、生活忙乱得多，更有赖于一个贤内助。所以分些精神顾到弥拉（修养、休息、文娱活动……），实际上仍是为了你的艺术；虽然是间接的，影响与后果之大却非你意想所及。

你首先不能不以你爸爸的缺点——脾气暴躁为深诫，其次不能期待弥拉也像你妈妈一样和顺。在西方女子中，我与你妈妈都深切感到弥拉已是很好的好脾气了，你该知足，该约制自己。天下父母的心总希望子女活得比自己更幸福；只要我一旦离开世界的时候，对你们俩的结合能有确切不移的信心，也是我一生极大的酬报了！

十一月至明春二月是你去英后最忙的时期，也是出入重大的关头；旅途辛苦，演出劳累，难免神经脆弱，希望以最大的忍耐控制一切，处处为了此行的使命与祖国荣辱攸关着想。但愿你明年三月能够以演出与性情脾气双重的成功报告我们，那我们真要快乐到心花怒放了！——放松、放松！精神上彻底地轻松愉快、无挂无碍，将是你此次双重胜利的秘诀！

另一问题始终说服不了你，但为你的长久利益与未来的幸福不得不再和你唠叨。你历来厌恶物质，避而不谈；殊不知避而不谈并不解决问题，要不受物质之累，只有克服物质、控制物质，把收支情况让我们知道一个大概，帮你出主意妥善安排。唯有妥善安排才能不受物质奴役。凡不长于理财的人少有不吃银钱之苦的。我和你妈妈在这方面自问还有相当经验可给你做参考。你怕烦，不妨要弥拉在信中告诉我们。她年少不更事，只要你从旁怂恿一下，她未始不愿向我们学学理财的方法。你们早晚要有儿女，如不及早准备，临时又得你增加演出来弥补，对你的艺术却无裨益。其次要弥拉进修，多用些书本功夫，也该给她时间；目前只有一个每周来二次的maid［女佣］，可见弥拉平日处理家务还很忙。最好先逐步争取，经济上能雇一个每日来帮半天的女佣。每年暑假至少要出门完全休息两星期。这种种都得在家庭收支上调度得法、定好计划，方能于半年或一年之后实现。当然主要在于实际执行，而不仅仅是一纸空文的预算和计划。唱片购买也以随时克制为宜，勿见新即买。我一向主张多读谱，少听唱片，对一个像你这样的艺术家帮助更大。读谱好比弹琴用urtext[1]，听唱片近乎用某人某人edit［编］的谱。何况我知道你十年二十年后不一定永远当演奏家；假定还可能向别方面发展，长时期读谱也是极好的准备。我一心一意为你打算，不论为目前或将来，尤其为将来。你忙，没空闲来静静地分析、考虑；倘我能代你筹划筹划，使我身后你还能得到我一些好处——及时播种的好处，那我真是太高兴了。

你的唱片公司，经去信后一个月无回音。（照唱片套子上地址及公司牌号写的，不会不对吗？）今天我再去信要求用航空寄来。好在片子只两张，分量轻，所费不多。封套后面关于演奏家的说明文字，前信我已与你提过，以后千万在事先注意！

来信问林先生要不要食物，问过了，他极欢迎，但只能寄给我们，仍用我的名字。否则税太大，林先生负担不起。且为了他的包勿与我们的挤在一时到沪（海关可能觉得我收的东西太多，会有麻烦），我将食物单直接寄"哈罗兹"公司出口经理（曾与我通过三次信），请他见单即寄，并通知你们付款。唯有直

---

[1]　德文字，相当于英文的 original text，原谱版本，即未经他人编辑、整理或注释的原始曲谱。

接向出口经理打交道，才有希望将东西即寄；否则拖延几星期，与我们自己的包势必挤在同时到达，造成许多不便。（付了林先生的食物，连同寄费报一个总数来。以后在画款项下扣除。）

本月你音乐会那么多，还能在访美前给我们来信吗？访美访澳期间，希望弥拉多多动笔，万万勿令我们望穿秋水！

…………

一九六二年三月八日 ［给傅敏的信］

亲爱的孩子：很高兴知道你有了一个女友，也高兴你现在就告诉我们，让我们有机会指导你。对恋爱的经验和文学艺术的研究，朋友中数十年悲欢离合的事迹和平时的观察思考，使我们在儿女的终身大事上能比别的父母更有参加意见的条件。你尽可信赖我们，随时把情形和你感情的进展，波动，讲给我们听，帮助你过这一个人生的大关。

首先态度和心情都要尽可能地冷静，否则观察不会准确。初期交往容易感情冲动，单凭印象，只看见对方的优点，看不出缺点，甚至夸大优点，美化缺点。便是与同性朋友相交也不免如此，对异性更是常有的事。许多青年男女婚前极好，而婚后逐渐相左，甚至反目，往往是这个原因。感情激动时期不仅会耳不聪、目不明，看不清对方；自己也会无意识地只表现好的方面，把缺点隐藏起来。保持冷静还有一个好处，就是不至于为了谈恋爱而荒废正业，或是影响功课或是浪费时间或是损害健康，或是遇到或大或小的波折时扰乱心情。

所谓冷静，不但是表面的行动，尤其内心和思想都要做到。当然这一点是很难。人总是人，感情上来，不容易控制，年轻人没有恋爱经验更难维持身心的平衡，同时与各人的气质有关。我生平总不能临事沉着，极容易激动，这是我的大缺点。幸而事后还能客观分析，周密思考，才不至于使当场的意气继续发展，闹得不可收拾。我告诉你这一点，让你知道如临时不能克制，过后必须由理智来控制大局：该纠正的就纠正，该向人道歉的就道歉，该收篷时就收篷，总而言之，以上两点归纳起来只是：感情必须由理智控制。要做到，必须下一番苦功在实际生活中长期锻炼。

我一生从来不曾有过"恋爱至上"的看法。"真理至上""道德至上""正义至上"，这种种都应当作为立身的原则。恋爱不论在如何狂热的高潮阶段也不能侵犯这些原则。朋友也好，妻子也好，爱人也好，一遇到重大关头，与真理、道德、正义等等有关的问题，决不让步。

其次，人是最复杂的动物，观察决不可简单化，而要耐心、细致、深入，经过相当的时间，各种不同的事故和场合，处处要把科学的客观精神和大慈大悲的同情心结合起来。对方的优点，要认清是不是真实可靠的，是不是你自己想象出来的，或者是夸大的。对方的缺点，要分出是否与本质有关。与本质有关的缺点，不能因为其他次要的优点而加以忽视。次要的缺点也得辨别是否能改，是否发展下去会影响品性或日常生活。人人都有缺点，谈恋爱的男女双方都是如此。问题不在于找一个全无缺点的对象，而是要找一个双方缺点都能各自认识，各自承认，愿意逐渐改，同时能彼此容忍的伴侣（此点很重要。有些缺点双方都能容忍;有些则不能容忍,日子一久即造成裂痕）。最好双方尽量自然，不要做作，各人都拿出真面目来，优缺点一起让对方看到。必须彼此看到了优点，也看到了缺点，觉得都可以相忍相让，不会影响大局的时候，才谈得上进一步的了解;否则只能做一个普通的朋友。可是要完全看出彼此的优缺点，需要相当时间，也需要各种大大小小的事故来考验;绝对急不来！更不能轻易下结论（不论是好的结论或坏的结论）！唯有极坦白，才能暴露自己;而暴露自己的缺点总是越早越好，越晚越糟！为了求恋爱成功而尽量隐藏自己的缺点的人其实是愚蠢的。当然，在恋爱中不知不觉表现出自己的光明面，不知不觉隐藏自己的缺点，不在此例。因为这是人的本能，而且也证明爱情能促使我们进步，往善与美的方向发展。这正是爱情的伟大之处，也是古往今来的诗人歌颂爱情的主要原因。小说家常常提到，我们在生活中也一再经历:恋爱中的男女往往比平时聪明，读起书来也理解得快，心地也往往格外善良，为了自己幸福而也想使别人幸福，或者减少别人的苦难;同情心扩大就是爱情可贵的具体表现。

来信语气冲动，也难怪;你虽行年二十有五，真正谈恋爱恐怕还是第一次，人生第一次经历爱情必然有这些表现。不过目前客观形势必须顾到:第一，功课繁重，尤其你到了最后一学期；第二，时间不够分配；第三，你身体不好，营养不足。因此劝你更要冷静，勿过兴奋，才可身心平稳，睡眠照常（你本来已感睡眠不佳），读书有充分的精神。便是空闲的时间与假日也该合理安排，切勿为了谈恋爱而疲于奔命，劳民伤财（看电影听音乐会等等也要合理安排），影响身心健康和平日功课。一切还要从目前饮食条件看问题，营养不足更需要节约精力体力，忌浪费！

事情主观上固盼望必成，客观方面仍须有万一不成的思想准备。为了避免失恋等等的痛苦，这一点"明智"我觉得一开头就应当充分掌握。最好勿把对方做过于肯定的想法，一切听凭自然演变。

她的家庭情形还得多知道些。上海家住何处？父亲名字及以前服务机构名称望能详告。

总之，一切不能急，越是事关重要，越要心平气和，态度安详，从长考虑，细细观察，力求客观！感情冲上高峰很容易，无奈任何事物的高峰（或高潮）都只能维持一个短时间，要久而弥笃的维持长久的友谊可很难了。我们以十二分的热情支持你，以二十四分的理智指导你，但愿你经过锻炼和考验之后，终于得到持久而可靠的幸福！

除了优缺点，俩人性格脾气是否相投也是重要因素。刚柔、软硬、缓急的差别要能相互适应调剂。还有许多表现在举动、态度、言笑、声音……之间说不出也数不清的小习惯，在男女之间也有很大作用，要弄清这些就得冷眼旁观慢慢咂摸。所谓经得起考验乃是指有形无形的许许多多批评与自我批评（对人家一举一动所引起的反应即是无形的批评）。诗人常说爱情是盲目的，但不盲目的爱毕竟更健全更可靠。

人生观、世界观问题你都知道，不用我谈了。人的雅俗和胸襟气量倒是要非常注意的。据我的经验：雅俗与胸襟往往带先天性的，后天改造很少能把低的往高的水平上提；故交往期间应该注意对方是否有胜于自己的地方，将来可帮助我进步，而不至于反过来使我往后退。你自幼看惯家里的作风，想必不会忍受量窄心浅的性格。

以上谈的全是笼笼统统的原则问题。不认识具体的对象，也只能谈这些。来信所说上半学期的苦闷，暇时不妨告诉我们，一则可以看看你对人生的观念对不对，二则可间接了解一部分对方。

长相身材虽不是主要考虑点，但在一个爱美的人也不能过于忽视。

交友期间，尽量少送礼物，少花钱：一方面表明你的恋爱观念与物质关系极少牵连，另一方面也是考验对方。

一九六二年三月十四日晚 [给傅敏的信]

敏，亲爱的孩子：十二日信和照片都收到。她觉得我又严厉又慈祥，恐怕她心中感到我严厉多于慈祥吧？不认识我或没长期来往的人难免都有此印象，何况从未见过我的女孩子！有

246

理想有热情而又理智很强的人往往令人望而生畏，大概你不多几年以前对我还有这种感觉。去年你哥哥信中说："爸爸文章的每一字每一句都充满了热情，很执着，almost fanatic［近乎狂热］。"最后一句尤其说得中肯。这是我的长处，也是我的短处。因为理想高，热情强，故处处流露出好为人师与拼命要说服人的意味。可是孩子，别害怕，我年过半百，世情已淡，而且天性中也有极洒脱的一面，就是中国民族性中的"老庄"精神；换句话说，我执着的时候非常执着，摆脱的时候生死皆置之度外。对儿女们也抱着说不说由我，听不听由你的态度。只是责任感强，是非心强，见到的总不能不说而已。你哥哥在另一信中还提到："在这个decadent［颓废的］世界，在国外这些年来，我遇见了不少人物，Whom I admire and love, from whom I learn［一些我仰慕喜爱、值得学习的人物］，可是从来没有遇到任何人能带我到那个at the same time passionate and serene, profound and simple, affection-ate and proud, subtle and straightforward［（同时）又热烈又恬静，又深刻又朴素，又温柔又高傲，又微妙又率直］的世界。"可见他的确了解我的"两面性"，也了解到中国旧文化的两面性。又热烈又恬静，又深刻又朴素，又温柔又高傲，又微妙又率直：这是我们固有文化中的精华，值得我们自豪的！

　　当然上述的特点我并没有完全具备，更没有具备到恰如其分的程度，仅仅是那种特点的倾向很强，而且是我一生向往的境界罢了。比如说，我对人类抱有崇高的理想与希望，同时也用天文学地质学的观点看人类的演变，多少年前就惯于用"星际"思想看待一些大事情，并不把人类看作万物之灵，觉得人在世界上对一切生物表示"唯我独尊"是狂妄可笑的。对某个大原则可能完全赞同，抱有信心，我可照样对具体事例与执行情况有许多不同意见。对善恶美丑的爱憎心极强，为了一部坏作品，为了社会上某个不合理现象，会愤怒得大生其气，过后我却也会心平气和地分析、解释，从而对个别事例加以宽恕。我执着真理，却又时时抱怀疑态度，觉得死抱一些眼前的真理反而使我们停滞，得不到更高级更进步的真理。以上也是随便闲扯，让你多体会到你爸爸的复杂心理，从而知道一个人愈有知识愈不简单，愈不能单从一二点三四点上去判断。

很高兴你和她都同意我前信说的一些原则，但愿切实做去，为着共同的理想（包括个人的幸福和为集体贡献自己的力量两项）一步步一步步相勉相策。许多问题只有在实践中才能真正认识，光是理性上的认识是浮表的，靠不住的，经不住风狂雨骤的考验的。告诉她，妈妈和我看了她照片都很喜欢。但凭直觉她就是一个很天真朴实的孩子。她要愿意的话，不妨写信来随便谈谈，不管家常还是人生大事，学问艺术还是琐屑生活。别怕，我们没有女儿，对人家女孩子不至于像对你们兄弟俩那么严厉。同时我也很高兴和小朋友通信，使我感到我没精神衰老到年轻人不想来接近我。从小不大由父母严格管教的青年也有另外一些长处，就是独立自主的能力较强，像你所谓能自己管自己。可是有一部分也是先天比后天更强：你该记得，我们对你数十年的教育即使缺点很多，但在劳动家务、守纪律、有秩序等等方面从未对你放松过，而我和你妈妈给你的榜样总还是勤劳认真的，可惜始终没养成你那方面的好习惯。还可以告诉她：前信所云乃是泛说的一般男女交友，并非对她提出任何具体要求。我们过了半世，仍旧做人不够全面，缺点累累，如何能责人太苛呢？可是古人常说：取法乎上，得乎其中；取法乎中，得乎其下。而我对青年人、对我自己的要求，除了吃苦（肉体上、物质上的吃苦）以外，从不比党对党团员的要求低，这是你知道的。但愿我们大家都来不断提高自己，不仅是学识，而尤其是修养和品德！

···········

一九六二年十二月五日 [给傅敏的信]

敏：真怪，你一日的信和她三日的信，竟于今晨同时收到。……

宿舍的情形令我想起一九三六年冬天在洛阳住的房子，虽是正式瓦房，厕所也是露天的，严寒之夜，大小便确是冷得可以。洛阳的风刮在脸上像刀割。去龙门调查石刻，睡的是土墙砌的小屋，窗子只有几条木栅，糊一些七穿八洞的纸，房门也没有，临时借了一扇竹篱门靠上，人在床上可以望见天上的星，原来屋瓦也没盖严。白天三顿吃的面条像柴草，实在不容易咽下去。那样的日子也过了好几天，而每十天就得去一次龙门尝尝这种生活。我国社会南北发展太不平衡，一般都是过的苦日子，不是短时期所能扭转。你从小家庭生活过得比较好，害你今天不习惯清苦的环境。若是棚户出身或是五六个人挤在一间阁楼上长大的，就不会对你眼前的情形叫苦了。我们绝非埋怨你，你也是被过去的环境、教育、生活习惯养娇了的。可是你该知道现代的青年吃不了苦是最大的缺点（除了思想不正确之外），同学，同事，各级领导首先要注意到这一点。这是一个大关，每个年轻人都要过。闯得过的比闯不过的人多了几分力量，多了一重武装。以我来说，也是犯了太娇的毛病，朋友中如裘伯伯（复生）都比我能吃苦，在这方面不知比我强多少。如今到了中年以上，身体又不好，谈不到吃苦的锻炼，但若这几年得不到上级照顾，拿不到稿费，没有你哥哥的接济，过去存的稿费用完了，不是也得生活逐渐下降，说不定有朝一日也得住阁楼或亭子间吗？那个时候我难道就不活了吗？我告诉你这些，只是提醒你万一家庭经济有了问题，连我也得过从来未有的艰苦生活，更说不上照顾儿女了。物质的苦，在知识分子眼中，究竟不比精神的苦那样刻骨铭心。我对此深有体会，不过一向不和你提罢了。总而言之，新中国的青年绝不会被物质的困难压倒，绝不会因此而丧气。你几年来受的思想教育不谓不深，此刻正应该应用到实际生活中去。你也看过不少共产党员艰苦斗争和壮烈牺牲的故事，也可以拿来鼓励自己。要是能熬上两三年，你一定会坚强得多。而我相信你是的确有此勇气的。千万不能认为目前的艰苦是永久的，那不是对前途，对国家，对党失去了信心吗？这便是严重的思想错误，不能不深自警惕！解决思想固是根本，但也得用实际生活来配合，才能巩固你的思想觉悟，增加你的勇气和信心。目前你首先要做好教学工作，勤勤谨谨，老老实实。其次是尽量充实学识，有计划有步骤的提高业务，养成一种工作纪律。假如宿舍四周不安静，是否有图书阅览室可利用？……还有北京图书馆也离校不远，是否其中的阅览室可以利用？不妨去摸摸情况。总而言之，要千方百计克服自修的困难。等你安排妥当，再和我谈谈你进修的计划，最好先结合你担任的科目，作为第一步。

身体也得注意，关节炎有否复发？肠胃如何？睡眠如何？健康情况不好是事实，无须瞒人，必要时领导上自会照顾。夜晚上厕所，衣服宜多穿，防受凉！切切切切。

凳子当然必须，桌子书架等等恐要工业券，即使我们寄钱给你，是否能买到呢？还是旧木器不可用券买到？先打听清楚，告诉我们要多少钱。将来汇钱或由严沆泰转，你看如何？（望将严宅地址写来！）重要图书物件仍要小心，以防遗失。有时一时不需要时，可暂放严家。千句并一句：无论如何要咬紧牙关挺下去，堂堂好男儿岂可为了这些生活上的不方便而消沉，泄气！抗战期间黄宾虹老先生在北京住的房子也是破烂不堪，仅仅比较清静而已。你想这样一代艺人也不过居于陋巷，墙壁还不是乌黑一片，桌椅还不是东倒西歪，这都是我和你妈妈目睹的。

为她着想，你也得自己振作，做一个榜样。否则她更要多一重思想和感情的负担。一朝开始上课，自修课排定，慢慢习惯以后，相信你会平定下来的。最要紧的是提高业务，一切烦恼都该为了这一点而尽量驱除。

托祝世恭带东西时，给她的地址是"西长街"。可即日去信告知王利曾，也许地址错了。你该想象得到父母对儿女的牵挂，可是时代不同，环境不同，父母也有父母的苦衷，并非不想帮你改善生活。可是大家都在吃苦，国家还有困难，一切不能操之过急。年轻时受过的锻炼，一辈子受用不尽。将来你应付物质生活的伸缩性一定比我强得多，这就是你占便宜的地方。一切多往远处想，大处想，多想大众，少顾到自己，自然容易满足。一个人不一定付了代价有报酬，可是不付代价的报酬是永远不会有的。即使有，也是不可靠的。

望多想多考虑，多拿比你更苦的人做比较，不久就会想通，心情开朗愉快，做起工作来成绩也更好。千万保重！保重！

只要思想不犯错误，没有精神负担，光是日常生活不方便些，算得什么呢？有困难，想法逐步解决（如自修问题），要冷静，客观，用脑子！找窍门，可不能烦恼，影响身心健康！烦恼解决不了问题。

一九六四年三月一日

亲爱的孩子：弥拉的信比你从加拿大发的早到四天。我们听到喜讯，都说不出的快乐，妈妈更是坐也不是，立也不是，兴奋几日。她母性强，抱孙心切，已经盼望很久了，常说：怎么聪还没有孩子呢？每次长时期不接弥拉来信，总疑心她有了喜不舒服。我却是担心加重你的负担，也怕你们俩不得自由。总之，同样地爱儿女，不过看问题的角度不同而已。有责任感的人遇到这等大事都不免一则以喜，一则以忧。可是结婚的时候早知道有这么一天，也不必临时慌张。回想三十年前你初出世的一刹那，在医院的产妇科外听见你妈妈呻吟，有一种说不出的"肃然"的感觉，仿佛从那时起才真正体会到做母亲的艰苦与伟大，同时感到自己在人生中又迈了一大步。一个人的成长往往是不自觉的，但你母亲生你的时节，我对自己的长成却是清清楚楚意识到的，至今忘不了。相信你和弥拉到时也都会有类似的经验。

有了孩子，父母双方为了爱孩子，难免不生出许多零星琐碎的争执，应当事先彼此谈谈，让你们俩都有个思想准备——既不要在小地方固执，也不必为了难免的小争执而闹脾气。还有母性特强的妻子，往往会引起丈夫的妒忌，似乎一有孩子，自己在妻子心中的地位缩小了很多——这一点不能不先提醒你。因为大多数的西方女子，母性比东方女子表现得更强——我说"表现"，因为东方人的母爱，正如别的感情一样，不像西方女子那么显著地形诸于外。但过分地形诸于外，就容易惹动丈夫的妒意。

在经济方面，与其为了孩子将临而忧虑，不如切实想办法，好好安排一下。衣、食、住、行的固定开支，每月要多少，零用要多少，以量入为出的原则全面做一个计划，然后严格执行。

大多数人的经验，总是零用不易掌握，最需要克制功夫。遇到每一笔非生活必需开支，都得冷静地想一想，是否确实必不可少。我平时看到书画、文物、小玩意儿（连价钱稍昂的图书在内），从不敢当场就买，总是左思右想，横考虑竖考虑，还要和妈妈商量再决定；很多就此打消了。凡是小玩意儿一类，过了十天八天，欲望自然会淡下来的。即使与你研究学问有关的东西，也得考虑一下是否必需，例如唱片，少买几张也未必妨碍你艺术上的进步。只有每一次掏出钱去的时候，都经过一番客观的思索，才能贯彻预算，做到收支平衡而还能有些小小的储蓄。我们在最困难的时候，曾经把每月的每一笔开支，分别装在信封内，写明"伙食""水电""图书"等等；一个信封内的钱用完了，决不挪用别的信封内的钱，更不提前用下个月的钱。现在查看账目，便是那几年花费最少。我们此刻还经常检查账目，看上个月哪几样用途是可用不可用的，使我们在本月和以后的几个月内注意节约。我不是要你如法炮制，而是举实例给你看，我们是用什么方法控制开销的。

"理财"，若作为"生财"解，固是一件难事，作为"不亏空而略有储蓄"解，却也容易做到。只要有意志、有决心，不跟自己妥协，有狠心压制自己的fancy［一时欲望］！老话说得好：开源不如节流。我们的欲望无穷，所谓"欲壑难填"，若一手来一手去，有多少用多少，即使日进斗金也不会觉得宽裕的。既然要保持清白，保持人格独立，又要养家活口，防旦夕祸福，更只有自己紧缩,将"出口"的关口牢牢把住。"入口"

操在人家手中，你不能也不愿奴颜婢膝地乞求；"出口"却完全操诸我手，由我做主。你该记得中国古代的所谓清流，有傲骨的人，都是自甘淡泊的清贫之士。"清贫"二字为何连在一起，值得我们深思。我的理解是，清则贫，亦唯贫而后能清！我不是要你"贫"，仅仅是约制自己的欲望，做到量入为出，不能说要求太高吧！这些道理你全明白，无须我啰唆，问题是在于实践。你在艺术上想得到、做得到，所以成功；倘在人生大小事务上也能说能行，只要及至你艺术方面的一半，你的生活烦虑也就十分中去了八分。古往今来，艺术家多半不会生活，这不是他们的光荣，而是他们的失败。失败的原因并非真的对现实生活太笨拙，而是不去注意，不下决心。因为我所谓"会生活"不是指发财、剥削人或是啬刻，做守财奴，而是指生活有条理，收支相抵而略有剩余。要做到这两点，只消把对付艺术的注意力和决心拿出一小部分来应用一下就绰乎有余了！

我们朋友中颇有收入很少而生活并不太坏的，对外也不显得鄙吝或寒酸。你周围想必也有这种人，你观察观察学学他们，岂不是好？而且他们除了处处多讲理性、善于克制以外，也并无别的诀窍。

记得六〇年你们初婚时，我就和你们俩提过这些，如今你为了孩子而担心到经济，我不能不旧话重提，希望你别以为我老悖而烦琐！——就算烦琐，也为了爱你，是不是？

假如我知道你五年来收支的大项目，一定还能具体地提出意见，你也会恍然大悟。如果我早知道一两年你的实际情况，早一两年和你提意见，你今日也可多一些积蓄。当然，我们从六一年以来也花掉你不少（有七百二十镑），心中很不安，要是早知道你手头不宽，也可以少开口几次，省掉你一部分钱。

为了配合你今后"节流"的计划，我打算实行两点：一、今后不要你再寄香港的款子，那就一年省了五十镑。目前食油供应靠侨汇（即你两个月一次的一百元人民币）照顾，及高级知识分子照顾，两方面合起来，大概可以应付，不必再从香港寄来——事实上已停寄了八个月。烟丝不抽，只抽纸烟，也无所谓。我烟瘾不大，近年来且更有减少之势。每三百克烟丝，付税二十四元余，也是浪费，对我来说也不应该；我也早有停止从香港寄烟丝的意思。（附带提一句：一年来无论何物从何处来，一律都要上税；而烟税要抽百分之四百。）二、你每两月寄一次的人民币可以改为每三个月一次，那么一年也好省你二十九镑（本来每年汇六次，今改四次，合如上数）。因为我要你寄法国的买书费，对你是额外负担，可以拿少汇回国内两次的钱抵充——说到书费，不知你除了第一次给巴黎大学Etiemble［埃蒂昂勃勒］先生汇了十五镑以后有没有再汇十镑？我预算除了以上的十五镑及十镑之外，今年恐怕还要你再汇十至十五镑给他，时间看你方便，不急。

话说回来，五年中间你的家（屋子顶费到底多少钱？），你的琴，你的结婚费，蜜月旅行，假期旅行，多多少少的开支，全是你赤手空拳，清清白白挣来的；靠你的真本领，不依靠任何人，能有这样的成绩，不是可以安慰了吗？我们最艰苦的两年，也得了你帮助，你也尽了为子的责任。再从数目上看，你五年的一应开支，一定为数可观，可见你经济上的收获并不太小。问题只是随来随去，没有积蓄——我当然知道你们不是挥霍浪费，生活也谈不上奢侈，仅仅是没有计划。为了对得起你的辛勤劳动，预防群众的喜爱无常，我觉得你应当正视这个计划性的用钱问题。（好好地同弥拉商量，冷静地、耐性地商量！要像解决一个客观的问题，千万不能闹意气！）

至于弥拉，记得你结婚以前有过培养她的意思，即使结果与你的理想仍有距离（哪个人的理想能与现实一致呢？）也不能说三年来没有成绩。首先，你近两年来信中不止一次地提到，你和她的感情融洽多了；证明你们互相的了解是在增进，不是停滞。这便是夫妇之爱的最重要的基础。其次，她对我们的感情，即使在海外娶的中国媳妇，也未必及得上她。很多朋友的儿子在外结婚多年，媳妇（还是中国人）仍像外人一般，也难得写信，哪像弥拉和我们这么亲切！最后，她对孩子的教育（最近已和我们谈了），明明是接受了你的理想。她本人也想学中文，不论将来效果如何，总是"其志可嘉"。对中国文化的仰慕爱好，间接表示她对你的赏识。虽然她很多孩子气，许多地方还不成熟，但孩子气的优点是天真无邪。她对你的艺术的理解与感受，恐怕在西方女子中也不一定很多。她至少不是冒充风雅的时髦女子，她对艺术的态度是真诚的。五九年八月以前的弥拉和六四年一月的弥拉，有多少差别，只有你衡量得出。我相信你对她做的工作并没有白费。就算是她走得慢一些，至少在跟着你前进。

再说，做一个艺术家的妻子，本来很难，做你的妻子，尤其不容易。一般的艺术家都少不了仆仆风尘。可不见得像你我这样喜欢闭户不出，过修院生活。这是西方女子很难适应的。而经常奔波，视家庭如传舍（即驿站、逆旅）的方式，也需要Penelope［珀涅罗珀］对待Ulysses［尤利西斯］那样坚贞的耐性才行——要是在这些方面，弥拉多少已经习惯，便是很大的成功，值得你高兴的了。我们还得有自知之明：你脾气和我一样不好，即使略好，也不过五十步与百步。想到这个，夫妇之间的小小争执，也许责任是一半一半，也许我这方面还要多担一些责任——我国虽然有过五四运动，新女性运动（一九二〇年前后），夫权还是比西方重，西方妇女可不容易接受这一点。我特别提出，希望你注意。至于持家之道，你也不能以身作则地训练人家；你自己行事就很难做到有规律有条理，经常旅行也使你有很大困难。只能两人同时学习，多多商量。我相信你们俩在相忍相让上面已有不少成就。只是艺术家的心情容易波动，常有些莫名其妙的骚扰、烦闷、苦恼，影响家庭生活。平时不妨多冷静地想到这些，免得为了小龃龉而动摇根本。你信中的话，我们并不太当真。两个年轻人相处，本来要摸索多年。我以上的话，你思想中大半都有，我不过像在舞台上做一番"提示"工作。特别想提醒你的是信念，对两人的前途的信念。若存了"将来讲究如何，不得而知"的心，对方早晚体会得到，那就动了根本，一切不好办了。往往会无事变小事，小事变大事;反之，信念坚定，就会大事化小，小事化无。再过一二十年，你们回顾三十岁前后的生活，想起两人之间的无数小争执，定会哑然失笑。你不是说你已经会把事情推远去看吗？这便是一个实例。预先体会十年二十年以后的感想，往往能够使人把眼前的艰苦看淡。

总之，你的生活艺术固然不及你的音乐艺术，可也不是没有进步，没有收获。安德烈·莫洛阿说过：夫妇之间往往是智力较差，意志较弱的一个把较高较强的一个往下拉，很少较高较强的一个能把较差较弱的对方往上提。三年来你至少是把她往上提，这也足以使你感到安慰了。

弥拉要学中文，最好先进"东方语言学校"之类开蒙。我即将寄一本《汉英合璧》给她，其中注音字母，你可以先教她。这是外国传教士编的，很不错。China Inland Mission 中文名叫"内地会"，解放后当然没有了。当年在牯岭，有许多房子便是那个团体的。他们做学问确实下了一番苦功。教弥拉要非常耐性，西方人学东方语言，比东方人学西方语言难得多。先是西方语言是分析的，东方语言是综合的、暗示的、含蓄的。并且我们从小有学西方语言的环境。你对弥拉要多鼓励，少批评，否则很容易使她知难而退。一切慢慢来，不要急。记住盖叫天的话：慢就是快！你也得告诉她这个道理。开头根基打得扎实，以后就好办。

孩子的教育，眼前不必多想。将来看形势再商量。我们没有不愿意帮你们解决的。名字待我慢慢想，也需要 inspiration

[灵感]。弥拉怀孕期间，更要让她神经安静，心情愉快。定期检查等等，你们有的是医生，不必我们多说。她说胃口不好，胖得 like a cow[像头母牛]，这倒要小心，劝她克制一些。母体太胖，婴儿也跟着太胖，分娩的时候，大人和小孩都要吃苦的！故有孕时不宜过分劳动，却也不宜太不劳动。

....

此信每天抽空写一些，前后花了五六天时间。好在你要三月二十左右回英，信总比你先到伦敦。像我们这种人，从来不以恋爱为至上，不以家庭为至上，而是把艺术、学问放在第一位，作为人生目标的人，对物质方面的烦恼还是容易摆脱的，可是为了免得后顾之忧，更好地从事艺术与学问，也不能不好好地安排物质生活；光是瞧不起金钱，一切取消极态度，早晚要影响你的人生最高目标——艺术的！希望克日下决心，在这方面采取行动！一切保重！

一九六四年四月二十四日

亲爱的孩子：昨天才寄出一封长信，今日即收到四月十四日信，却未提及我四月十二日由你岳家转的信，不知曾否收到，挂念得很！

孤独的感觉，彼此差不多，只是程度不同、次数多少有异而已。我们并未离乡背井，生活也稳定，比绝大多数人都过得好；无奈人总是思想太多，不免常受空虚感的侵袭。唯一的安慰是骨肉之间推心置腹，所以不论你来信多么稀少，我总尽量多给你写信，但愿能消解一些你的苦闷与寂寞。只是心愿是一件事，写信的心情是另一件事：往往极想提笔而精神不平静，提不起笔来；或是勉强写了，写得十分枯燥，好像说话的声音口吻僵得很，自己听了也不痛快。

一方面狂热、执着，一方面洒脱、旷达、怀疑，甚至于消极：这个性格大概是我遗传给你的。妈妈没有这种矛盾，她从来不这么极端。弥拉常说你跟我真像，可见你在她面前提到我的次数不可胜计，所以她虽未见过我一面，也像多年相识一样。

你们夫妇关系，我们从来未真正担心过。你的精神波动，我们知之有素，千句并一句，只要基本信心不动摇，任何小争执、大争执都会跟着时间淡忘的。我三月二日信中的结论就是这话。人生的每个阶段都是一边学一边过的，从来没有一个人具备了所有的（理论上的）条件才结婚、才生儿育女的。你为了孩子而惶惶然，表示你对人生态度严肃，却也不必想得太多。一点不想是不负责任，当然不好；想得过分也徒然自苦，问题是彻底考虑一番，下决心把每个阶段的事情做好，想好办法实行就是了。

人不知而不愠是人生最高修养，自非一时所能达到。对批评家的话我过去并非不加保留，只是增加了我的警惕。即是人言籍籍，自当格外反躬自省，多征求真正内行而善意的师友的意见。你的自我批评精神，我完全信得过；可是艺术家有时会钻牛角尖而自以为走的是独创而正确的路。要避免这一点，需要经常保持冷静和客观的态度。所谓艺术上的illusion［幻觉］，有时会蒙蔽一个人到几年之久的。至于批评界的黑幕，我近三年译巴尔扎克的《幻灭》，得到不少知识。一世纪前尚且如此，何况今日！二月号《音乐与音乐家》杂志上有一篇Karayan［卡拉扬］的访问记，说他对于批评只认为是某先生的意见，如此而已。他对所钦佩的学者，则自会倾听，或者竟自动去请教。这个态度大致与你相仿。

....

认真的人很少会满意自己的成绩，我的主要苦闷即在于此。所不同的，你是天天在变，能变出新体会、新境界、新表演，我则是眼光不断提高而能力始终停滞在老地方。每次听你的唱片总心上想：不知他现在弹这个曲子又是怎么一个样子了？

你老是怕对父母不尽心，我老是怕成为你的包袱，尤其从六一年以后，愈了解艺术劳动艰苦，愈不忍多花你的钱。说来说去，是大家顾着大家。抽烟是小事，非生活必需，昨信已详告，兹不再赘——倒是唱片要你多抓紧些！妈妈问你：冬天在家可要穿薄丝棉袄，穿着弹琴舒服些？我们可做了寄你。你家中取暖设备行不行？冬季室内有多少温度？我们毫无所知。

....

一九六五年五月二十一日深夜

另一件牵挂的事是你说的搬房子问题。按照弥拉六一年三月给我们画的图样，你现在不是除了 studio［工作室］以外，还有一间起居室吗？孩子和你们俩也各有卧房，即使比没有孩子的时候显得挤一些，总还不至于住不下吧？伦敦与你等级辈分相仿的青年演奏家，恐怕未必住的地方比你更宽敞。你既不出去应酬，在家也不正式招待，不需要顾什么排场；何况你也不喜欢讲究排场，跟你经常来往的少数人想必也气味相投，而决非看重空场面的人。你一向还认为朴素是中国人的美德，尤其中国艺术家传统都以清贫自傲；像你目前的起居生活也谈不到清贫，能将就还是将就一下的好。有了孩子，各式各样不可预料的支出随着他年龄而一天天加多；即使此刻手头还能周转，最好还是存一些款子，以备孩子身上有什么必不可少的开支时应用。再说，据我从你六一年租居的经过推想，伦敦大概用的是"典屋"（吾国旧时代也有类似的办法，我十岁以前在内地知道有这种规矩，名目叫"典屋"，不是后来上海所通行的"顶"）的办法：开始先付一笔钱，以后每季或每月付，若干年后付满了定额，就享有永久（或半永久）的居住权，土地则一律属于政府，不归私人。这种屋子随时可以"转典"出去，原则上自己住过几年，转典的价必然比典进时的原价要减少一些，就是说多少要有些损失。除非市面特别好——所谓国民经济特别景气的时期，典出去的价格会比典进来时反而高。但是你典出了原住的房子，仍要典进新的屋子，假如市面好，典出的价格高，那么典进新屋的价也同样高——两相抵销，恐怕还是自己要吃亏的；因为你是要调一所大一些的屋子，不是原住的屋子大而调进的屋子小；屋子大一些，典价当然要高一些，换句话说，典进和典出一定有差距，而且不可能典出去的价钱比典进来的价钱高。除非居住的区域不同，原来的屋子在比较高级的住宅区，将来调进的屋子在另一个比较中级的住宅区——只有这个情形之下，典出去的价才可能和典进较大的新屋的价相等，或者反而典出去的价高于典进新屋的价。你说，我以上的说法（更正确地说来是推测）与事实相符不相符？除开典进典出的损失，以及今后每月或每季的负担多半要加重以外，还有些问题需要考虑：（一）你住的地方至少有一间大房间必须装隔音设备，这一笔费用很大，而且并不能增加屋子的市价。比如说你现住的屋子，studio［工作室］有隔音设备，可并不能因此而使典出去的价钱较高，除非受典的人也是音乐演奏家。（二）新屋仍需装修，如地毯、窗帘等等，不大可能老屋子里原有的照样好拿到新屋子用。这又是一笔可观的支出。（三）你家的实际事务完全由弥拉一个人顶的，她现在不比六一年，有了孩子，不搬家也够忙了，如果为了搬家忙得影响身体，也不大上算。再说，她在家忙得团团转，而正因为太忙，事情未必办得好；你又性急又挑剔，看了不满意，难免一言半语怪怨她，叫她吃力不讨好，弄得怨气冲天，影响两人的感情，又是何苦呢？！因此种种，务望你回去跟弥拉从长计议，把我信中的话细细说与她听，三思而行，方是上策。在这件事情上，你岳父的意见不能太相信，他以他的地位、资历，看事情当然与我们不同。况且他家里有仆役，恐怕还不止一个，搬家在他不知要比你省事、省力多少倍——他认为轻而易举的事，在你可要花九牛二虎之力——此点不可不牢牢记住！

············

凌霄快要咿咿呀呀学话了，我建议你先买一套中文录音（参看LTC—65号信，今年一月二十八日发），常常放给孩子听，让他习惯起来，同时对弥拉也有好处。将来恐怕还得另外请一个中文教师专门教孩子。——你看，不是孩子身上需要花钱的地方多得很吗？你的周游列国的生活多辛苦，总该量入为出；哪一方面多出来的，绝对少不了的开支，只能想办法在别的可以省的地方省下来。群众好恶无常，艺术家多少要受时髦或不时髦的影响，处处多想到远处，手头不要大宽才好。上面说的搬家问题值得冷静考虑，也是为此！……二月二十二日寄你的近三年演出日程表十页，切勿再丢失。七月中有空千万校正后寄回。我近来脑子越来越不行，苦不堪言！我生怕翻译这一行要干不下去了（单从自己能力来说），成了废物可怎么办呢？一切保重，孩子，一切保重，诸事小心！

一九六五年一月二十八日

亲爱的孩子：将近六个月没有你的消息，我甚至要怀疑十月三十一日发的信你是否收到。上月二十日左右，几乎想打电报：如今跟以往更是不同，除了你们两人以外，又多了一个娃娃增加我们的忧虑。大人怎么样呢？孩子怎么样呢？是不是有谁闹病了？……毕竟你妈妈会体贴，说你长期的沉默恐怕不仅为了忙，主要还是心绪。对啦，她一定猜准了。你生活方面、思想方面的烦恼，虽然我们不知道具体内容，总还想象得出一个大概。总而言之，以你的气质，任何环境都不会使你快乐的。你自己也知道。既然如此，还不如对人生多放弃一些理想；理想只能在你的艺术领域中去追求，那当然也永远追求不到，至少能逐渐接近，并且学术方面的苦闷也不致损害我们的心理健康。即使在排遣不开的时候，也希望你的心绪不要太影响家庭生活。归根到底，你现在不是单身汉，而是负着三口之家的责任。用老话来说，你和弥拉要相依为命。外面的不如意事固然无法避免，家庭的小风波总还可以由自己掌握。客观的困难已经够多了，何必再加上主观的困难呢？当然这需要双方共同的努力，但自己总该竭尽所能地做去。处处克制些、冷静些，多些宽恕，少些苛求，多想自己的缺点，多想别人的长处。生活——尤其夫妇生活——之难，在于同弹琴一样，要时时刻刻警惕，才能不出乱子，或少出乱子。总要存着风雨同舟的思想，求一个和睦相处、相忍相让的局面，挨过人生这个艰难困苦的关。这是我们做父母的愿望。能同艺术家做伴而日子过得和平顺适的女子，古往今来都寥寥无几。千句并一句，尽量缩小一个我字，也许是解除烦闷、减少纠纷的唯一的秘诀。久久得不到你们俩的信，我们总要担心你们俩的感情，当然也担心你们俩的健康，但对你们的感情更关切，因为你们找不到一个医生来治这种病，而且这是骨肉之间出于本能的忧虑。就算你把恶劣的心情瞒着也没用。我们不但同样焦急，还因为不知底细而胡乱猜测，急这个，急那个，弄得寝食不安。假如以上劝告你认为毫无根据，那更证明长期的沉默，会引起我们焦急到什么程度。你也不能忘记，你爸爸所以在这些事情上经常和你唠叨，因为他是过来人，不愿意上一代犯的错误在下一代身上重演。我和你说这一类的话永远抱着自责的沉痛的心情的！

....

一九六六年一月四日

聪，亲爱的孩子：为了急于要你知道收到你们俩来信的快乐，也为了要你去瑞典以前看到此信，故赶紧写此短札。昨天中午一连接到你、弥拉和你岳母的信，还有一包照片，好像你们特意约齐有心给我们大大快慰一下似的，更难得的是同一邮班送上门！你的信使我们非常感动，我们有你这样的儿子也不算白活一世，更不算过去的播种白费气力，我们的话，原来你并没当作耳边风，而是在适当的时间都能一一记起，跟你眼前的经验和感想作参证。凌霄一天天长大，你从他身上得到的教育只会一天天加多；人便是这样：活到老，学到老，学到老，学不了！可是你我都不会接下去想：学不了，不学了！相反，我们都是天生的求知欲强于一切。即如种月季，我也决不甘心以玩好为限，而是当作一门科学来研究；养病期间就作这方面的考据。

你每月寄二十五镑，以目前而论还嫌多了些；不过既然常有税款支出，也好借此挹注。但愿此数真的不至于使你为难！我们尽管收了你的钱，心里总是摆脱不开许许多多矛盾。弥拉这回的信，感情特别重，话也说得真体贴，有此好媳妇，我们也是几生修得！希望你也知足，以此自豪，能有这样的配偶也是你的大幸，千万别得福不知。家里有了年轻的保姆，处处更得小心谨慎，别闹误会。

　　你们俩描写凌霄的行动笑貌，好玩极了。你小时也很少哭，一哭即停，嘴唇抖动未已，已经抑制下来；大概凌霄就像你。你说得对：天真纯洁的儿童反映父母的成分总是优点居多；教育主要在于留神他以后的发展，只要他有我们的缺点露出苗头来，就该想法防止。他躺在你琴底下的情景，真像小克利斯朵夫，你以前曾以克利斯朵夫自居，如今又出了一个小克利斯朵夫了，可是他比你幸运，因为有着一个更开明、更慈爱的父亲！（你信上说他 completely transferred, dreaming ［完全转移了，像做梦一样入神］，应该说 transported ［欣喜］；"transferred ［转移］" 一词只用于物，不用于人。我提醒你，免得平日说话时犯错误。）三月中你将在琴上指挥，我们听了和你一样 excited ［兴奋］。望事前多做思想准备，万勿紧张！

　　…………

编后记

一九五四年一月，随着一声冗长的汽笛声，傅聪踏上了异乡求学之路。此后漫漫十三年间，傅聪与父母兄弟天各一方，只能通过家书来往致意。一九六六年九月三日，傅雷夫妇不幸离世。改革开放后，傅聪回国演出，并在上海音乐学院开设钢琴大师班，培养中国钢琴人才。二〇二一年十二月二十八日，身在伦敦的傅聪，不幸感染新冠奥密克戎病毒，挥别人间，到天国与父母团聚。在建设中国式现代化的新时代，对于亲子关系、家庭教育、成才观等方面，国人都有了新的认识和更进一步的感悟与体会。自一九八〇年经傅雷哲嗣傅敏整理在三联书店出版以来，《傅雷家书》始终是最受社会各界欢迎的畅销书、常销书，一代代读者重读着"傅雷家书"，感受着其中宝贵的精神内涵，这本书滋养着千千万万个孩子和家长，甚至被很多专家和家庭尊为"中国的家教圣经"。

十三年间，三百多封家书，流露出深厚的父子情谊和为学、做人、论艺术、经营家庭的谆谆教导。谈及人生，傅雷告诫傅聪：

面对人生，高潮时不至太紧张，低潮时不至太沮丧，就是人生胜利，如若依然苦恼，可以听听贝多芬第五交响曲，读读《约翰·克利斯朵夫》，就会熬过难关；谈及学习和转学，傅雷指导傅聪："换走新路的时候，一定要把自己的理智做一个天平，把老路与新路放在两个盘里很精密地称过"；谈及艺术，他希望傅聪：保持一颗赤子之心，因为艺术家最需要的，除了理智以外，还有一个"爱"字……字里行间，我们看到了父子二人亦师亦友的相伴和交流，正如傅雷所说：尽管我们之间离多别少，但在精神上至少是温暖的、不孤独的。

纸短情长，但愿当下之青年人能时时阅读这些家书，常读常新，从中汲取无限的精神力量，并聆听傅雷的教导，将这些感性层面的领悟投入真正的学习和生活实践中去，日日自新。

本次《傅雷家书新编》以上海远东出版社《傅雷文集·家书卷》（上、下两册）为底本，参考市面上其他版本，按照教育专家和多方面读者的建议，以下列四个主题进行编选：

一、儿子变了朋友。父亲情系海外游子，唯有在琐事的叮咛中安放思念，天寒加衣、繁忙时不忘去大自然里走走、艺术之外注重理财当家……傅雷自己和家人的生活也当说与傅聪知，游玩乐趣、译稿进展、身体状况……在生活的细节里，父子得以遥遥相望、心心相印。

二、日常生活之道，以及克己的功夫。这一编包括人生的哲理，比如：音乐中彰显的爱国主义、孤独之处的自省、学问无尽追随的忠诚、困难中彰显的意志力、动荡中愈发坚韧的意志……也包括具体的工作建议和为人处世指导——初次踏上异乡国土，如何快速掌握新的语言？演奏技艺日臻完善，如何取得突破？如何权衡转学的利弊？如何通过理论的学习培育理智、锻炼意志……傅雷与傅聪亦师亦友，言谈之间启示良多。

三、唯有艺术和学问从来不辜负人。作为艺术大家的傅雷先生，传统文化底蕴深厚，西洋文学、艺术造诣精深，始终关注着远在海外的傅聪的艺术事业，从演奏的整体风格到演奏动作的规范，他都能提供细致入微的评价和指导。他自己也不懈于艺术的探索，对东西方艺术作品、展览、音乐会发表精妙的评论，探究其背后博大精深的民族和文化渊源。

四、爱的教育。以艺术为生命的人，同样需要在爱情、婚姻、家庭中完善自我：对终身伴侣该保持怎样的期待和胸襟？如何与伴侣相处？如何处理金钱和生活的关系？通过家书，我们见证了傅聪的恋爱、结婚、育儿历程，信中挂念的人、挂念的事更多了。傅雷的夫人朱梅馥为傅聪所花心血也甚多，在本编中，我们另加入了三篇朱梅馥写给傅聪的书信。傅雷夫妇心系孤悬海外的游子，但也并没有冷落在国内的另一个儿子傅敏。现存仅有的三封傅雷写给傅敏的信函也收录在此编。在温情的通信中，我们能看到傅雷夫妇对后辈家庭的指导。家风传承，经久不衰。

在以上主题划分和选篇的基础上，为呈现出清晰的故事脉络，本书在各章下以时间顺序排列书信，让读者更加贴近和了解傅雷父子在一九五四至一九六六年人生的起伏变化。

除了编选工作，我们对文稿做了其他如下工作：

1.以足够辅助原文阅读、简明扼要为原则，进行必要的注释和说明，以页下注的方式。

2.采纳底稿对外文单词、语句的翻译，同一页面同一外文单词多次出现时，仅保留第一次出现时的翻译，以方括号括注的方式。

3.底稿基本保留了傅雷家信的原貌，为方便读者阅读，本书在编选时，按现行语言规范，对全书"的""地""得"的用法做了调整，人名、地名的翻译改为现代通用译名。

傅雷家书是父与子的精神交流之书，更是每个有志于学问和艺术的青年人都应该读一读的人文通识书，学习傅雷先生治学、为文和做人的态度和方法，感受他的热忱和善良，他的严谨和向上，他的天真和赤诚。人文之光永远闪耀。